図説

旧約聖書の考古学

杉本智俊

●河出書房新社●

【目次】

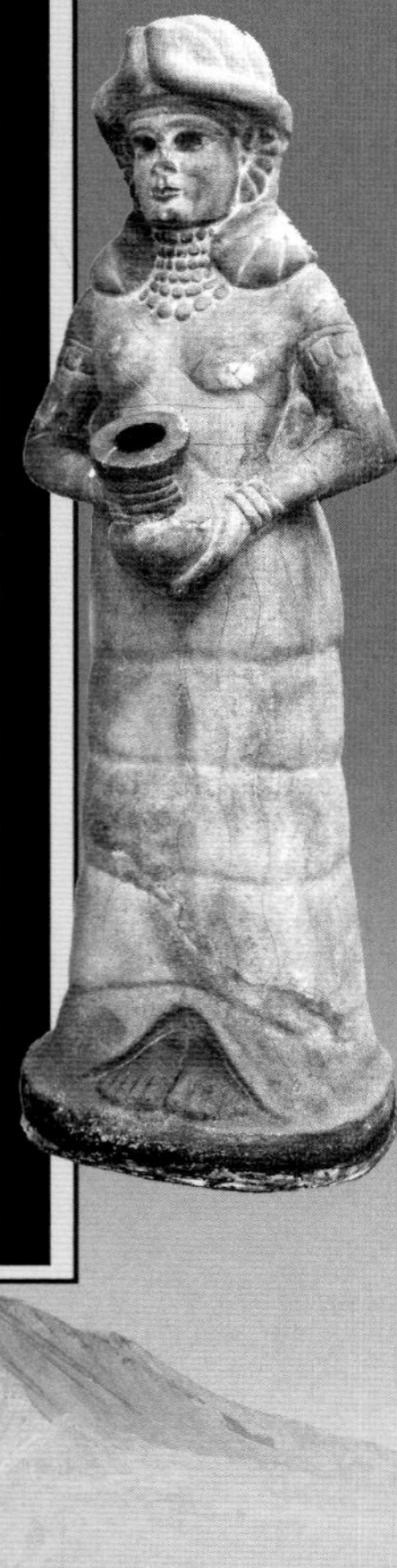

<table>
<tr><th colspan="4">正誤表</th></tr>
<tr><td colspan="4">本書『図説　旧約聖書の考古学』について、以下のように記述を訂正いたします。
ご購入してくださったみなさまに、心よりお詫び申しあげます。</td></tr>
<tr><td colspan="4">16 頁　図表「聖書の構成」左欄</td></tr>
<tr><td>ユダヤ教２段目</td><td rowspan="2">土師記</td><td rowspan="2">→</td><td rowspan="2">士師記</td></tr>
<tr><td>キリスト教２段目</td></tr>
<tr><td colspan="4">16 頁　図表「聖書の構成」右欄</td></tr>
<tr><td rowspan="5">２段目</td><td>●福音書</td><td></td><td>●歴史書</td></tr>
<tr><td>マタイによる福音書</td><td rowspan="4">→</td><td rowspan="4">使徒言行録</td></tr>
<tr><td>マルコによる福音書</td></tr>
<tr><td>ルカによる福音書</td></tr>
<tr><td>ヨハネによる福音書</td></tr>
<tr><td rowspan="2">３段目</td><td colspan="3">●歴史書</td></tr>
<tr><td>使徒言行録</td><td>→</td><td>空欄</td></tr>
<tr><td colspan="4">45 頁</td></tr>
<tr><td>下段 21 行目</td><td>聖書学に</td><td>→</td><td>聖書に</td></tr>
<tr><td colspan="4">46 頁</td></tr>
<tr><td>中段８行目</td><td>ヤハウェとされていたが、
この名を用いるＪ資料</td><td>→</td><td>ヤハウェの名を用いる
Ｊ資料</td></tr>
<tr><td colspan="4">48 頁</td></tr>
<tr><td>右下写真キャプション</td><td>伝説的</td><td>→</td><td>伝統的</td></tr>
<tr><td colspan="4">57 頁　図表</td></tr>
<tr><td>図表キャプション見出</td><td>後期青銅器時代と鉄器時
代の土器</td><td>→</td><td>後期青銅器時代と鉄器時
代第Ⅰ期の土器</td></tr>
<tr><td>図表キャプション本文</td><td colspan="3">図の左側が「後期青銅器時代」、右側が「鉄器時代第Ⅰ期」</td></tr>
<tr><td colspan="4">84 頁</td></tr>
<tr><td>左上図キャプション</td><td>四部屋式</td><td>→</td><td>六部屋式</td></tr>
<tr><td colspan="4">88 頁</td></tr>
<tr><td>上段 11 行目</td><td>シメオン</td><td>→</td><td>ベニヤミン</td></tr>
<tr><td colspan="4">90 頁</td></tr>
<tr><td>１行目</td><td>高き所</td><td>→</td><td>祭壇</td></tr>
<tr><td colspan="4">114 頁</td></tr>
<tr><td>上段７行目</td><td>ユダ（南王国）と
ベニヤミン（北王国）</td><td>→</td><td>南王国と北王国</td></tr>
</table>

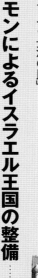

地図・図表製作：小野寺美恵

はじめに

旧約聖書は、基本的に一つながりの大きな「歴史」として記されている。しかも、それは一人の人アブラハムの家族の歴史を通して神の人類に対する救いの計画が進展しているという驚くべき内容となっており、新約聖書に直結する。そのため、「救済史」と呼ばれ、その後の世界の文明や社会に大きな影響を与えてきた。

この歴史物語は単なる空想や後の人々の作り話だと考える人もいるであろうし、一言一句そのまま起こった史実であると考える人もいるであろう。しかし、実はその間でなんとなくもやもやしながら、本当のところは何が起こったのか、それらはなぜ伝えられてきたのか、と考える人たちも少なくないであろう。本書は、そうした方々に考古学的研究を通して現在何があきらかになり、何が議論されているのかを紹介しようとするものである。

ただし、聖書の個々の出来事が考古学的に証明できるかどうか、といった議論にはしたくない。元来考古学は過去の社会や文化の再構成を目ざす学問であって、特定の事件や人物を検証できることは、よほど恵まれた条件でないとないからである。考古学も、歴史学一般も、あくまで現存する資料に基づいた研究であり、特に聖書のような古代に関する資料は非常に限られている。そのため、新たな資料が出てくると、それまでの学説がひっくり返ることもよく起こる。単純に「考古学的に証明された（あるいは反証された）」といった論調は危険なので、もっと大きな歴史の流れを考えることとしたい。

こうした「もやもや」に関するより根本的な問題は、近代社会で当たり前になっている実証主義的歴史観と、聖書などが前提としている近代以前の歴史観が大きく異なることである。歴史実証主義では、経験的に理解できる自然界の法則以上の力、例えば、神や世界精神などの歴史への働きかけは考慮しないことを前提としており、厳密な資料批判を行うことで、科学的、客観的で「あるがままの」歴史に到達できるとしている。しかし、近代以前の歴史では何らかの法則性や方向性を見出し、教訓を学ぶことを前提としてきた。旧約聖書も一つの民族のアイデンティティに関わる歴史の「文化記憶」に基づき、そこに神の救済の歴史が不思議に進行しているという気づき（啓示）から記されたものである。当然、それは神学的、思想的な解釈の含まれた歴史記述であり、実証主義的な歴史とは前提から相容れないものである。

しかし、特定の思想や視点から記された歴史は事実に基づかないものなのだろうか。実は、中立であるように見える実証主義的な歴史も、人間の経験則ですべてが判断でき、自然の因果律以外の力は認めないという時点で、すでに一つの近代西欧的な前提に立っている。そもそも、無限に、多様に経験する出来事を選んで歴史として記述する際、本当に中立であり得るのかという疑問もある。たしかに聖書の救済史は特定の視点からの神学的歴史であるが、さまざまな考古学的資料は、その背後に現実の出来事があったことをかいま見せてくれる。本書は、聖書の物語る歴史が古代西アジア世界における大きな文明の動きを反映していることと、それらが救いの歴史と受けとめられるようになった過程を、現在の考古学的研究をもとにあきらかにしてゆきたい。

もちろん聖書の視点に共感するかどうかは人それぞれであろうが、それらの出来事が歴史化されるプロセスを知ることには大きな意味があるであろう。

＊聖書の引用や用語は、聖書協会共同訳、新共同訳、新改訳二〇一七を参考にしつつ拙訳を用いている。

◀旧約聖書時代の南レヴァント地方の地図

I章 ノアの箱舟

ノアの箱舟の物語は、旧約聖書の初めの書、創世記の六章から九章に記されている。最初の人アダムとエバが罪を犯してエデンの園を追放されたため、人々の間に悪が蔓延し、世界は洪水で滅ぼされることとなった。しかし、神は全人類が滅亡することを望まず、一人の人ノアを選び、箱舟を造ることを命じた。このノアの呼びかけに応えて箱舟に入った人や動物は洪水から救われ、人類再生の基礎となったとされる。

▲メソポタミア文明地図

この劇的な物語の背景については、古くから多くの人たちが関心を持ち、考古学的研究の対象となってきた。特に注目されるのは、箱舟が最終的に漂着したアララト山で発見されたとされる箱舟の破片、メソポタミアの諸都市で発見された大洪水層、同じくメソポタミアで発見された粘土板文書に記された洪水物語の三つである。

アララト山の捜索

アララト山はトルコの東部、アルメニア及びイランとの国境に位置する休火山であり、現在はアルメニア正教の聖地ともなっている。この山には大アララト、小アララトという二つの山頂があり、その周辺の山系や高原地帯も含めてアララトと呼ばれている。また、この地域はメソポタミア文明のもととなったティグリス、ユーフラテス川の源流でもある。

この山の周辺で箱舟の残骸を確認したという報告は、中世以来何度もなされており、調査目的で登山を行った者たちも少なくない。といっても、大アララトは標高が五一三七メートルもあり、雪と氷河で覆われているので、簡単に調査できるような場所ではない。また、上空を飛んだパイロットや

▲アララト山　（写真：PPS通信社）

▼木片を持つフェルナン・ナヴァラ
（Bailey. 1977, p.137）

航空写真から、箱舟らしき残骸が報告されることも繰り返されてきた。

例をあげれば、一三世紀のアルメニアの王子ジェハン・ハイソンは、山頂付近に大きな黒い物体が存在し、ノアの箱舟だと言われていたことを記している。また、一四世紀のジョン・マンデヴィルの旅行記は、アララト山のふもとの修道院にノアの箱舟の破片が保存されていたことを記録している。これと同一の修道院かどうかは不明であるが、ノアの箱舟の遺物を保管していたとされる聖ヤコブ修道院は一八四〇年の大地震で崩壊し、埋もれてしまった。

一八八三年の地震の際にも、木造船らしいものが山頂に見られるということでトルコ政府の調査団が組織され、木材の一部を確認したと報道されたが、正式な報告はなされていない。一九一六年から一七年にかけては、ロシアのパイロットが箱舟を見たというので、皇帝ニコライ二世は一〇〇人の兵士からなる調査隊を送った。この時も箱舟を確認したとされるが、その情報はロシア革命のために報告されなかった。

フランスの冒険家フェルナン・ナヴァラは、一九五五年と六九年に氷河の下から黒い船のような物体を確認し、木片を持ち帰った。しかし、放射性炭素年代測定で得られた年代は紀元後七～八世紀のものが多かった。この時代はまだ炭素年代測定が始まったばかりで、かなり異なる年代結果が出ているので、その信頼性を疑う意見もあるが、ノアの箱舟の木片とみなすには無理があるであろう。

こうした中でもっとも興味深いものは、一九五九年にトルコ空軍のパイロットが撮影した船形地形であろう。これは大アララト山頂の南約三〇キロ、標高約一九〇〇メートルに位置しており、現在でも見ることができる。船のような紡錘形をしており、長さ約一六〇メートル、幅約五〇メートル、高さ約一五メートルである。聖書の記す箱舟の大きさ（長さ三〇〇アンマ［キュビト］≒一五〇メートル、幅五〇アンマ≒二五メートル、

▲アララト山で発見された船形地形

高さ三〇アンマ＝一五メートル（アンマは古代西アジアの長さの単位）と非常に近く興味深いが、聖書では箱舟は単なる「箱」と記され、直方体をしていたようであり、その点では一致していない。また、この地形の周囲からは人工遺物が一切出土しておらず、おそらく地層の隆起によって形成されたものだろうとされている。

　このようにノアの箱舟の痕跡についてはさまざまな報告があるが、現在のところ、誰もが検証できるような証拠は存在しないと言わざるを得ない。実際、ノアの箱舟の物語が史実であったとしても、その木材が現在まで残っているとは限らない。また、聖書はアララト山のどこに箱舟が漂着したかを詳しく記しておらず、必ずしも大アララトの山頂とは限らない。こうした探索自体は興味深いが、明確な証拠が得られるかどうかはよくわからない。

メソポタミア南部の洪水層

　二つ目の可能性は、メソポタミア南部の都市遺跡で発掘された大洪水の地層である。イギリス人考古学者のL・ウーリーは、一九二八年から二九年に行ったウル遺跡の調査で、厚さ三メートル以上ある分厚い粘土層を発見した。年代は前約三五〇〇年頃である。しかし、これはテル（遺跡丘）の最下層ではなく、その下からさらに人々の生

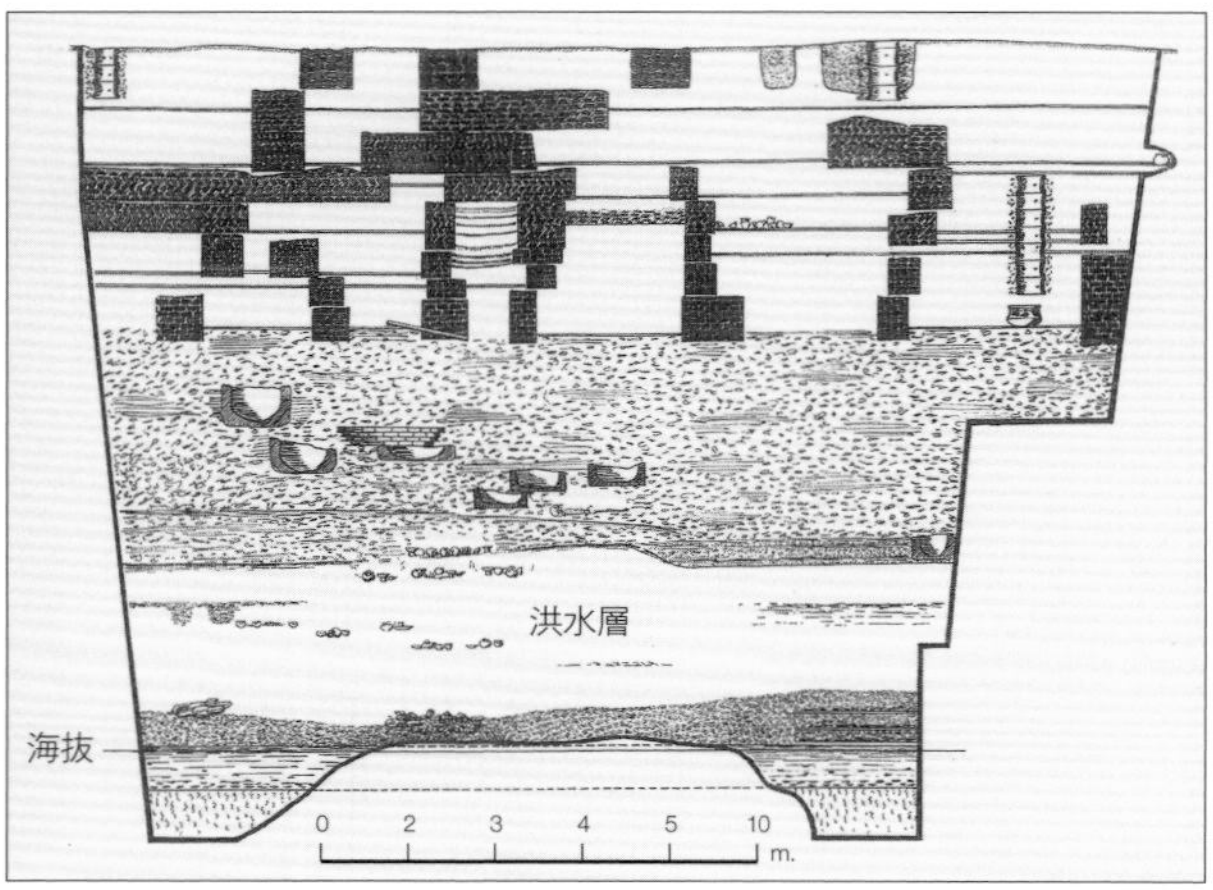

◀ウルの洪水層の断面図　(Woolley 1955, pl. 73)

活層が確認されたので、先行する都市を破壊した洪水層だと理解された。この結果はすぐに報道され、ノアの洪水跡の発見として一大センセーションとなった。

紀元前	キシュ	ウル	シュルッパク
2600	前2600年頃　キシュ最大の洪水（初期王朝第Ⅲ期）	前2600年頃　王墓	前2600年頃　文書群
	前2700年頃　王宮の建設	前2700年頃　洪水の痕跡（第Ｂ層）	
2800			前2850年頃　洪水の痕跡（ジェムデト・ナスル期末）
	前2900年頃　２度の洪水層（初期王朝第Ⅰ、Ⅱ期）		
3000			
3400			
		前3500年頃　厚い洪水層（ウバイド期末）	
3600			

▲キシュ、ウル、シュルッパク遺跡の洪水層の年代

その後、同様の粘土層はキシュ、シュルッパク、ウルク、ニネヴェなどの都市でも発見された。ちょうどこの時期、高温な気候から冷涼湿潤な気候に変化したので、アナトリア高原の雪解け水が増えて洪水が多発したと考える環境考古学者もいる。

しかし、これらは本当にノアの洪水の跡なのだろうか。証拠を丁寧に検討すると、その可能性は低いと思われる。これらの洪水層の年代は、出土する遺跡毎に異なっており、複数の洪水層が存在する場合もあるからである（上図参照）。また、ウルの近隣でも、例えばウバイド遺跡などでは洪水層は確認されていない。つまり、これらの洪水はせいぜい一つの都市を飲み込む程度の規模の洪水であり、同じようなものが何度も異なる都市で起こっていたことになる。つまり、この洪水は聖書の記すような全世界を覆うものどころか、当時の知られた世界を破滅させるものでもなかった。この間もメソポタミア文明は継続しており、同様の洪水は繰り返し発生していたので、当時の人たちがそれを人類壊滅の出来事として記憶したとは考えにくい。

より広い世界を飲み込む洪水としては、今から約一万年前頃の氷河期の終わり（更新世末）に海水面が上昇し、それまで陸地だった多くの地が失われた海進現象を想定する人たちもいる。たしかにこのほうが大規模な変化であり、ホモ・サピエンスが世界に拡散した時期や定住農耕の始まりの時期とも一致する。アララト山周辺がコムギの野生地であることも興味深い。こうした出来事が遠い過去の記憶として人々に伝えられていた可能性は否定できないが、そう断定できるだけの証拠も存在しない。

粘土板文書に記された洪水物語

結局、三つの可能性のうちもっとも確実なことがいえそうなのは、粘土板文書に記された洪水物語との関係である。洪水物語は『ギルガメシュ叙事詩』という長い神話テキストの中に収められており、よく似た物語は『アトラム・ハシース』という神話にも見ることができる。

『ギルガメシュ叙事詩』は、最初一八五四年に、ニネヴェのアッシュルバニパル王（在位前六六八～前六二七年頃）の図書館から出土した粘土板文書の中から特定された。しかし、その後、より古い時代の資料も多数見つかっており、その成立がシュメル時

▶ギルガメシュ叙事詩の粘土板　聖書の洪水物語と非常によく似た神話はギルガメシュ叙事詩の粘土板XIに記されていた。ただし、神話と歴史を二項対立的にとらえることには注意が必要である。神話は古代世界における世界観表明の方法であり、その中には架空の話も実際に起こった出来事の記憶に基づく物語もありうる。

代まで遡ることは確実である。

　ギルガメシュは前二六〇〇年頃のシュメルの都市国家ウルクの王で、死後神格化され、さまざまな伝承がシュメル語で伝えられた。古バビロニア時代（前一九五〇頃～前一五三〇年頃）になると、それらの伝承をもとに『ギルガメシュ叙事詩』がセム系の人々の言語アッカド語で編纂された。中期バビロニア時代（前一五三〇頃～前一〇〇〇年頃）の叙事詩は、ヒッタイトやシリア、南レヴァントの遺跡（メギド）からも出土しており、ヒッタイト語版やフリ語版も存在していた。すなわち、その頃には、すでにこの叙事詩はカナンを含む古代オリエントのかなり広い地域で知られるものとなっていたことがわかる。その後、前一二世紀頃、標準版の叙事詩が確定され、ニネヴェから出土したものもそれに準拠するものだった。

『ギルガメシュ叙事詩』では、不死の生命を求めるギルガメシュに対して、ウト・ナピシュティムという人物がそれを獲得した経緯として洪水物語を語る構成となっている。これは創世記の文脈とは異なっており、主人公の名前も違う。最後に到着する山もニツィル山でアララト山ではない。しかし、洪水物語自体の構成は、左頁の表に示すように逐一対応しており、おそらくどちらかがもう一方に基づいて記されたことを示している。文学としての成立年代や、すでにギルガメシュ叙事詩が当時広く知られた古典であったことを考えると、創世記がギルガメシュ叙事詩を下敷きにして記されたことは明白であろう。

聖書とメソポタミアの洪水物語の違い

　一方、この二つを比較すると、創世記が単にギルガメシュ叙事詩という神話を焼き直したのではなく、まったく異なる世界観を示していることがあきらかである。具体的には、以下のような違いがある。

①**神々の知識**：ギルガメシュ叙事詩は、洪水で人類を滅ぼそうとするエンリル神と箱舟で救おうとするエア神の対立が背景となっており、エンリル神は生存者がいたことを知って驚いたことを記している。一方、聖書はヤハウェをすべてを掌握した全知の神として描いている。

②**洪水の管理**：ギルガメシュ叙事詩は、洪水が起こると神々は恐れ惑い、犬のようにうずくまったり、絶叫したと記しているが、聖書はヤハウェが最初から最後まで整然と管理したように描いている。

③**世界を滅ぼす動機**：ギルガメシュ叙事詩は人々の数が増え過ぎたからであるが、聖書は人の悪が世界で増大したためである。アトラム・ハシース叙事詩では、人

間が騒々しくて神々が寝ていられないからとしている。

④**主人公が守られる理由**：ギルガメシュ叙事詩では明確でないが、聖書のノアは「正しい人」だったからである。

⑤**主人公の英雄度**：洪水を生きのびたウト・ナピシュティムは不死の生命を得、神々に列せられるが、ノアは神に従った者として新らしい人類の始祖となる。

共通点	創世記	ギルガメシュ	アトラム・ハシース
神が人を滅ぼす決断	6:6-7*(J)	14-19	2:7:38-52
主人公に対する警告	6:13(P)	20-23	3:1:13-21
箱舟を造る命令	6:14-21(P)	24-31	3:1:22-23
主人公が従う	6:22(P/J)	33-85	3:2:10-18
箱舟に入る命令	7:1-3(J)	86-88	
箱舟に入る	7:7-16(P/J)	89-93	3:2:30-51
戸を閉める	7:16(J)	93	3:2:52
洪水の描写	7:17-24(P/J)	96-128	3:2:53-4:27
生命の滅亡	7:21-23(P/J)	129-131	3:3:44,54
大雨の終わり	8:2-3(P/J)	140-144	
箱舟が山に漂着	8:4(P)	133	
主人公が窓を開ける	8:6(J)	135	
鳥を放してみる	8:6-12(J)	145-154	
箱舟から出る	8:15-19(P)	155	3:5:30
祭壇を築く	8:20(J)	155-158	3:5:31-33
神が犠牲の香りをかぐ	8:21-22(J)	159-161	3:5:34-35
主人公が祝福される	9:1-17(P)	189-196	

▲**洪水物語の構成**　＊6章6-7節の略（以下同様）J、PはJ資料、P資料のこと（15頁参照）。

全体として、ギルガメシュ叙事詩は多神教的世界観を背景とした過去の英雄の物語を語っているのに対し、聖書は唯一の神による人類再生の物語を語っているといえる。

多神教世界では、当然神々が多数いるので、それぞれの掌握する分野も王権、豊穣、天候などと限られている。それぞれの神にはわからないこともあれば、けんかや嫉妬もする。人間もそういう神々に助けを祈るが、基本的に自分の知恵や力で理想や欲望の実現をめざす。大きな業績を上げた人は「神」になることもできる。

一方、一神教世界では、神は唯一、全知全能であり、この世界は神の導きのもとで回っていると考える。人間にはできないこともあるし、罪に誘惑されることもある。個々にすばらしい業績を上げる人がいたとしても、それで根本問題がなくなるわけではない。自分の力で理想の世界を築き上げるのではなく、むしろ自分を超えた秩序がこの世界にあることを認め、それとよい関係の中で行動する時、はじめて自分も世界も豊かで平和なものになると考える。ノアはまさにそういった人物として描かれており、創世記はギルガメシュ叙事詩の物語を換骨奪胎して正反対の世界観を示しているのである。

ギルガメシュ叙事詩が用いられた理由

それでは、なぜ創世記の記者は独自の文章を記すのでなく、ギルガメシュ叙事詩の洪水物語をその底本としたのだろうか。それは、この物語が当時の一般的な記憶であり表現方法だったからであろう。人はそれまで持っている知識の延長線上に新しい知識を得ていくものであって、まったく聞いたこともない内容の話を受けとめることはむずかしい。旧約聖書は、あくまで前一千年紀の人々にとってわかる話を、わかる言葉で書こうとしているのであって、現代人と同じ基準で書かれているわけではない。現代人は、当時の文脈の中で聖書を読むことで、その本来の意味をよりよく知ることができるのであり、考古学はその大きな助けとなるのである。

聖書考古学の方法論

COLUMN 1

ノアの箱舟の研究史は、聖書考古学の方法論を考える上で大切なことを示している。ウルで発見された大洪水層は、すぐにノアの洪水と結びつけられて聖書の出来事が証明されたかのように受け取った人々が多くいたからである。これは当時がまだ考古学の黎明期で、「大発見」の時代だったからである。しかし、その後考古学も聖書考古学も発展し、現在そんなに単純に考古学の調査結果を聖書の記事と結びつけて証明できる、できないといった議論をする研究者はほとんどいない。

たしかに二〇世紀の前半ぐらいまでは考古学の研究が聖書学や神学の一部のように扱われ、それぞれの研究者の立場に大きく影響される傾向があった。しかし、現在は西アジア、とりわけ古代イスラエル王国のあった南レヴァント地方から出土する資料*の考古学的研究は、聖書の本文研究とは完全に独立した学問となっている。そのため、それぞれの研究で得られた成果を統合する学際的な研究、つまり聖書と関わりある時代と地域の総合的な歴史考古学を「聖書考古学」と呼ぶことが一般的である。このコラムでは、この二つの大きな研究分野、考古学と聖書学がどのようになされるべきかをそれぞれの研究史に基づいて検討したい。

＊考古学的な資料と歴史史料はそれぞれ「資料」「史料」と記すのが一般的である。

南レヴァント地方の考古学

⑴ 文化史学派の考古学

近代学問としての考古学が始まった一九世紀半ば頃は植民地時代で、それまでよく知られていなかった世界各地の情報が西欧に寄せられ、古代の大遺跡も知られるようになっていた。大がかりな調査隊が組織され、考古学も発達するようになった。そのため、ウルの洪水層やツタンカーメンの墳墓を始め、さまざまな大発見がもたらされるようになったのである。

当時はまた合理主義が主流となった時代で、歴史研究も実証主義的であるべきだと考えられた。これは、ランケというドイツ人学者らが主張した考え方で、それまでのように歴史から教訓を学ぶのではなく、現実に起こった出来事の背景に何の力や法則性も認めず、ただ実証できることだけに基づいて記述すべきだと、という考え方である。だから、文献史料もそのまま鵜呑みにするのではなく、史料批判を行い、その伝来や執筆者、文書の性格などを厳密に検証するようになった。こうした考え方は、今日でも歴史研究の主流となっている。

その点、考古学は人が残したモノからその文化を復元するという唯物論に立っているので、実証主義的歴史観と相性がよく急速に発達することとなった。また、考古遺物は文献史料のように過去の著者の思惑によって内容に偏りが生じるようなものではなく、中立な状態で出土するため、文献学とは異なる視点の資料を提供するものとして期待された。

ただこの時代の考古学は、イスラエルなりエジプトなり個々の文化の歴史的発展を記述することに関心があり、それぞれの社会の変化を年代毎にたどることが中心であった。特徴的な遺物の集成（アッセンブリッジ）は特定の

▲テルの発掘現場　新しい調査区の掘り始めの様子。

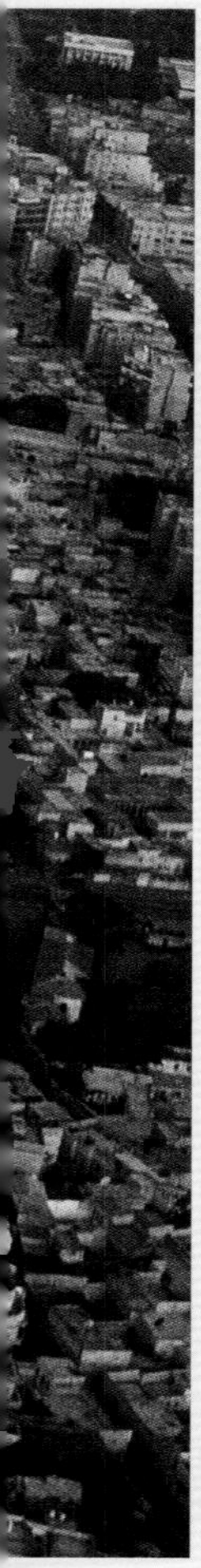

◀アレッポ城のテル　古代西アジアの遺跡の多くはテルと呼ばれる遺跡丘である。テルは自然の丘の上に、幾層もの古代の町が積み重なったもので、お椀をひっくり返したような形状をしている。アレッポ城のテルは、古代の町がどのような景観をしていたかを、現在でもよく示している。（写真：PPS通信社）

民族を表すと単純に考えられ、同じようなアッセンブリッジが別の場所から出てくると、その文化が伝播したと考える傾向があった。しかし、実際には、いろいろな民族が同一のものを使うことは珍しくなく、同じようなものが別々の場所で発明されてもおかしくない。こうした考古学は、実証主義に立っているといっても、十分厳密な科学ではないという批判もなされるようになった。

　また、たとえば洪水層が見つかったらノアの洪水であるというような、非常に大摑みな歴史解釈を行うことが多かった。多くの研究者たちは、客観的にみえる物質資料を用いながら、実際にはそれぞれの関心に基づいた思想的な枠組みを前提に出土遺物を解釈する傾向が強かったのである。この時代の代表的な考古学者である、G・チャイルドらはマルクス主義者だったので、文化変化を「新石器革命」や「都市革命」といった用語でとらえた。進化主義考古学やフェミニズム考古学を唱える者も出てきた。聖書に関心のある者たちはその枠組みで考古学の成果を理解しようとした。「聖書考古学」である。その代表はW・F・オル

ブライトであるが、当時リベラルな啓蒙主義者たちから激しい批判を受けていた保守的なクリスチャンやユダヤ人たちも積極的にそれを用いた。多くの考古学的発見は聖書の記述を支持するように見えたので、自分たちの立場を守ろうとしたのである。

▲オルブライト　「聖書考古学の父」と呼ばれる。

(2)プロセス考古学

こうした状況の中で一九六〇年代頃になると、より自然科学的で厳密な考古学研究を行うべきだという流れが出てきた。当初、こうした立場はニュー・アーケオロジーと呼ばれたが、現在ではプロセス考古学と呼ぶことが一般的である。この立場では、人間の活動はその身体能力、自然環境、食料獲得の手段、住居、技術などさまざまなサブ・システムから構成されており、それぞれが少しずつ変化し、均衡を維持できなくなった時点で文化は大きく変化すると考える。

こうした考古学は歴史学よりも人類学に近く、人類の文化変容のプロセスを説明することこそが考古学の目的だとする。できるだけ客観的に現象をとらえるため、遺物の性格を定性的に記述することより、定量的（統計的）に数値化することを重視する。結果的に、個々の文化の進展よりも、人類文化に共通する一般法則を理解することに焦点が当てられることとなる。そのため、W・G・ディーヴァー等は「聖書考古学」といった個別の文化を特別視するような用語は避け、世界文化の中の一つとして「シロ・パレスチナ考古学」という用語を用いるべきだと主張するようになった（現在は、政治色を抜くために、「南レヴァント考古学」と呼ばれる）。

しかし、こうした立場にも批判がないわけではない。科学的、客観的だとされるが、現実には人間の文化の数値化しやすい側面、たとえば、気温の変化や収穫量の変化などにばかり焦点が当てられ、より数値化しにくい側面、たとえば、人の思想や伝統などはあまり考慮されることがない。つまり、人間の文化を自然環境への適応としてとらえる傾向が強く、自然主義的な環境決定論に偏っていると批判される。そもそもさまざまな要素が複雑に絡み合った社会のすべてのシステムをデータ化し、その変化をとらえた上で明確な結論を出すことなど現実に可能なのか、という疑問もある。

また、この立場では個別の文化の持つ価値はほとんど無視されてしまう。人はそれぞれの文化に誇りを感じたりアイデンティティを持ったりし、それが文化を発達させる力ともなる。しかし、考古学が自分たちの存在とあまり関係ない事象の理解を目指すものになると、仮に客観的であったとしても意味を感じない人が増え、実際、考古学という学問に対する関心も低下してしまった。

(3)ポスト・プロセス考古学

こうした批判を踏まえて、二〇世紀末頃から新たな考古学のあり方、ポスト・プロセス考古学を標榜する考古学者が出てきた。この立場はただ数値化できるようなモノだけで文化が理解できるのではなく、それに個別の意味が与えられてこそ文化なのだという考え方である。実際、土器にしても建築にしてもただモノとして作られているのではなく、このようなものを作りたいという概念が先にあって作られているのであり、その作られたものがさらに人間の考え方や生き方に影響を与えることを認識する立場である。

人は自然環境への適応だけでなく個人の野心や感情、社会の伝統や宗教などに大きく影響されるのであり、個々人の思惑を超えた作用も働いている。それらを抜きに文化を理解することはできない。こうした過去の人々の思考の枠組みを知ることをめざす考古学を認知考古学といい、たとえば、遺物や建築の構造や装飾、方位、暦、銘文学、図像学などさまざまな側面からそれに迫ろうとしている。その意味で「聖書考古学」も人類の文化・歴史に多大な影響を与えた世界を理解するものとして再評価されている。

もちろんこの種の考古学にも批判がないわけではなく、思考や社会の解釈は主観的、相対的になりがちだとされる。しかし、ポスト・プロセス考古学を支持する研究者の大半はプロセス考古学の成果を無視するのではなく、それを踏まえた上でなおとらえ切れない人々の認知構造も考察に入れた考古学をめざしている。主観から完全に自由になることはどのような解釈でもありえないが、ポスト・プロセス考古学はそのことを認識した上で、データの制約に基づいた解釈を行っているのである。

(4) 聖書考古学のあり方

以上に基づき、本書はプロセス考古学的な厳密な資料の分析を基礎としつつ、ポスト・プロセス考古学的な視点も併せもった「聖書考古学」を採用したい。現代人は基本的に近代主義的な価値観に立っており、その視点から聖書時代の歴史的背景を見直すことには意味がある。同時に、そのようなアプローチは自然主義的、唯物主義的になる傾向があることを認め、聖書の背景にはそれ以外の要素があった可能性も見逃さないようにしたい。

歴史史料としての聖書

(1) 聖書とは

一方、聖書を文献史料として用いる面でも、ノアの箱舟の研究は示唆的である。聖書は、基本的に天地創造からキリスト到来以前を扱う旧約聖書三九の書とイエス・キリストの生涯から神の世界の完成までを扱う新約聖書二七の書とに分けられる（16頁の図表参照）。イエスをメシアと考えないユダヤ人は当然新約を聖書と認めず、「旧約」もそう呼ばないが、旧約にあたる内容は、並べ方の違いはあるもののユダヤ教の聖書と同一である。

旧約聖書の成立に関しては、おそらく古代から伝承が存在したであろうが、イスラエル人がバビロニア捕囚に連行された頃から本格的な編集作業が始まり、帰還の共同体を経て前二世紀頃までにはほぼ完結していたと考えられている。

(2) 聖書批評学

近代聖書学では、啓蒙主義的な実証主義に立って聖書も他の書物と同様資料（史料）批判をすべきだとされ、その体系が発達してきた。

たとえば、ノアの箱舟の記事でも、神の名前がヤハウェとされている箇所とエロヒームとされている箇所があり、それらは元来異なる資料に基づいているとされた。また、雨が降った日数を四〇日とするところと水が地を覆った日数を一五〇日とするところ、箱舟に入った動物の数を一つがいずつとするところと聖(きよ)い動物は七つがい、聖くない動物は一つがいとするところは矛盾するとされ、それぞれ別の資料（JとP、以下参照）に基づく二つの物語が組み合わされて現在の物語ができたと考えられた。こうした内容の重複や矛盾などをもとに、旧約聖書の最初の五書はJEDPという四つの資料に基づいて作られたとしたのがJ・ヴェルハウゼンの文書資料仮説である（17頁の図参照）。その後、それぞれの資料の範囲や成立時期についてはさまざまな議論がなされ、JEDPは文書ではなく口頭伝承だとする伝承史批評や編集段階だとする編集史批評などが主張されてきたが、基本的に聖書批評学は今日でもこれを基礎としている。

聖書を実証主義的な歴史の史料として用いる時に資料批判が必要なことは疑いないが、これまで築き上げられてきた基準や分析がそのまま信頼できるかは別問題である。たとえばノアの箱舟の記事は、全体として大きなキアスムスという構造で記されており、それ自体で一貫したものであることが指摘されている（Kikawada and Quinn参照。18頁の図）。キアスムスというのは最初と最後が同じテーマを持ち、中心の頂点に向かってそれぞれ対応する内容を記していくもので、日本語や英語にはないが、ヘブル語聖書にはしばしば用いられている技法である。そうすると、この物語は一貫した構造を持っていたこととなり、本当に元来資料に分かれていたものかどうか確かでなくなる。

聖書の構成

旧約聖書	
ユダヤ教	**キリスト教**
●律法（トーラー） 創世記 出エジプト記 レビ記 民数記 申命記	●モーセ五書 創世記 出エジプト記 レビ記 民数記 申命記
●先の預言者 （ネビイーム） ヨシュア記 土師記 サムエル記 列王記	●歴史書 ヨシュア記 土師記 ルツ記 サムエル記Ⅰ サムエル記Ⅱ 列王記Ⅰ 列王記Ⅱ 歴代誌Ⅰ 歴代誌Ⅱ エズラ記 ネヘミヤ記 エステル記
	●詩歌書 ヨブ記 詩篇 箴言 伝道者の書 雅歌
●後の預言者 （ネビイーム） イザヤ書 エレミヤ書 エゼキエル書 12小預言者	●預言書 イザヤ書 エレミヤ書 哀歌 エゼキエル書 ダニエル書 ホセア書 ヨエル書 アモス書 オバデヤ書 ヨナ書 ミカ書 ナホム書 ハバクク書 ゼファニヤ書 ハガイ書 ゼカリヤ書 マラキ書
●諸書（ケトビーム） 詩篇 箴言 ヨブ記 雅歌 ルツ記 哀歌 伝道者の書 エステル記 ダニエル書 エズラ記 （ネヘミヤ記を含む） 歴代誌	●外典（第二正典） トビト書 ユディト書 マカビ記Ⅰ マカビ記Ⅱ 知恵の書 シラ書 バルク書

新約聖書	
ユダヤ教	**キリスト教**
	●福音書 マタイによる福音書 マルコによる福音書 ルカによる福音書 ヨハネによる福音書
	●福音書 マタイによる福音書 マルコによる福音書 ルカによる福音書 ヨハネによる福音書
	●歴史 使徒言行録
	●書簡 ローマ人への手紙 コリント人への手紙Ⅰ コリント人への手紙Ⅱ ガラテヤ人への手紙 エフェソ人への手紙 フィリピ人への手紙 コロサイ人への手紙 テサロニケ人への手紙Ⅰ テサロニケ人への手紙Ⅱ テモテへの手紙Ⅰ テモテへの手紙Ⅱ テトスへの手紙 ピレモンへの手紙 ヘブル人への手紙 ヤコブの手紙 ペテロの手紙Ⅰ ペテロの手紙Ⅱ ヨハネの手紙Ⅰ ヨハネの手紙Ⅱ ヨハネの手紙Ⅲ ユダの手紙
	●黙示 ヨハネの黙示録

ユダヤ教とキリスト教ではピンク色地部分の書の置かれている位置が異なっている。キリスト教に関してはローマ・カトリックとプロテスタントの立場を反映しているが、カトリックではユダヤ教の認めない書を第二正典として受け入れている。イスラム教のクルアーンも聖書を引用しているが、その引用は断片的で、かなり自由に改変されている。イスラム教がユダヤ教やキリスト教の影響を受けて成立したことは事実であるが、聖書を信仰の基準にしているとはいえないであろう。

もちろん資料を用いつつ後からこうした構造を作ることもできなくはないが、現代の西欧の研究者が重複や矛盾と考えることを、聖書が記された時代の人々がそう認識していたかどうかはあきらかでない。事実ギルガメシュ叙事詩の洪水物語は一貫した物語として存在していたのであり、現在でもＪＥＤＰといった資料は発見されていない。

こうしたことから、聖書が何らかの編集過程を経たとしても、それを復元することの難しさを認識して、むしろ現在正典として受け入れられている形の本文に基づいた研究を行うべきだとする研究者も少なくない。学生の書くレポートに不自然な点があり、コピペを疑うようなことがあっても、その出典まで突き止めるのは大変なのと同じである。まして、比較資料がほとんど残っていない古代の文書でどこまで正確にその編集過程を復元できるのかは大きな課題であり、あたかもそれを確定したもののように扱うことには注意が必要である。

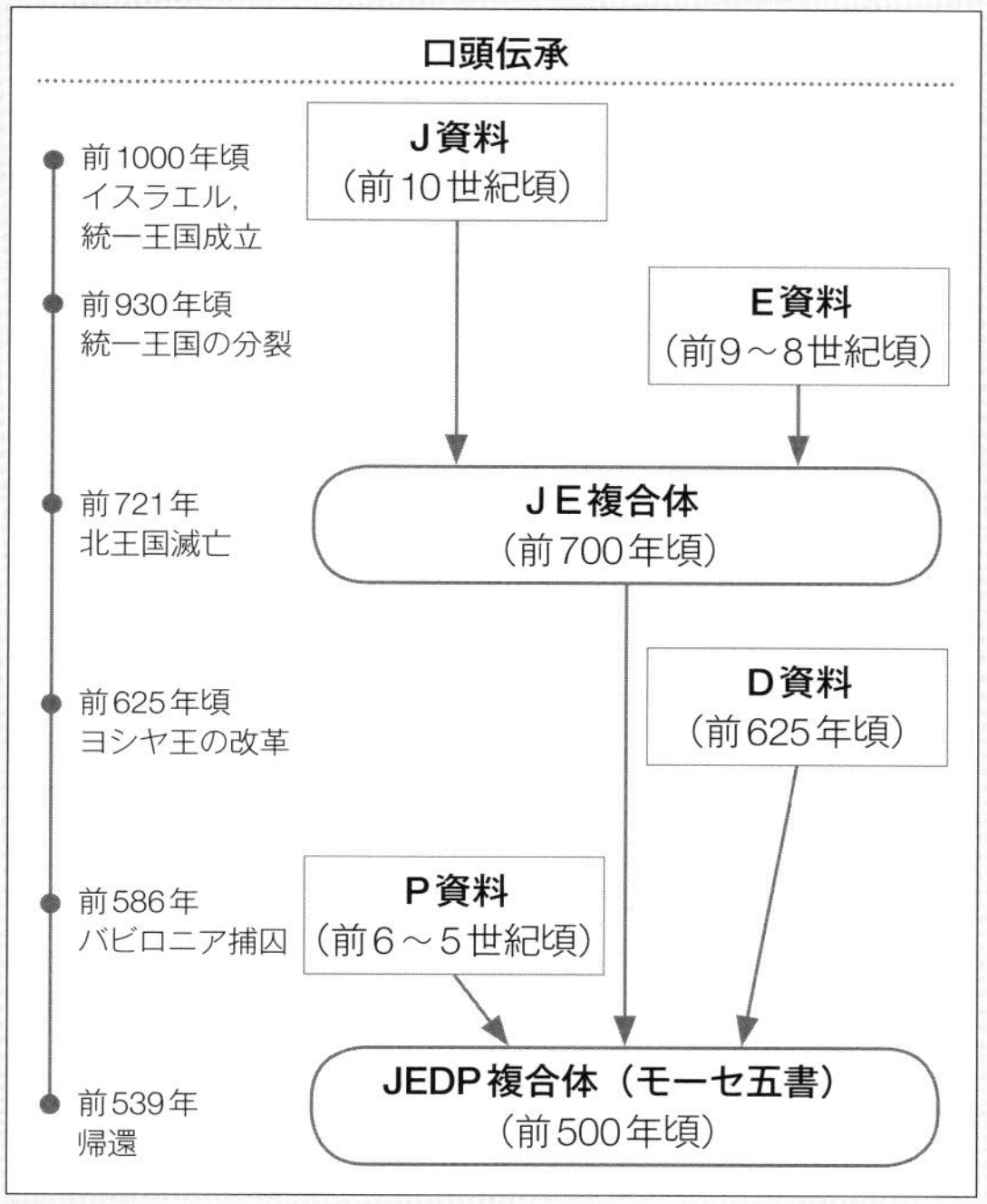

◀**モーセ五書の四資料仮説**　たとえば、神の名をヤハウェとする箇所はＪ（ヤハウェの頭文字）資料、エロヒームとする箇所はＥ（エロヒーム）資料とされた。また、儀式的なことに詳しい個所はＰ（祭司）資料、ヨシア王の時期に律法が再度まとめられた箇所はＤ（申命記）資料とされた。ただ、現代の研究者間でもどこに資料や編集層の違いを認めるかは微妙に異なっている（山我 二〇一二、九頁に基づく）。

(3) 聖書記述と歴史

内容の信頼性に関しても、これまでの聖書批評学では、神学的（思想的）動機が見られることや聖書の成立が記されている出来事より遅いことから、その記事は史実ではなく後代の創作であるとしばしばされてきた。とりわけ聖書外の資料がない場合は否定的に判断されることが多く、結果的に聖書とはまったく異なった歴史復元が提案されてきた。

しかし、思想的動機があることは必ずしも史実を無視して記したことにはならない。紀元前のイスラエル人たちの歴史の記述法が近代西欧で発達した実証主義的な基準と合わないことはたしかであるが、救済史は神が現実の歴史の中に働いているという強烈な意識から記録されたものであり、彼らなりに歴史に基づくと考えていたはずだからである。むしろ本当に知るべきことは、彼らの歴史記述の方法や真実性の基準がどういうものだったかであろう。

逆に、厳密な資料批判さえすればバイアスなく史実性を判断でき、実証主義的な歴史復元こそ唯一信頼できる歴史であると考えることは健全だろうか。実際には、実証主義的な歴史はあくまで記録に残された資料に基づく歴史なので、過去に起こった出来事の全体像が反映されたものとはならない。そもそも多様な経験のすべてを記録することはできないし、一、二の現存する資料に依存して歴史研究が行われることもよくある。その点、考古学は歴史史料以外に記録の範囲を広げられる点で有意義であるが、それでもすべての遺物が残っているわけではなく、調査自体も限定された範囲でしか行われていない。結果として、多くの要素は些少されてしまうし、新たな資料の発見とともに歴史理解が大きく変化することもしばしば起こる。資料が存在する時にそれに基づいた歴史復元をすることは当然であるが、資料がない場合、すぐに史実性を否定するのは「沈黙からの議論」で危険である。

最近では、歴史実証主義のいう客観的で「ありのまま」の歴史記述が可能なのかということ自体も問われている。たとえば、Ｈ・ホワイトは、歴史を物語る行為は、その主題の選択、始めと終わりの設定、出来事の並べ方の方法などを通して著者の意図が反映されてしまうのであって、完全に中立な歴史などありえないことを指摘している。実際、実証主義的な歴史は唯物的に検証可能なことのみに基づく歴史を原則としており、自然の因果律以外の力は働いていないという機械論的世界観に立っている。そのため、超越的な要素は最初から除外され、人間の非合理的な行動や想定外の出来事も「蓋然性が低い」として切り捨てられがちである。しかし、それも一つの思想なのではないであろうか。

洪水物語に見られるキアスムス構造

- a 序論（創世記6:9-10）
  - b 暴虐に満ちた世界（創世記6:11-12）
    - c 世界を破壊する決心（創世記6:13-22）
      - d「箱舟に入れ」（創世記7:1-9）
        - e 洪水の始まり（創世記7:10-16）
          - f 水かさの増加（創世記7:17-24）
            - 「神はノアを覚えておられた」（創世記8:1a）
          - f' 水かさの減少（創世記8:1b-5）
        - e' 洪水の終わり―乾いた地（創世記8:6-14）
      - d'「箱舟から出よ」（創世記8:15-19）
    - c' 世界の秩序を守る決心（創世記8:20-22）
  - b' 神と人の契約締結（創世記9:1-17）
- a' 結論（創世記9:18-19）

記録された出来事と聖書が最終的に成立した年代とのギャップも、その記事が信頼できないことの十分な根拠にはならない。実際には聖書が完成するまでに長い伝承があったことはしばしば推察されるので、課題はやはりその伝承を担った人々がどの程度それを尊重して伝えてきたかであろう。この点に関して、エジプト学者のJ・アスマンが興味深い指摘をしている。アスマンは、民族の歴史に実際に起こった出来事のうち、そのアイデンティティと関わる重要なものは数世代のうちに記憶され、繰り返し解釈されつつ伝承されることを指摘し、それを「文化記憶」と定義している。本書は、聖書記事の多くが事実そのような性格のものであることを示す予定である。「文化記憶」の史実性の基準は当然現代のものとは異なり、さまざまな解釈が含まれているが、過去の人々はその核となる出来事を大切に伝えてきた。資料批判をすることは実証主義的歴史の史料として用いる時には重要であるが、それは過去の歴史自体の基準や方法を踏まえて行われるべきものであろう。

(4)聖書研究のありかた

これまで聖書の歴史を扱う時には、物質主義的に証明できる世俗史（Historie）と聖書記述に基づいた救済史（Heilsgeschichte）を区別することが前提とされてきた。たしかに聖書の歴史は中立で「あるがまま」の歴史ではなく、「神による人類の救いの歴史」という一つの視点から書かれた歴史である。しかし、すでに指摘したように、まったく主観を排した歴史が可能でなく、聖書記者も彼らなりの基準で歴史性を意識していたとするなら、救済史を単なる思索の産物とし、世俗史と完全に分離できるものとはすべきでないであろう。むしろ聖書の神学的歴史の背後にどのような歴史があったかを解明することこそ重要である。

▲アッシュルバニパルの図書館から出土した『エヌマ・エリシュ』の7つの粘土板　(Mackenzie, 1915, fig. VII.2)

2章 天地創造

メソポタミア神話と聖書の「天地創造」

(1) 共通点と相違点

創世記の最初に記されている「天地創造」の物語も、メソポタミアの神話とよく似ているが独自の視点から描かれているという点で「ノアの箱舟」と共通している。

メソポタミアの創造物語『エヌマ・エリシュ』は、ギルガメシュ叙事詩同様、まずニネヴェのアッシュルバニパル王（前七世紀）の図書館から見つかった。しかし、最初に編纂されたのはおそらく古バビロニアのハンムラビ王の時代（前一八世紀）ではないかと考えられている。

両者の共通点としては、以下のことが指摘されている。①創造の前に水のような混沌があったこと、②混沌が天と地に分けられたこと、③エヌマ・エリシュが七つの粘土板で記されているように聖書は七日間の創造を記していること、④創造の順序が、暗闇の存在、光の創造、天蓋の創造、乾いた地の創造、人間の創造、安息と大枠で共通していること、⑤名前を呼ぶことで創造が行われたこと、⑥人間が土から造られたこと、等である。

しかし、違いは洪水物語よりも大きく、全体の構成も大きく異なっている。例えば、①聖書は純然たる創造の記録として「天地創造」を記すのに対して、エヌマ・エリシュはバビロンの主神マルドゥク神の他の神々や怪獣に対する勝利との関連で記している。おそらくエヌマ・エリシュの元来の目的はマルドゥク神の主権を主張することにあったと思われる。これは、一神教的世界観と多神教的世界観の違いでもある。②創造の順序も厳密には一致しておらず、エヌマ・エリシュには植物、動物、太陽の創造などは含まれていない。③エヌマ・エリシュでは、神々は自然のさまざまな要素と同一視されているが、聖書ではそうでない。④聖書では、人間は神の代理として被造世界を管理するために造られたとされているが、エヌマ・エリシュでは神々の奴隷として働くために造られたとされている。

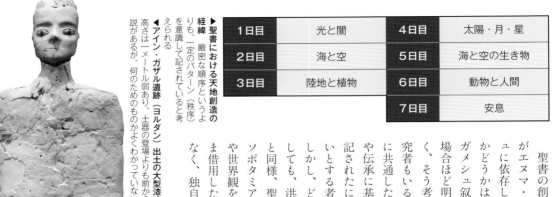

1日目	光と闇	4日目	太陽・月・星
2日目	海と空	5日目	海と空の生き物
3日目	陸地と植物	6日目	動物と人間
		7日目	安息

▶**聖書における天地創造の経緯**　厳密な順序というよりも、一定のパターン（秩序）を意識して記されていると考えられる

聖書の創造物語がエヌマ・エリシュに依存していたかどうかは、ギルガメシュ叙事詩の場合ほど明確でなく、そう考える研究者もいるし、単に共通した世界観や伝承に基づいて記されたに過ぎないとする者もいる。しかし、どちらにしても、洪水物語と同様、聖書がメソポタミアの神話や世界観をそのまま借用したのではなく、独自の視点を伝えようとしていることはあきらかである。すなわち、太陽・月・星や山や木が神々なのではなく、それら一切を造り、運行している大きな存在こそが神だという世界観である。そのため、この世界は神の言葉（意志）によって創造されたこと、神は自然を超えた存在であり単なる自然の人格化でないこと、世界には一定の秩序（法則）があることが記されている。

(2) 聖書の「天地創造」の意図

聖書の記述は非常に簡潔で、詳細な創造の方法が記されているわけではない。

◀**アイン・ガザル遺跡（ヨルダン）出土の大型漆喰製人形［ひとがた］**　新石器時代（前七〇〇〇年頃）。高さは一メートル弱あり、土器の登場よりも前から漆喰で作られていた。先祖や神的存在などさまざまな説があるが、何のためのものかよくわかっていない。

▲**ギョベクリ・テペ遺跡（トルコ）出土の神殿**　先土器新石器時代（前10000年～前8000年頃）。農耕開始や定住よりも前から大規模な神殿が造られていたことは、宗教が人間（ホモ・サピエンス）にとって根源的なものであることを示している。（写真：PPS通信社）

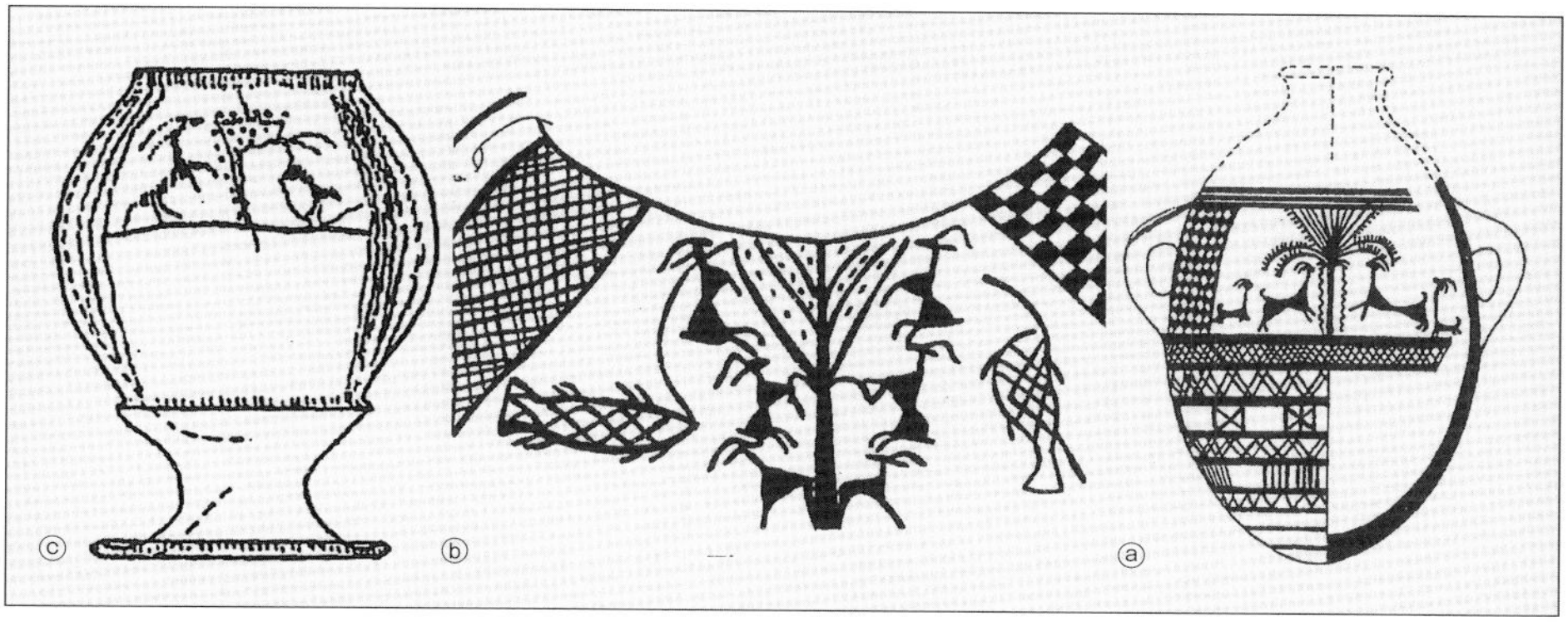

▲生命の木が描かれた土器　後期青銅器時代　ⓐテル・エル・ファラ遺跡（南）出土、ⓑメギド遺跡出土、ⓒラキシュ遺跡出土、（Keel 1998, figs. 38, 39, 50）
◀キブツ・レヴァディム（イスラエル）出土の土偶　後期青銅器時代

天地が七日間で造られたというのも、太陽・月・星が造られたのが四日目であることを考えれば、二四時間の一日を想定しているのでなく、一定の区切りを意味していたことはあきらかであろう。元来、聖書は近代科学が成立する二〇〇〇年以上前に記されたものであり、その当時の前提、文芸技法で記されたものである。それを現代の基準に合っているかどうかの議論をしても意味がないし、聖書自体の記述を超えた議論となってしまう。

　一九世紀後半から、創世記の記事は進化論や地球科学に反するとしてしばしば啓蒙主義者たちによって批判されてきた。それに対して保守的なクリスチャンたちもさまざまな応答を行ってきたが、一九六〇年代になるとアメリカの根本主義のクリスチャンたちの中に地球の年代をはるかに短く考え、これまで発見されてきた化石などの証拠を全面的に否定する「創造科学」を唱える人々が出てきた（例えば、Whitcomb and Morris）。これは批判に対する反動の面が強いが、実証主義的な科学に対してまったく別種の（より信頼性の低い）実証主義をもって対抗しようとしたものである。

　しかし、元来聖書は自然科学の論文のような書き方をしておらず、こうした批判も応答も両方とも時代錯誤である。ヘミングウェイが『日はまた昇る』と書いたとしても、誰も科学的に間違っているとはいわないであろう。もともとそういう意味で書いていないからである。

　このように聖書が実際に何を語っているのかを冷静に確認もせず決めつけることは、およそ科学的な姿勢とはいえない。むしろ必要とされているのは、聖書研究も自然科学もそれぞれの前提や研究対象の性格や範囲を正しく認識して議論することであり、そのようにして初めてリベラリズムと保守主義のどうしようもない断絶を乗り越えることができるであろう。

西アジア世界と聖書の「生命（いのち）の木」

　旧約聖書は、神の創造された「エデンの園」の中央に「生命の木」があったと記している（創世記二・八〜九）。「生命の木（象徴的な木）」は古代西アジア世界では非常に一般的な図像であり、旧約聖書は古代西アジア世界の神話だけでなく、図像における象徴表現も独自の世界観を表明するために用いていることがわかる。

(1) 西アジア世界における「生命の木」

　古代西アジア世界における「生命の木」は、一般に中央の木の両側にかもしかなどの四つ足動物が左右対称に配され、あたか

▲**イシュタル神殿を描いた壁画（マリ遺跡）**（Keel 1958, fig. 8）

▲**生命の木の円筒印章の例**

▲**同宮殿出土の女神像** 中期青銅器時代、Keel 1998, fig. 9.

も樹液を受け取っているような姿で表現される。また、木から水が滴り落ちるように描かれることも多く、魚が描かれることもある。このような図像は、特に中期～後期青銅器時代（前二千年紀）のメソポタミアから北レヴァント（シリア）、南レヴァントの広い範囲に見られ、円筒印章やスタンプ印章、土偶、土器の装飾、彫刻、壁画などさまざまな遺物に繰り返し現れる。

当然これは現実世界の描写ではなく、象徴世界の表明である。木から魚が降ってくることなどありえないし、常に同じパターンが繰り返されるからである。木は冬には枯れて死んでいるように見えるのに、春になると芽や葉がでて生き返ることから生命の象徴と考えられた。両側の動物はまさにこの祝福の受益者として描かれている。また、木はしばしばナツメヤシ（聖書の「しゅろ」）として示されるが、その枝の部分は女性器の三角形に似せて描かれることも多い。さらには、木の代わりに女神像が描かれ、その両側に木が配されることもある。つまり、木の持つ生命力は女性の持つ生殖能力と合わせられ、「生命のもと」を司る豊穣女神のシンボルとして用いられた。さらに、そこから流れ出す水も生命力を表し、川に多くの魚があふれることでそれを象徴していた。

例えば、21頁の上図は後期青銅器時代の南レヴァント出土の土器の図像であるが、右端のものⓐはナツメヤシの木の両側にカモシカが描かれ、水が滴り落ちている。中央のものⓑは、木があたかも女性器のように描かれ、魚も加えられている。左端のものⓒに魚はないが、中央の三角形はすでに木としての姿を失っている。その横の写真には、同時期の南レヴァントで複数知られている女性土偶であるが、両方の太ももにカモシカと木が描かれ、中央の女性器を開く姿勢を取っている。腹には二人の子供が描かれている。両側にカールしている髪型は「ハトホルの巻き毛」と呼ばれるスタイルで、この土偶が豊穣女神であることを示している。

22頁の下の図は、シリア内陸部の都市マリ出土の前二二五〇年頃~前二一五〇年頃の円筒印章であるが、やはり中央の女神の座った山から水が流れ出し、両側の女神たちから木が生え出している姿を表している。

その上の図は、同じマリ遺跡の中期青銅器時代の宮殿壁画で、イシュタル神殿の様子が描かれている。二組の木と動物たちに囲まれた中央の四角は神殿を表しており、その上の段にはイシュタル女神、下の段には二組の女性が持った壺から木が生え出し、水と魚が流れ出している姿が描かれている。

同じ宮殿からはその右の石像も出土しており、頭に角があることは彼女が女神であること、壺を持っている姿は木が生え水が流れ出す姿を表していたことを示している。イシュタルは元来金星と戦いの女神であったが、豊穣神の性格も持っていた。神殿の上階のイシュタルは矢筒を持ち、ライオンを踏みつけており戦神としての姿を表しているが、木と水が出てくる壺を持った女性は豊穣女神としての性格を表している。

このように、古代西アジア世界では木、女性、水が「生命のもと」として理解され、それを司る象徴として豊穣女神が崇拝されていたのである。豊穣女神の名前は、場所と時代によってさまざまであったが、このような図像表現は広く、長く用いられた。

(2) 創世記における「生命の木」

このような背景をもとに聖書の「エデンの園」の物語を読むと、園の中央に「生命の木」があったとされることは興味深い。エデンの園は神の造られた生命あふれる理想の世界として描かれているからである。しかも、この木のもとからは四本の川が流れ出し、園を潤していたと書かれている。あきらかに聖書は古代西アジア世界の「生命の木」のイメージを援用してその祝福を描いているといえるであろう。

しかし、聖書の描く「生命の木」は古代西アジアのものとは異なる点もある。それはエデンの園には他にも多くの木があり、「生命の木」も神の造られた世界の一部に過ぎなかったことである。木や水自体に生命を生み出す力があるのではなく、それら一切を造った神こそ生命を与える存在だという世界観が反映されている。すなわち、自然そのものの力を畏れる自然主義的な価値観とは異なる世界を描いている。また、「生命の木」と女性の生殖能力も結びつけられておらず、生命を司るのは豊穣女神だとも考えられていない。多神教世界では神々は特定の分野を司るとされるが、聖書は世界の一切のものが神の秩序のもとで動いているという世界観を表しているのである。

(3) 善悪の知識の木とケルビム

さらに創世記のエデンの園には善悪の知識の木があり、その実を食べたアダムとエバが楽園を失い、さまよいの人生に陥ることになったことが記されている（24頁模式図参照）。この木はしばしばリンゴと混同されるが、誤りである。創世記によると、神は園のどの木からでも食べてもよいが、善悪の知識の木の実だけは食べてはならないとしていた。ところが、「その実を食べると、賢く、神のようになれる」という蛇の誘惑を受けたアダムとエバは食べてしまった。自分たちの感覚でよさそうに見えたため、神の原則は無視してしまったのである。

　結果として彼らは悪を知り、神を避けて生きるようになった。当然、エデンの園に住むことはできなくなり、神の祝福を失い、自分の力で生きていかなければならなくなった。人間が自分を善悪や真理の判断基準とした時、神との関係は破綻し、人間同士の関係や自然との関係も崩壊することとなったのである。アダムとエバの息子カインは弟アベルを殺害することになり、ノアの洪水やバベルの塔の物語へとつながっていく。人間は元来理想の世界の一部として、しかも「神のかたち」に造られたとされる。しかし、この「原罪」の物語は、元来非常によいものだったのに、罪に歪んでしまった人間存在の二面性を表している。

　聖書は、人間が「エデンの園」に自分の力で戻ってくることがないように、園の入口にケルビムと炎の剣が置かれたことを記

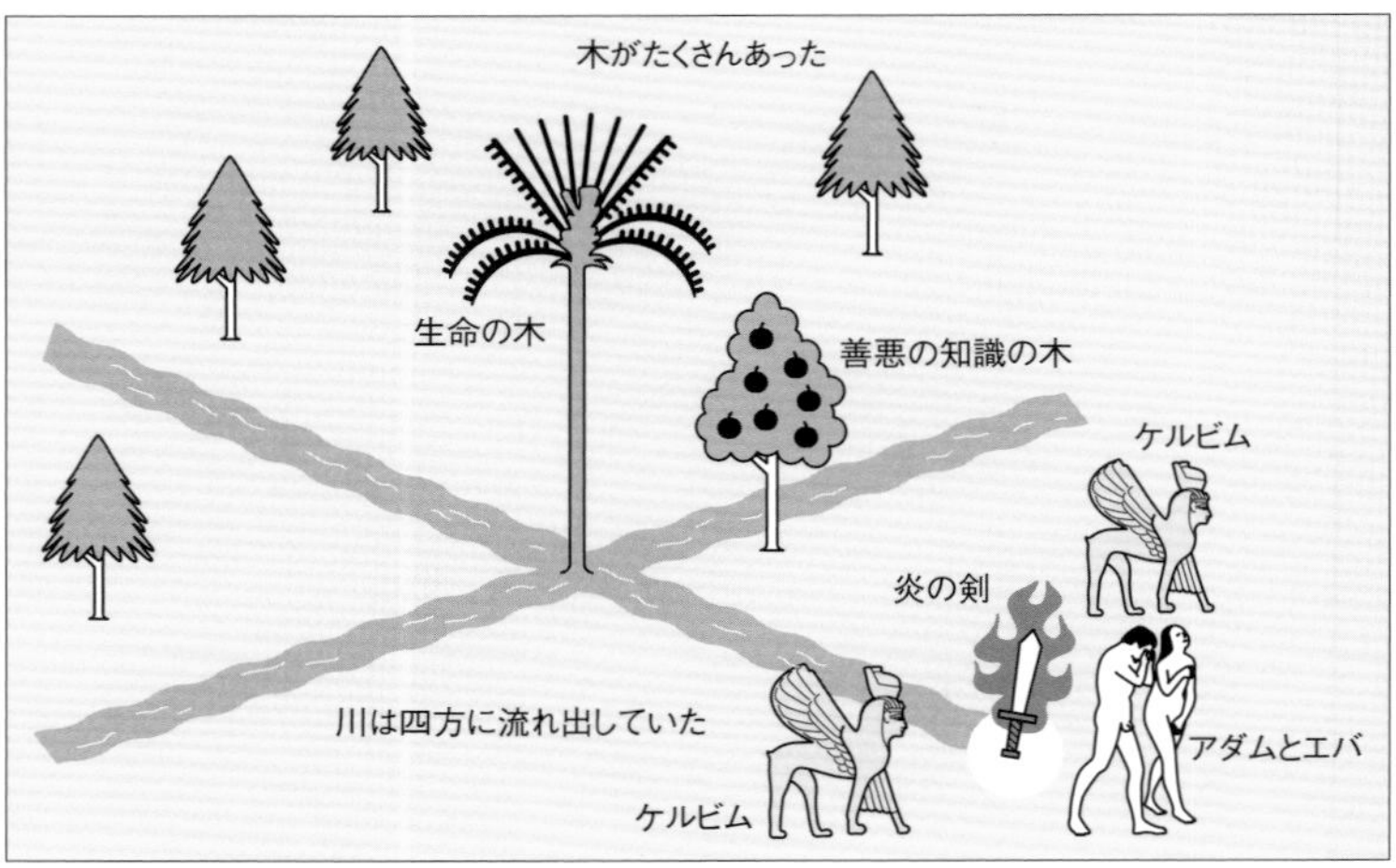

▶エデンの園の模式図
▲象牙細工のケルビム（アルスラン・タシュ遺跡出土、バイブルランド博物館）

している。このケルビムも古代西アジア世界の神殿の入口を守る動物の象徴図像で、牡牛、ライオン、鷲、人間などが組み合わされた形で表現される。メソポタミアのラマッスやエジプトのスフィンクスも同じ系譜の存在である。しかし、聖書は具体的な神殿の入口ではなく、より抽象的な意味で神の存在や生命に人間は自分の力でたどりつけないことを表す意味で使っている。

(4) 聖書の示す世界観と人間観

このように、聖書の「天地創造」の物語が古代西アジアの神話や象徴的図像表現に基づいて記されていることは疑いない。しかし、それは当時の世界観をそのまま受け継いでいるのではなく、同じ表現を別の意味で読み替え、新しい世界観を提示するための手法として用いられているのである。

◀**ラマッス** 日本の神社の前に置かれる狛犬も、これらが伝わったものではないかとされる。写真は、イラク、ニムルド遺跡出土のラマッス像。(メトロポリタン美術館蔵)

3章

バベルの塔と都市の建設

ノアの洪水で再生された人々は再び増え広がり、シンアル（シュメル）の平野に都市を建設するようになったと聖書は記している。創世記一一章のバベルの塔の物語はその象徴である。人々は天に届くような塔を建て、自分たちの名をあげようと試みたが、神はそれを認められず、彼らの言葉を混乱させられたので塔は完成しなかった。

この記事は世界に異なる言語が存在することの原因を説明する物語として記されたとする研究者もいるが、現在の文脈ではアダム以来罪が広がり、自分を過信して神を無視するようになった人間の姿を表すものとして描かれている。この状況は続く一二章から神の救いの歴史が始まる前提ともなっている。

現在の「文明」（civilization）という言葉は「都市化」という意味であり、近代西欧の「市民社会」こそが発達した社会であるという前提に立っている。しかし、今やその成長の限界は無視できなくなってきており、産業や技術は成長していかざるを得ないが、そうすればするほど争いや格差も広がってしまうという人間存在の矛盾が突きつけられている。この物語は、現代の都市文明のあり方を考える上でも非常に興味深い。

古代メソポタミアのジックラト

一般に、この記事の背景にはバビロンの町に建っていた塔状の神殿ジックラトの存在があったことが指摘される。新バビロニアの王ネブカドネザル二世（在位前六〇五～前五六二年）は、首都バビロンを壮麗なものに整備し、その中心地区にエ・テメン・アン・キ（「天と地の基礎の家」の意）というジックラトを建てたことが知られている。この建物は、ショーエン・コレクションの石碑（下図）に記された銘文や図像、現地遺跡の基礎部の様子から、底面の縦横約九〇メートル、高さ約九〇メートルで、七段からなる塔だったと推定されている。七段は、当時の天文学に従って下から土星、木星、火星、太陽、金星、水星、月のものとされ、頂上は神殿となっていた。

聖書の編纂が本格的に始まったバビロニア捕囚時代、捕囚に連れられたイスラエル人たちがこの塔を見、栄華を極めたバビロンがあっけなく滅亡してしまった事実に影響を受けたことはたしかであろう。バベルはヘブル語で「混乱」を意味する語バーラルと似ており、アッカド語のバビロン「バビル」（「バーブ・イリ」［「神々の門」と解釈された］）と掛け言葉にされたのである。実際、この物語の成立をこの時代に年代づ

▲▶バビロンのジックラトの描かれた石碑　ショーエン（Shøyen）コレクション。前6世紀。（出典：https://www.schoyencollection.com/）

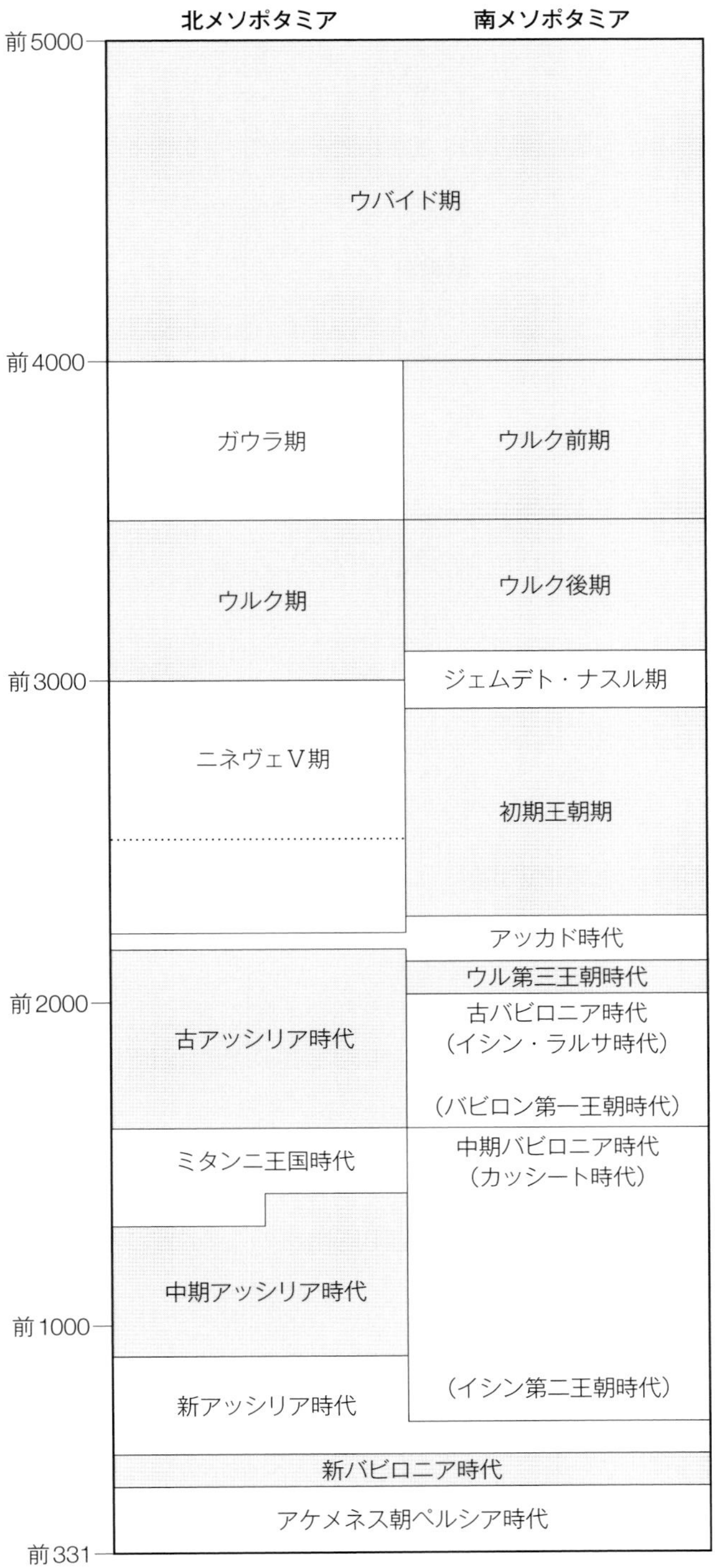

▲メソポタミア文明の年表

ける説もある。

しかし、ジックラト自体の建設はそれよりはるか前、シュメルに強力な都市国家が成立した頃（前三千年紀末）に遡る。それらはメソポタミア各地に建設されており、現在でもウルのジックラトなどは当時の様子がわかる状態で保存されている（28頁図）。バビロンのジックラトも、すでに存在していたが未完成あるいは荒廃した建物をネブカドネザルが再建したと記されており、元来の建物は古バビロニア時代（前一八世紀頃）に建てられたと考えられている。

また、「エンメルカルとアラッタの領主」というシュメルの神話には、すでにジックラトの建設と言語の混乱を結びつける記述があり、この伝承（記憶）はシュメル時代まで遡るかもしれない。

シュメルで都市国家が造られ始めたのとほぼ時を同じくして、エジプトでも初期王朝（第一、第二王朝）が始まって古王国につながっていき、南レヴァント地域でも都市が誕生した。考古学的には、前期青銅器時代にあたる。以下では、都市の定義をした上で、シュメルと南レヴァントにおける都市の発達を見ていくことにしよう。

都市とは何か

「都市」の定義にはさまざまな意見があるが、考古学的には市壁（城壁）と大型の公共建造物の存在が、それ以前の集落と区別する重要な指標となっている。都市以前の集落は、基本的に同じような大きさの住居と神殿だけからなっていた。宗教的指導者は存在したが、住民たちは広い意味でみな親族意識を持っており、比較的平等であった。

一方、都市にはさまざまな大きさの住居

があり、神殿の他に宮殿や倉庫といった公共施設、専門家の工房、街区や水利施設などが見られるようになる。また、集落は市壁、市門、堀などの防御施設で囲まれるようになり、墓の中には豪華な副葬品が含まれるものが出現する。これらの都市の規模は現代の東京やニューヨークと比べるとはるかに小さいが、明確に支配する者（世俗権力者）とされる者に分かれており、さまざまな階層の人々がいた複雑社会だったことがわかる。大型建造物や市壁は、多数の人々を動員できる権力者がいなくては造ることができない。職業の分業も進み、よそ者も存在した。雑多な人々を一定の基準で治めるためには、文字や法律も必要となる。また、防御施設の存在は、当時の都市国家がそれぞれ覇を競い、常に争いに備えないといけない時代だったことを示している。

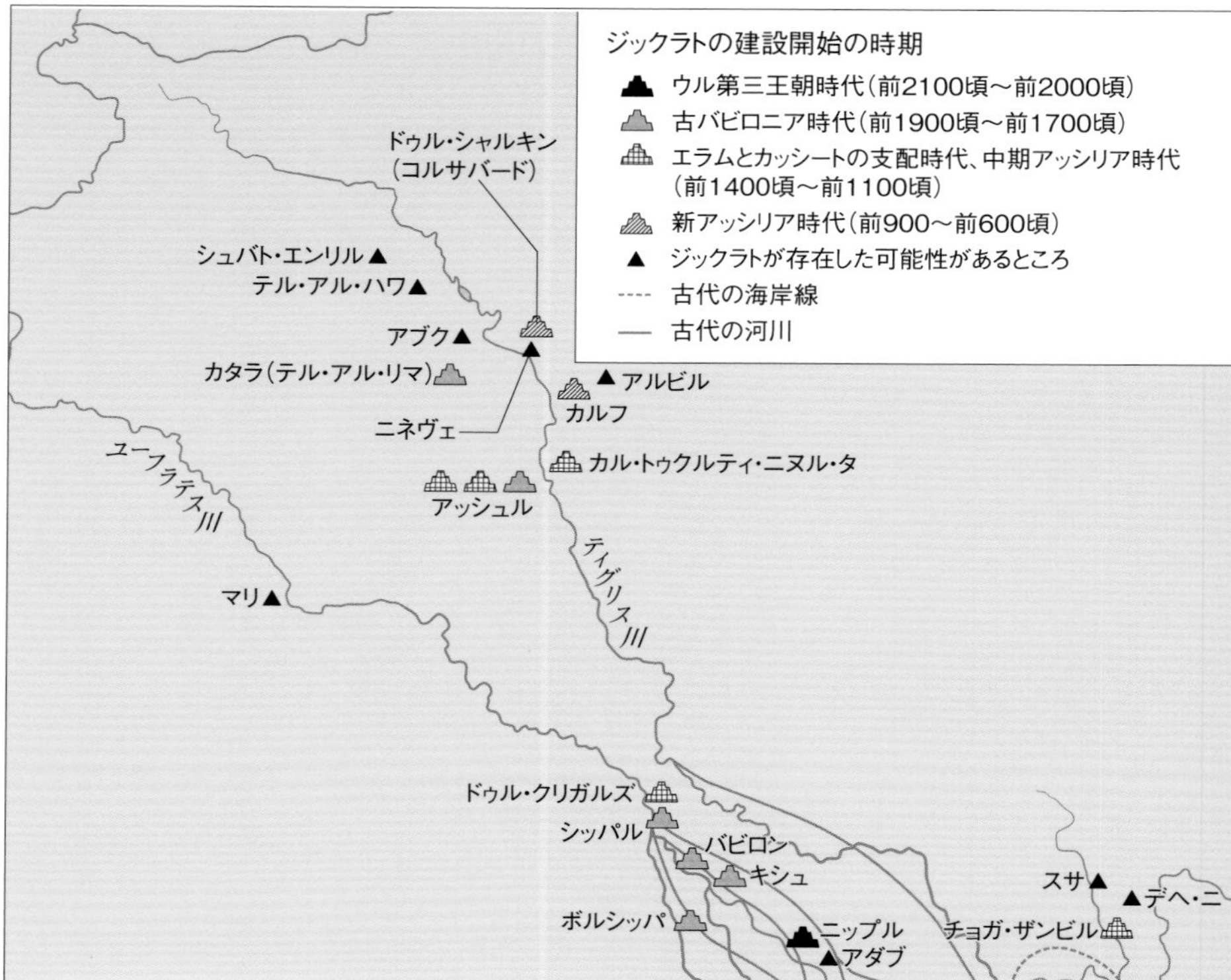

▲ウル遺跡のジックラト　現在は修復されている。

▲ジックラトの分布
出典：Michael Roaf, *Cultural Atlas of Mesopotamia and the Ancient Near East*, p.105を改変

シュメルの都市国家

シュメルで都市が造られ始めたのは、前四〇〇〇年紀末から前三〇〇〇年紀初め頃のウルク後期からジェムデト・ナスル期にかけてである。南メソポタミアで小規模な灌漑農業が発達したのは前五〇〇〇年頃（ウバイド期）であるが、その後集落の規模が拡大し、次第に市壁や大型建物を持つ都市が成立するようになった。こう

した都市は、周辺の耕地や小集落とともに都市国家を形成した。これらのうち最大規模のものはウルクで、エンという称号を持つ支配者がおり、シリアやイランにまで植民活動を行い、勢力圏を拡大した。

シュメルの北側に隣接する地域では、シュメル人とは異なるセム系の民族が都市を築くようになり、前二四世紀にはサルゴンがアガデを首都にアッカド王朝を設立した。サルゴンはシュメルのウルクを征服し、南メソポタミア全域を支配するようになった。その孫ナラム・シンは、北メソポタミアやイラン高原をも征服して「四方世界の王」と名乗った。都市国家が覇を競う時代から、多くの都市を支配する領域国家の時代へと移ったのである。前二二世紀末には再びシュメル人が勢力を盛り返し、ウル第三王朝として繁栄したが、これも一〇〇年ほど（前二〇〇〇年頃）で滅亡した。その後、メソポタミア各地に西方から流入してきたアモリ（ヘブル語：エモリ、アッカド語：アムル）人の国家が建てられ、南メソポタミアではバビロニア、北メソポタミアではアッシリアが領域国家として発達することとなる。

すなわち、シュメルに始まる都市国家の成立は、アッカド人、アモリ人も巻き込んで覇権争いへとつながっていったことがわかる。都市国家同士の争いが激しかったことは、各都市が市壁などの防御施設で守られていたことに表れている。また、初期王朝期のラガシュの王が造らせた戦勝記念碑「禿鷲碑文」には当時の政治状況が詳しく記されており、王や司令官に率いられた兵士が隊列を組んで行進する姿が図像に描かれている。ナラム・シンの戦勝記念碑にも、敵の死体を踏みつける王の姿が描かれている。

各都市においても支配―被支配の関係がはっきりし、世俗権力者である王は絶大な力を持つようになった。このような格差は住居や墓の大きさはもとより、都市の中心部分に複合的な王宮施設が造られたことに見ることができる。これらは王の居館のほか管理棟や倉庫などを含んでおり、神殿やジックラトなども王宮と関連した施設に取り込まれたものと思われる。シュメル都市国家の王権の大きさは、ウルで発見された

▲禿鷲碑文

▲ナラム・シン碑文

▼ウルの王墓出土の宝物、牡山羊の像

王墓の副葬品（初期王朝期）の豪華さにも見て取ることができる。これらは現在大英博物館の至宝となっているが、黄金やラピス・ラズリで精緻に装飾された竪琴、スタンダードと呼ばれる箱、冠や装身具など、目を見張るばかりである（29頁図）。また、この墓では人間や馬の殉葬も認められた。

文字が最初に発達したのも前四千年紀末のウルクで、こうした都市の行政を効率的に行うためだったと思われる。楔形文字の記された粘土板文書は数十万点発見されているが、その大半は行政文書である。円筒印章も、前四千年紀の半ば頃所有権や責任者を表すために封泥に押されるようになり、その後粘土板文書にも押されるようになった。楔形文字で書かれた最古の法典も、ウル第三王朝の創始者ウル・ナンム王の時代に作られ、後のハンムラビ法典（古バビロニア時代）に引き継がれていくこととなる。

南レヴァントにおける都市の発達

メソポタミアにおける都市文明の発達の経緯とほぼ対応して、南レヴァントの都市やエジプト文明も発達するようになる。

メソポタミアのウバイド期とウルク前期（前五〇〇〇年～三五〇〇年頃）、すなわち定住は始まったがまだ都市が形成される前の時代に、南レヴァントでは銅石器時代（年代対応表参照）の文化が発達した。エジプトではバダリ文化、ナカダⅠ、Ⅱ期（前四四〇〇〇年頃～前三三〇〇年頃）にあたる。銅石器時代にはすでに定住が始まっており、小規模な農耕と牧畜が行われていた。集落は乾燥地帯に分布しており、牧畜の占める役割が高かったと思われる。集落はほぼ均質な住居と神殿だけからなり、公共建造物は存在しなかった。一方、テレイラト・ガッシュール出土の壁画や、ナハル・ミシュマル出土の銅製祭祀用具群、土製容器や骨臓器などを見ると、高い宗教性を持っていたことがわかる。おそらく集落の住民には拡大家族の意識があり、宗教的指導者がそれをまとめていた社会だったと考えられる。

前期青銅器時代Ⅰ期（前三三〇〇頃～前三〇五〇年頃）になると、集落の分布がより湿潤な地域に移った。農耕の役割が増大したものと考えられるが、この時代にはまだ神殿以外の公共建築は認められない。ただ、これらの集落は後に発達するテルの最下層から確

◀**ナハル・ミシュマル遺跡（イスラエル）出土の銅製祭祀用具**　銅石器時代には高い宗教性が見られる（Dayagi-Mendels and Rosenberg 2020, fig.20）

メソポタミア	南レヴァント	エジプト
ウバイド期、ウルク前期 （前5000年頃～前3500年頃）	銅石器時代 （前4500年頃～前3300年頃）	バダリ文化、ナカダⅠ、Ⅱ期 （前4500年頃～前3200年頃）
ウルク後期 （前3500年頃～前3100年頃）	前期青銅器時代Ⅰ期 （前3300年頃～前3050年頃）	ナカダⅢ期、第0王朝期 （前3200年頃～前3000年頃）
ジェムデト・ナスル期、初期王朝期 （前3100年頃～前2350年頃）	前期青銅器時代Ⅱ、Ⅲ期 （前3050年頃～前2300年頃）	第1-2王朝期、古王国期 （前3000年頃～前2180年頃）

▲**メソポタミア、南レヴァント、エジプトの年代対応表**　※年代は厳密なものではなく、学説によって異なる。

認されるようになるので、都市成立に向かう動きとして注目される。メソポタミアではウルク後期、エジプトではナカダⅢ期及び第0王朝期とほぼ対応しており、エジプトのナルメル王の銘の入った土器なども出土する。

前期青銅器時代Ⅱ、Ⅲ期になると（前三〇五〇頃～前二七〇〇年頃、前二七〇〇～前二三〇〇年頃）、南レヴァントでも本格的な都市化が確認される。これはメソポタミアのジェムデト・ナスル期、初期王朝期、エジプトでは第一、二王朝期、古王国期にあたる。遺跡の分布は、南レヴァント全域に認められるようになる。こうしたことから、南レヴァントの都市化はメソポタミアやエジプトの影響下で起こったとする研究者が多い。

それぞれの都市は幅三～四メートルの市壁で囲まれており、かなり広い面積を占めることが多かった（例えば、アラド遺跡では約二二ヘクタール）。市壁は基本的に轡形の塔や市門、斜堤などを伴っており、この地方でも抗争を想定していたことがわかった。住居や神殿の他、ベト・イェラハの穀物庫やアッテルの貯水池などの公共建造物も認められるようになる。土器も高温で

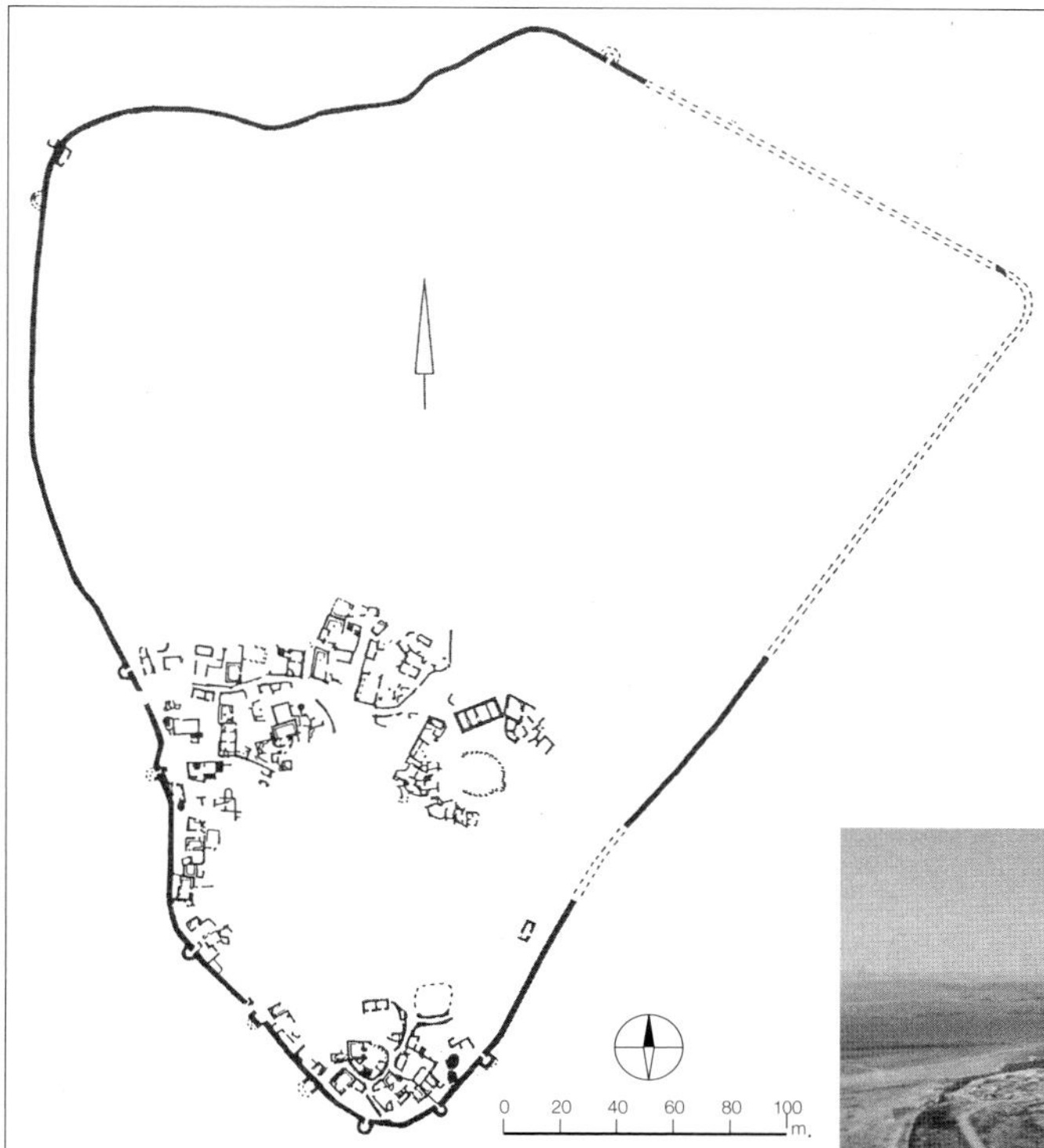

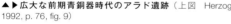

▲▶広大な前期青銅器時代のアラド遺跡（上図　Herzog, 1992, p. 76, fig. 9）

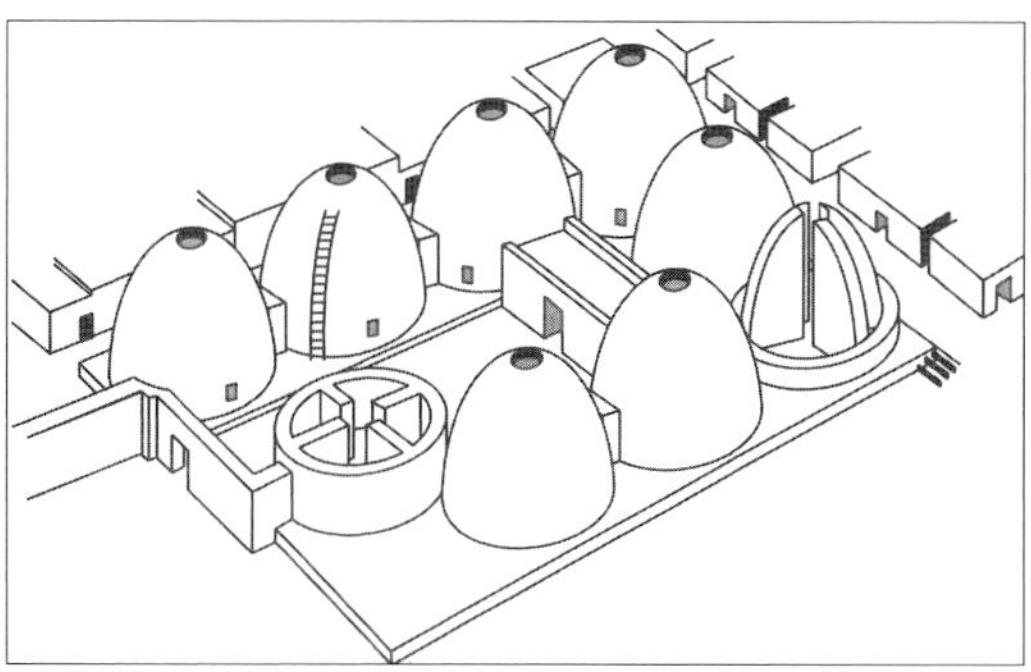

▲▼ベト・イェラハ遺跡の穀物庫（サイロ）

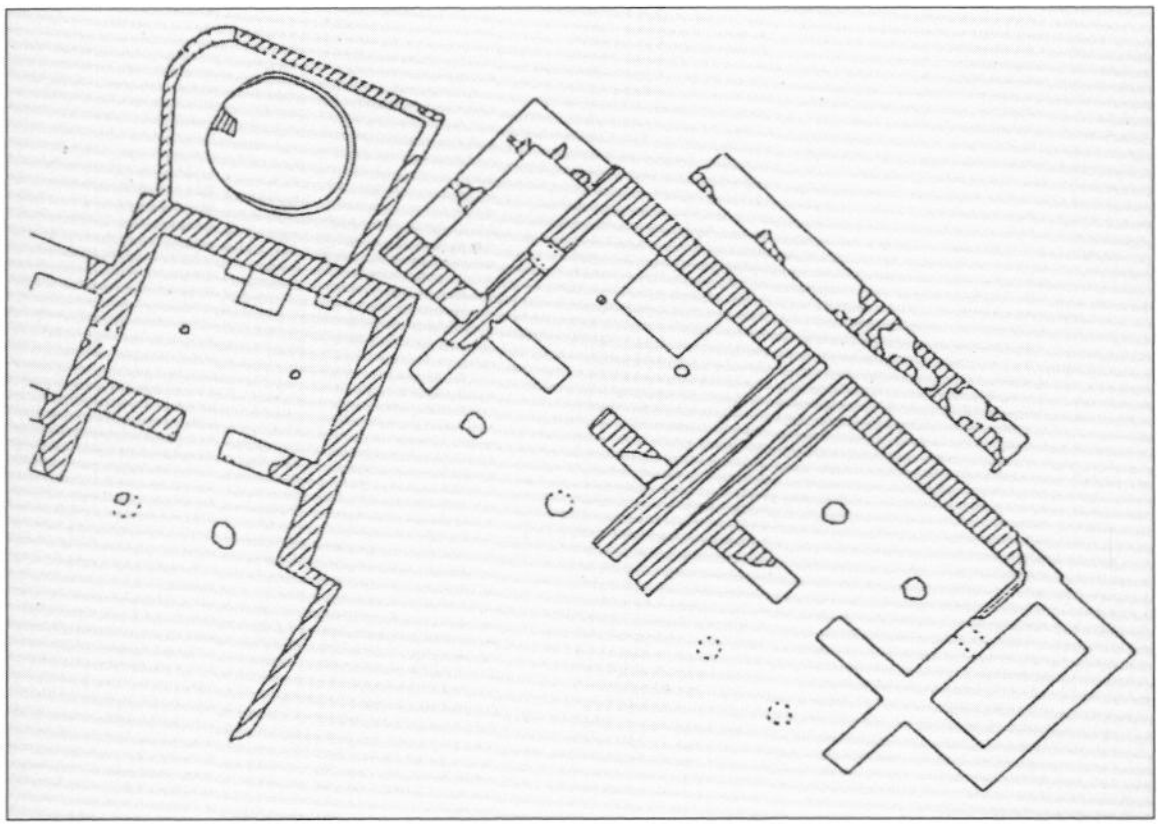
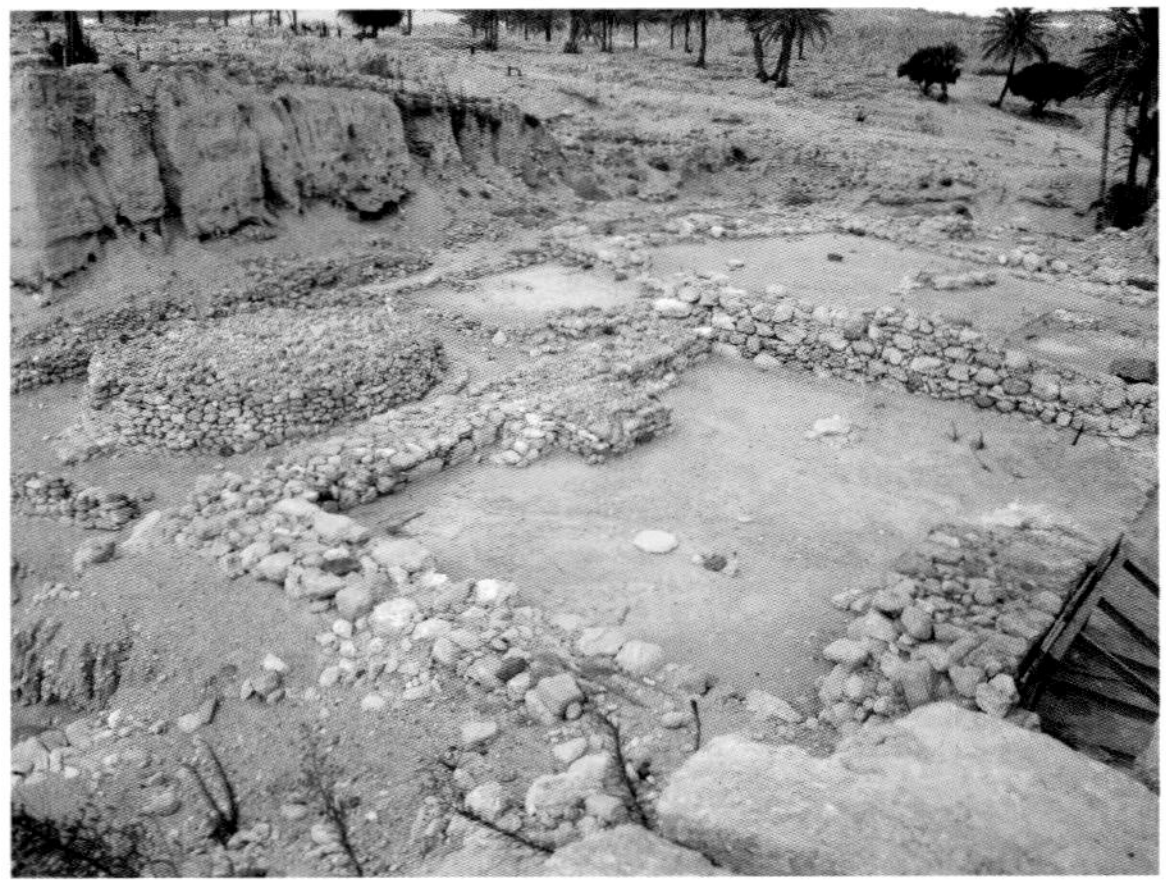

▲▶メギド遺跡の神殿

▲前期青銅器時代の土器（資料協力 ㈶中近東文化センター）
◀ヒルベト・ケラク土器

焼かれた上質なものとなり、北部では赤色で櫛目紋の彩色、南部では赤色化粧土に点、三角、菱形模様の彩色を施したものが広く出土するようになる。平底と波形把手を特徴とした壺も多い。これらは専門の職人によって作られたものと思われ、すでに職業の分化が起こっていたようである。金属製品、レンガ、墓なども専門の職人によって造られたと考えられている。国際交易も行われており、ビュブロスからはレバノン杉、南レヴァントからはアビュドス土器と呼ばれる土器がエジプトに輸出された。

　これら前期青銅期時代の都市は前二三〇〇年頃（移行期青銅器時代）に一度崩壊したが、前一八〇〇年頃（中期青銅器時代Ⅱ期）に二度目の都市化を迎えることとなる。その経緯と原因については次章で扱いたい。

都市文明の功罪

　以上のように、都市の発達は文字や管理機構など、今日必要とされているさまざまな制度が生まれるきっかけとなったことがわかる。同時にそれは支配 - 被支配の関係を維持する制度となり、常に争いを想定せざるを得ない社会を生み出すこととともなった。バベルの塔の物語は、こうした現実に冷徹な目を向けているのである。

エリコは世界最古の都市か

COLUMN 2

▲新石器時代のエリコの塔

エルサレムの東、死海の北側に位置するエリコの町は、しばしば世界最古の町と称される。それはシュメルの都市国家が成立するはるか前、今から一万年以上前（前八五〇〇年頃）の新石器時代から、周壁に囲まれた定住農耕集落が存在したからである。

発掘者のK・ケニヨンによると、最初の集落はさらに古い約一万二〇〇〇年前に造られたという。この時点ではまだ農耕は行われておらず、狩猟採集経済であったが、すでに泥レンガで一部屋の住居を造って定住生活を始めていた。こうした狩猟採集に基づく定住集落は「ナトゥーフ文化」と呼ばれ、エリコの他、その名のもととなったナトゥーフなど南レヴァントに見られ、後にシリアにも広がった。

その後新石器時代になると、

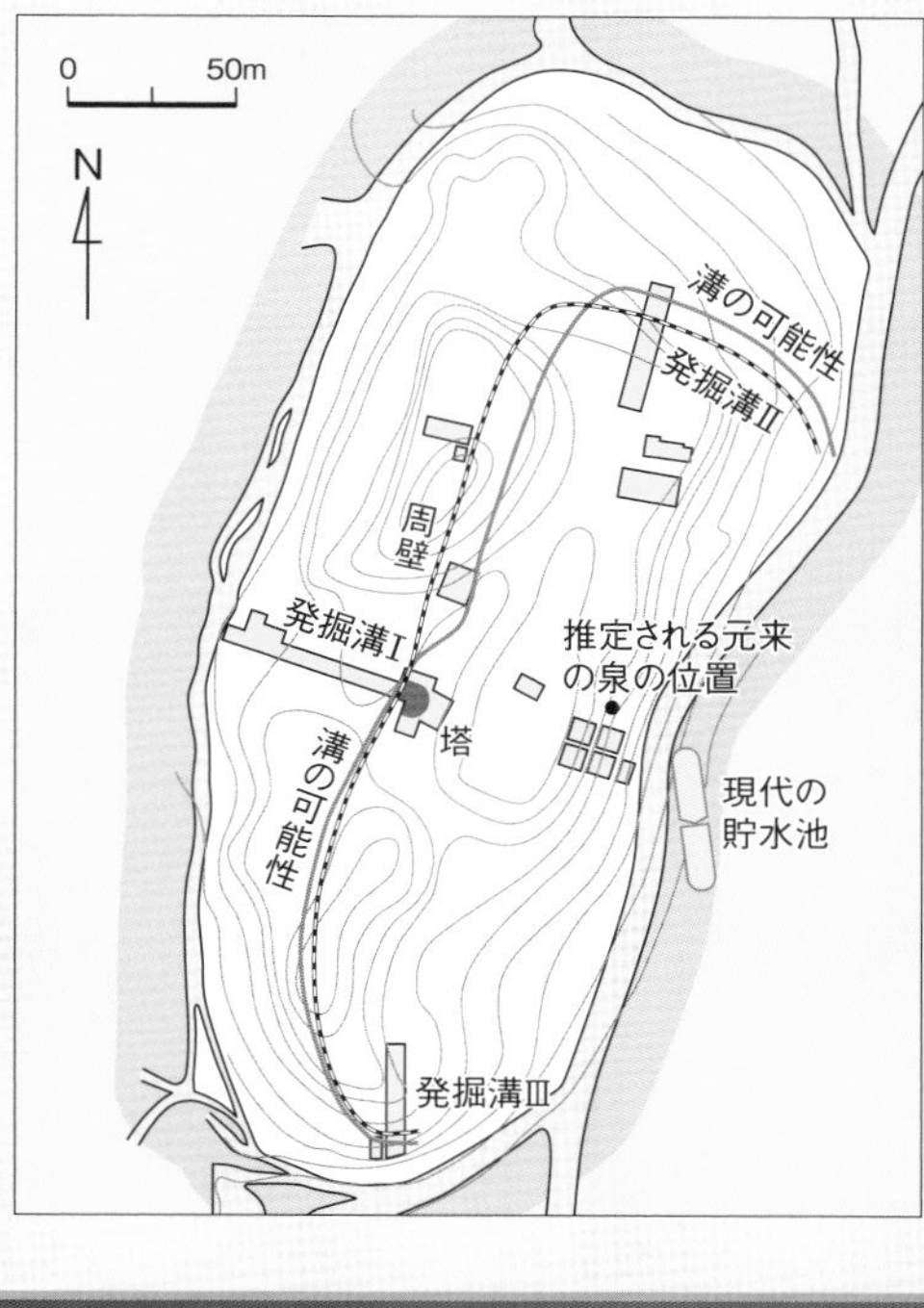

▶先土器新石器時代b（PPNB）のエリコ　(Kenyon and Holland, fig. 2を改変)

▼エリコ全景

集落の周囲に幅約三メートル、高さ五メートルの壁が造られ、その外側には幅八メートルの堀のような溝が掘られるようになった。また、この周壁の内側には、直径八・五メートル、高さ七・七五メートルの塔が造られた。これだけの壁と塔を造るにはかなりの労力を要するので、ケニヨンはエリコを世界最古の都市だとしたのである。

しかし、この解釈は今では疑問視されている。たしかに周壁や塔の存在は興味深いが、それらは都市国家のような防御用のものではない可能性が高いからである。通常、防御用の塔は城壁の外に突き出すように設置する。敵が攻めて来た時、さまざまな角度から迎え撃つことができるからである。しかし、エリコの塔は壁の内側に突き出しており、そうした役に立たない。現在では、この周壁はワディ（雨季にのみ水が流れる涸川）から流れてくる土砂を食い止めるためではなかったかと考えられている。

また、ケニヨンはエリコの町の人口を約三〇〇〇人と見積もったが、最近ではそれよりはるかに少なかったと考えられており、本格的な都市となったのは、他の遺跡と同様前期青銅器時代だと思われる。シュメルでは農業の発達には大規模な灌漑設備が必要で、そのために権力構造が必要だったが、エリコの場合オアシス都市であり、そうした必要もなかった。実際、農耕は必ずしも狩猟採集生活より労働効率を引き上げるものではなく、むしろ定期的な労働を必要として人々の自由を奪うものであり、生活に余裕を与えるより支配者の権力固めや支配圏拡大のために発達したことは、すでに多くの研究者が指摘している（例えば、Scott）。

新石器時代の集落はエリコの他にも、イラクのジャルモ、アナトリアのギョベクリ・テペ、チャタル・ヒュユック等でも知られており、肥沃な三日月地帯一帯で発生したことが知られている。これらの遺跡では、非常に発達した神殿など豊かな文化がすでに存在していた。ヨルダン川東岸のアイン・ガザル遺跡からもほぼ等身大の漆喰製の人形の像が何体も出土しており、よく似た遺物はエリコからも確認されている（20頁の上図参照）。

これらの遺跡は、都市化や農耕の発達だけが豊かな人間のあり方ではないことを示す意味でたいへん興味深い。

▲▼ナトゥーフ文化の指標遺跡となっているナトゥーフ洞穴の開口部（上）と内部

第2部 イスラエル民族の成立

4章 族長アブラハムの移住

これまで第1部で扱った創世記一～一一章は、内容的に聖書全体の序論となっている。一言でまとめると、神は秩序あるすばらしい世界を造られたが、人間は罪のため混乱と争いを招き、そこから逃れられなくなってしまったということである。神はこの窮状から人類を救うために歴史に関与されたというのが、残りの聖書の内容である。

具体的には、アブラハム（元々の名はアブラム）という一人の人を選び、当時カナンと呼ばれた南レヴァント地方に移住させ、救いの計画を動かし始めた。アブラハムはユダヤ教やキリスト教で「（信仰の）父祖」と考えられている人物であり、イスラム教でもイサクではなくイシュマエルの系譜を通して父祖とされている。第2部では彼とその家族の背景を扱う。

聖書の記す族長たちの歴史

創世記によると、アブラハムは父テラに連れられてカルデアのウルから北シリアのハラン（現トルコ領）に移り住み、神の語りかけを聞いて南レヴァント地方に移住したとされる（創世記一一章三一節～一二章九節）。

アブラハムが出立するにあたって、神は彼を祝福して大いなる国とし、大いなる名を与え、すべての民族の祝福の基とするとの約束を与えられた。彼とその子孫にはなかなか子供ができない等の試練があったが、神を信頼し続け、家族が少しずつ拡大していった。結局、アブラハムには正妻の子イサクと女奴隷の子イシュマエルが与えられ、イサクにはヤコブとその兄エサウが与えられた。ヤコブはその後改名してイスラエルとなり、その一二人の息子たちが後のイスラエル一二部族の父祖となる（下の家系図参照）。

族長たちは南レヴァントに定着したが、ヤコブの晩年になると飢饉が生じ、エジプトに避難することになった。しかし、それ以前から息子のひとりヨセフが家族の諍いから奴隷に売られ、エジプトで劇的な出世を遂げて宰相になっていた。飢饉のためエジプトを頼って来たヤコブ一族は、このヨセフの取り計らいでエジプトのデルタ地帯（ゴシェンの地）に住むこととなり、守られた。これが、後のイスラエル人の出エジプトの伏線となるのである。

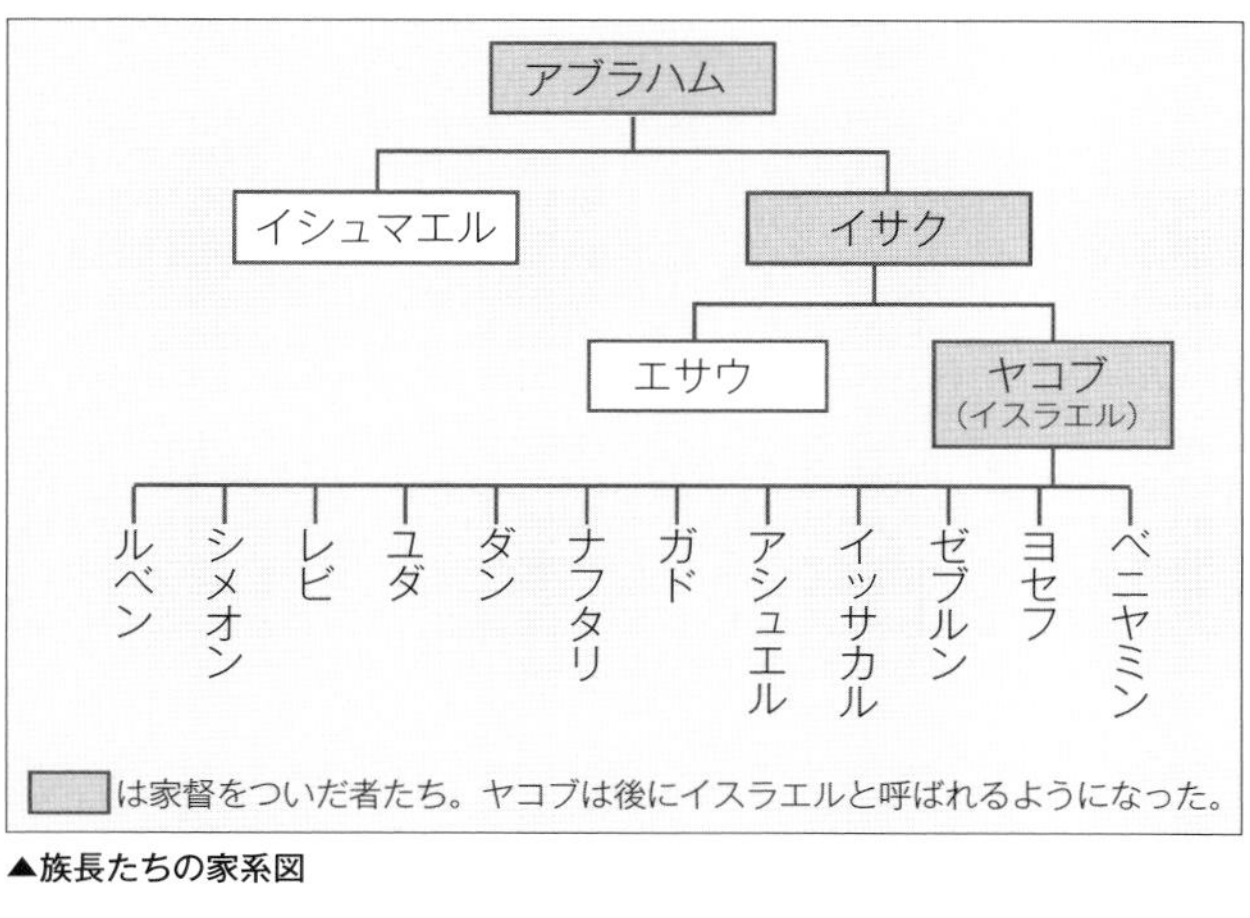

▲族長たちの家系図

中期青銅器時代の南レヴァント

こうした物語の背景には、おそらく中期青銅器時代のシリアと南レヴァント（カナン）の間のダイナミックな人の動き、特にアモリ人の移住と関係があったのではないかとされてきた。

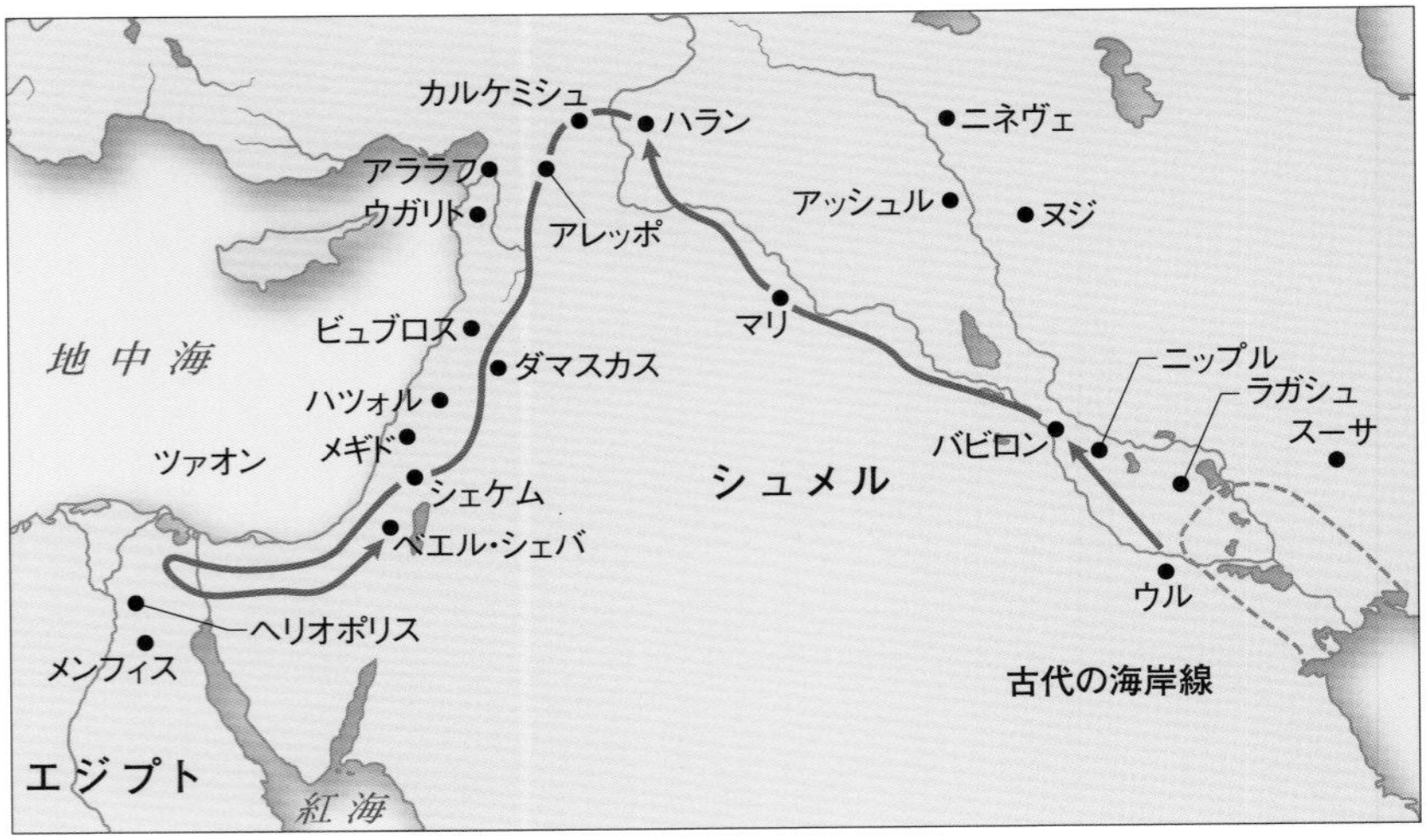

◀創世記によるアブラハムの旅程

▶現在のハラン　左奥の小高い丘がテル・ハラン、右奥の塔周辺がモスク、手前のとんがり屋根が現在の集落。

アモリ人は北シリアのビシュリ山系周辺出身のセム系民族で、移動しながら牧羊する人々であったが、前三〇〇〇年紀の終わり頃から古代西アジア各地に移住し、その一部は定住するようになった。シュメル人の支配を倒してバビロンやマリといった王朝や町を打ち立てたのもアモリ人である。結果的にアモリ人は西アジア全域に広がったため、次第にアモリ人と呼ばれること自体がなくなっていった。しかし、アブラハムたちの物語は、本当にこのアモリ人の移動と結びつけて考えてよいのであろうか。

この時代の考古学的状況を概観すると、以下のようになる（年代対応表参照）。前期青銅器時代に成立した南レヴァント地方の諸都市は前二三〇〇年頃にほぼ崩壊した。しかし、前二〇〇〇年頃になると定住集落が復活し、前一八〇〇年頃から強力な防御施設に囲まれた都市が多数建設されるようになった。カナンの都市国家群である。さらに前一六五〇年頃から一五五〇年頃までは、同様の都市がエジプトのデルタ地方にも建設され、エジプトの覇権も握ることと

◀ハンムラビ法典　ハンムラビはバビロン第一王朝を立てたアモリ人の王である。法典の序文と結語には、彼が「羊飼いの王」として人々の生活を支え、正義をもたらすためリーダーシップを発揮するよう神々の前に責任が与えられていることを記している。これは聖書の王権観との関係で興味深い。（写真：PPS通信社）

なった。この最後の時代は、エジプトがセム系の外国人によって支配されたことから「ヒクソス（「異国の支配者たち」の意）王朝」期と呼ばれている。

　これまで考古学的には、前期青銅器時代の都市の崩壊や中期青銅器時代の強力な都市国家群の建設はアモリ人の移住によってもたらされたのかどうかが議論されてきた。一方、聖書学では、アモリ人の移住と族長たちの記事を結びづけるべきかどうかが議論されてきた。以下では、これら二つの側面から、中期青銅器時代の歴史と族長たちの物語の関係性を検討してみよう。

▲マクペラの洞穴を覆っているモスク（ヘブロン） 内部に族長たちの墓がある。

▲移行期青銅器時代の土器 左側のものがカリシフォーム土器。

アモリ人は本当に南レヴァントに来たのか

⑴ アモリ人仮説

　二〇世紀前半を代表する聖書考古学者オルブライトは、二三〇〇年頃の都市崩壊の背景にアモリ人の侵入を想定し、アブラハムの移住もその一環だったとした。アモリ人はほぼ同時期に北シリアからシュメル人のいたメソポタミアに流入したので、同様のことが南レヴァントにも起こったとしたのである。オルブライトは新しい文化がもたらされたという視点から、この時代を中期青銅器時代Ⅰ期と呼んだ。一方、中期青銅器時代Ⅱ期の再都市化については、ヒクソスとの関係もあり、南方から別の民族の流入があったと考えた。

　ケニヨンも、最初の都市の崩壊はアモリ人の侵入によるものであるとしたが、さらにその後の都市化のプロセスにもアモリ人が関わったと主張した。アモリ人の中でもシリアの沿岸地方に侵入した者たちは数世紀かけて定住化し、ビュブロスなどの都市を造ったことが知られている。この都市化した人々が南下してカナン都市の建設に関与したという説である。定住、都市化をする際には、前期青銅器時代以来の先住民と同化したことも想定されるので、それらの雑多な人々が集まって後のカナン人となったとする。一方、アモリ人の中には遊牧生活を維持した者たちもおり、主として山地に住んだ。聖書はこの山地の人々をアモリ人と呼んでいるとする。

　このように前期青銅器時代から中期青銅器時代にかけての変化にアモリ人が関与したとする説を一般にアモリ人仮説と呼んでいる。

　アモリ人仮説を支持する証拠として、オルブライトは中期青銅器時代Ⅰ期（本書の移行期青銅器時代）の竪坑墓から出土する土器は北シリアと共通する白っぽく平らな底を持った形であることを指摘し、特に胴部がくびれた鉢や碗をカリシフォーム土器と呼んだ。また、これらの墓から出土する青銅製の短剣なども北シリアと共通することを指摘している。一方、ケニヨンは復興した都市（本書の中期青銅器時代Ⅰ期）から出土する土器は、赤色化粧土と鋭い屈曲部を有した鉢などが特徴的で、これはビュブロスなどでも出土することを指摘した。さらに目の形やカモノハシの嘴形をした戦闘用の斧も共通することを指摘している。

(2) 前期青銅器時代の都市の崩壊

ところが、一九八〇年代頃になると、前二三〇〇年頃の都市の崩壊は民族移動ではなく、環境変化のためだとする説が主張されるようになった。この時期レヴァント地方全体で寒冷乾燥化が進んだので、在地の人々が天水農耕から牧畜へと生業を変えたことが原因だとする説である。この立場では、前の時代から民族が継続していることを強調して中期青銅器時代Ｉ期の代わりに前期青銅器時代Ⅳ期という用語を使う（年代対応表参照）。この変化には土器と民族を同一視したり、考古学的事象を単純に聖書と結びつけて解釈する方法論に対する批判が背景にあった。また、事実自然環境が変わったデータが蓄積されてきたこと、都市崩壊前の前期青銅器時代Ⅲ期の町と復興後の中期青銅器時代Ⅱ期の町は同じ場所に建てられることが多く、同じ人々がそれぞれの都市を担ったと考えられたこともその根拠である。

しかし、この説も現在全面的に受け入れられているわけではない。状況は地域によってかなり異なっているからである。例えば、南レヴァントのヨルダン川東岸地方（トランスヨルダン地方）やメソポタミア北部（ジャズィーラ地方）では都市はほぼ全面的に崩壊したが、オロンテス川流域や中部シリアでは都市は継続していた。もし寒冷乾燥化だけが原因だとすると、こうした違いは説明できない。都市崩壊の時期にもずれがあり、一気にそれが起こったわけではなさそうである。さらに、ヨルダン川西側地域やシリアの海岸地域では物質文化が大きく変化しており、これらをすべて内的変化だけで説明するには無理がある。呪詛文書などの銘文資料を見ると（後述参照）、少なくとも前二千年紀の初頭にアモリ系の人々が南レヴァント地方にいたことは確実で、彼らが都市の破壊に直接関わったかどうかは別として、移住自体を否定することはできない。

このため、現在では折衷的な立場を取る

前期から中期青銅器時代への移行―３つの立場

年代	新しい文化要素を強調する立場	継続性を強調する立場	現在のコンセンサス
前2300年頃	前期青銅器時代 Ⅲ期	前期青銅器時代 Ⅲ期	前期青銅器時代 Ⅲ期
前2000年頃	中期青銅器時代Ｉ期	前期青銅器時代Ⅳ期	移行期青銅器時代
前1800年頃	中期青銅器時代 ⅡＡ期	中期青銅器時代 Ｉ期	中期青銅器時代 Ｉ期
1650年頃	中期青銅器時代 ⅡＢ期	中期青銅器時代 Ⅱ期	中期青銅器時代 Ⅱ期
1550年頃	中期青銅器時代 ⅡＣ期	中期青銅器時代 Ⅲ期	中期青銅器時代 Ⅲ期

▲**年代対応表**　これらの時期の名称は、最初の都市崩壊の原因を何だと考えるかによって大きく異なる。アモリ人の流入によるものだとする者たちは、前2300年頃～前2000年頃を新たな文化の始まりとして「中期青銅器時代Ｉ期」と呼ぶが、環境変化による生活形態の変化に過ぎないとする者は、前期青銅器時代からの継続性を強調して「前期青銅器時代Ⅳ期」と呼ぶ。現在は、これら両方の要素を考える立場から「移行期青銅器時代」と呼ぶことが一般的である。なお、その後の中期青銅器時代の名称も、これらの違いによってずれてしまう。

▲アブラハムの井戸（ベエル・シェバ）

研究者が大半であり、この時代の呼称も両方の要素を加味した「移行期青銅器時代」とする者が多い。具体的には、トランスヨルダンや北レヴァント地方では継続性が強いので環境変化が主原因であり、ヨルダン川西岸地方やシリア沿岸部では居住形態も物質文化も全面的に変化したので、アモリ人と特定できなくても北シリアからの移民の影響が大きいとする立場である。ただ実際には、他にもとらえ切れない多様な要素が絡み合って変化が起こった可能性もあり、そんなに単純でわかりやすい答にまとめるべきではないとする研究者も少なくない。

▲ダン遺跡（南レヴァント）の市門

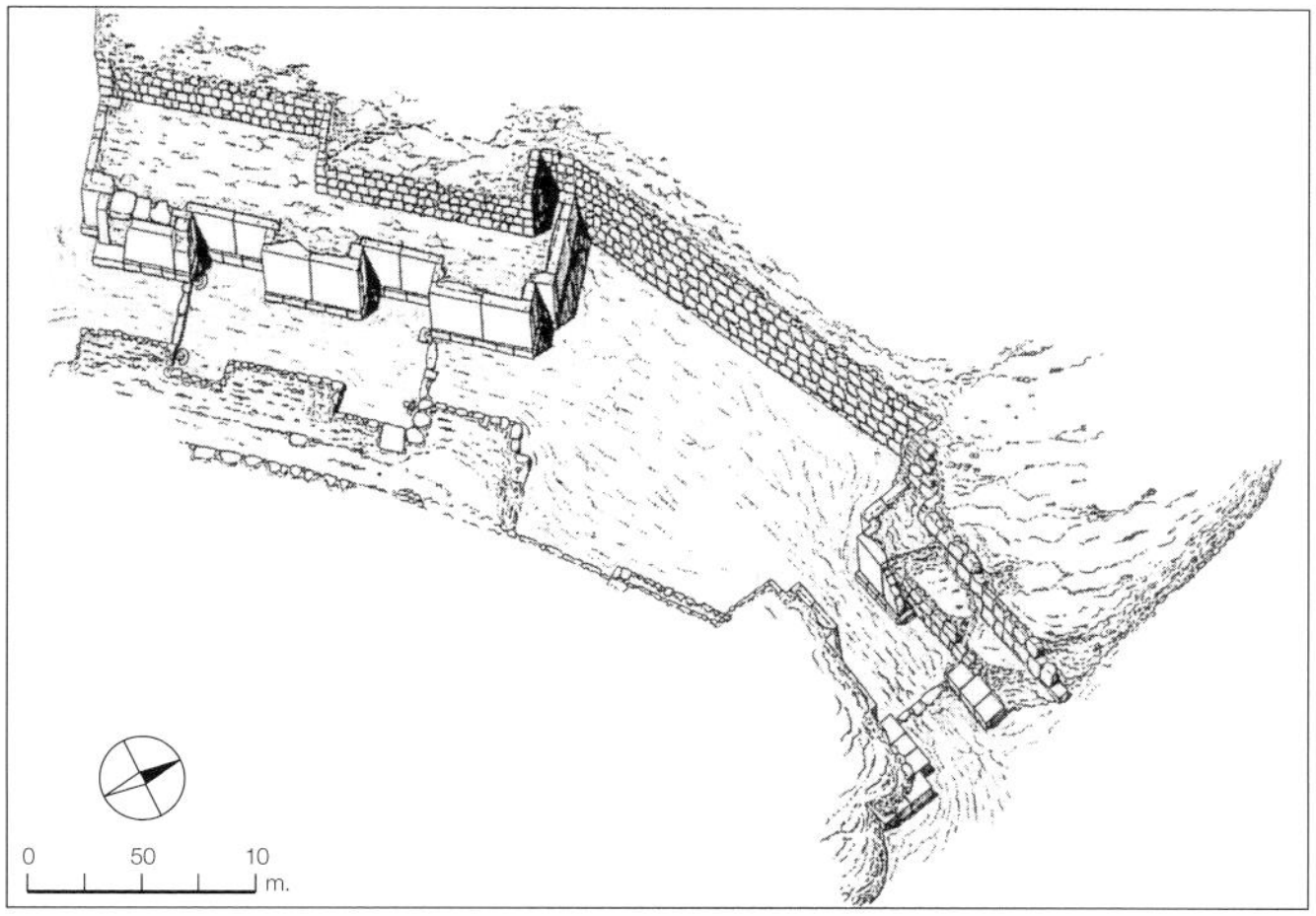

▲エブラ遺跡（シリア）の市門のプラン図　典型的な六柱式市門である。

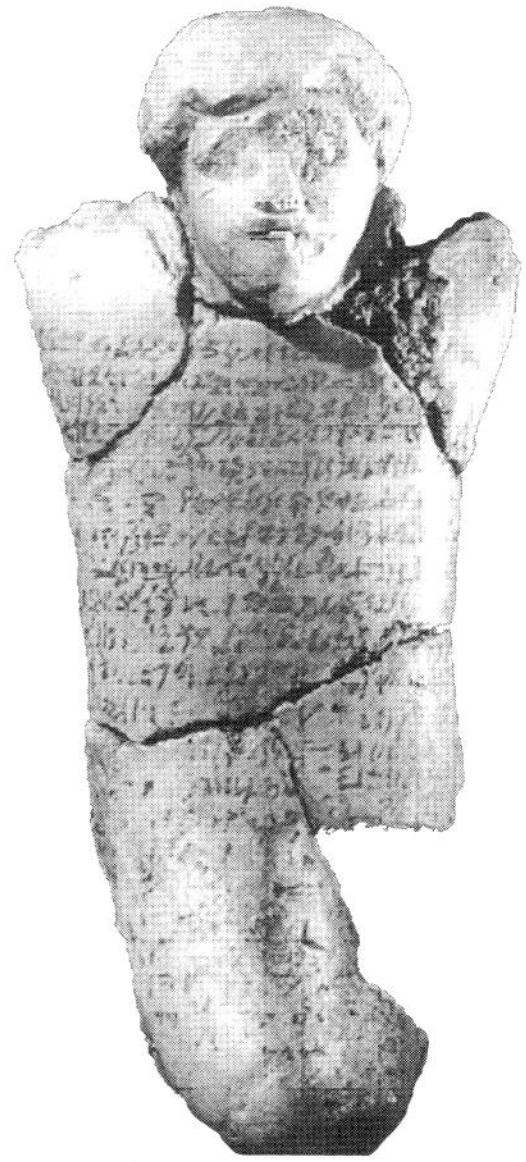

▲呪詛文書（前20世紀～前18世紀）エジプト王がカナンの諸都市を呪った文書で、リスト化されている都市名から当時の状況を知ることができる。

(3) アモリ人の物質文化

結局アモリ人が都市崩壊に関わっていようといまいと、中期青銅器時代の南レヴァントの住民は、主として前期青銅器時代から継続して存在していた人々とシリアから前三千年紀と前二千年紀の間頃に移住してきたアモリ人たちによって構成されていたこととなる。アモリ人自体いくつもの部族からなっていたので、そのすべてが完全に同じ文化を持っていたとは限らず、ケニヨンが主張するように、定住して先住民族と同化してカナン人となった者たちもいれば、遊牧形態を保った者たちもいたと思われる。テル・カブリなど一部の都市では地中海地方（ミノア文明）の影響も認められており、カナン人にはさらに多様な人々が含まれていた可能性もある。

そういう意味では、オルブライトのように特定の土器や物質文化を単純にアモリ人のものと同定することには慎重であるべきである。しかし同時に、中期青銅器時代に再興された都市やその周囲にいた人々には北シリアから南レヴァントまで共通した物質文化があり、特に沿岸部でそうであることは事実である。バークはこれらを「アモリ人の文化的コイネー（共通語）」と呼んでおり、その弟子であるバックは五つの要素を挙げている。①強力な防御設備、②中庭式宮殿、③城塞神殿、④円筒印章、⑤祭儀的なろばの使用である。

　中期青銅器時代の防御施設は、巨石を使った市壁とそれにとりつく大がかりな斜堤や土塁、三対の抱き柱によって構成された六柱式市門などによって代表される。市門を例にとると、前期青銅器時代のものが単に塔ではさまれたり、鉤形の通路となっていたのと比べて、あきらかに設計上の違いが存在する（31頁アラド遺跡の図参照）。強力な防御施設が造られたことは、この時期にシリアから南レヴァントに共通する新しい文化が導入されたことを示しているであろう。ただ政治的にひとまとまりの存在でなく、独立した都市国家が覇を競う時代であったことを示している。

　中庭式宮殿は、大きな中庭のまわりを細長い通路や部屋が取り囲む構造をしており、全体で一つの建物となっていた。中庭の存在は前期青銅器時代の宮殿とは異なっている。また、神殿は城塞神殿と呼ばれる非常に分厚い壁を持ち、入口から聖所に向かって直進する構造となっており、一段高くなった聖域に造られた。これも横長の部屋を基本として平地に建てられた前期青銅器時代の神殿とは、大きく異なっている（3章のメギドの前期青銅器時代の神殿と比較されたい）。

　円筒印章は、シュメル人のウル第三王朝が滅亡した前二〇〇〇年頃から「古シリア様式」、前一九世紀末頃から「シリア古典様式」と呼ばれるものが発達した。特に「シリア古典様式」のものは光沢のある赤鉄鋼石で作られ、微細な人物像を鋭い線で仕上げることを特徴としており、特に動物紋、植物紋がアモリ人の美術の描き方と共通している。

　ろばの埋葬が神殿の庭や建物の基礎から見つかることも前二千年紀のシリアと南レ

▲アシュケロン遺跡の斜堤

▲シェケム遺跡の神殿

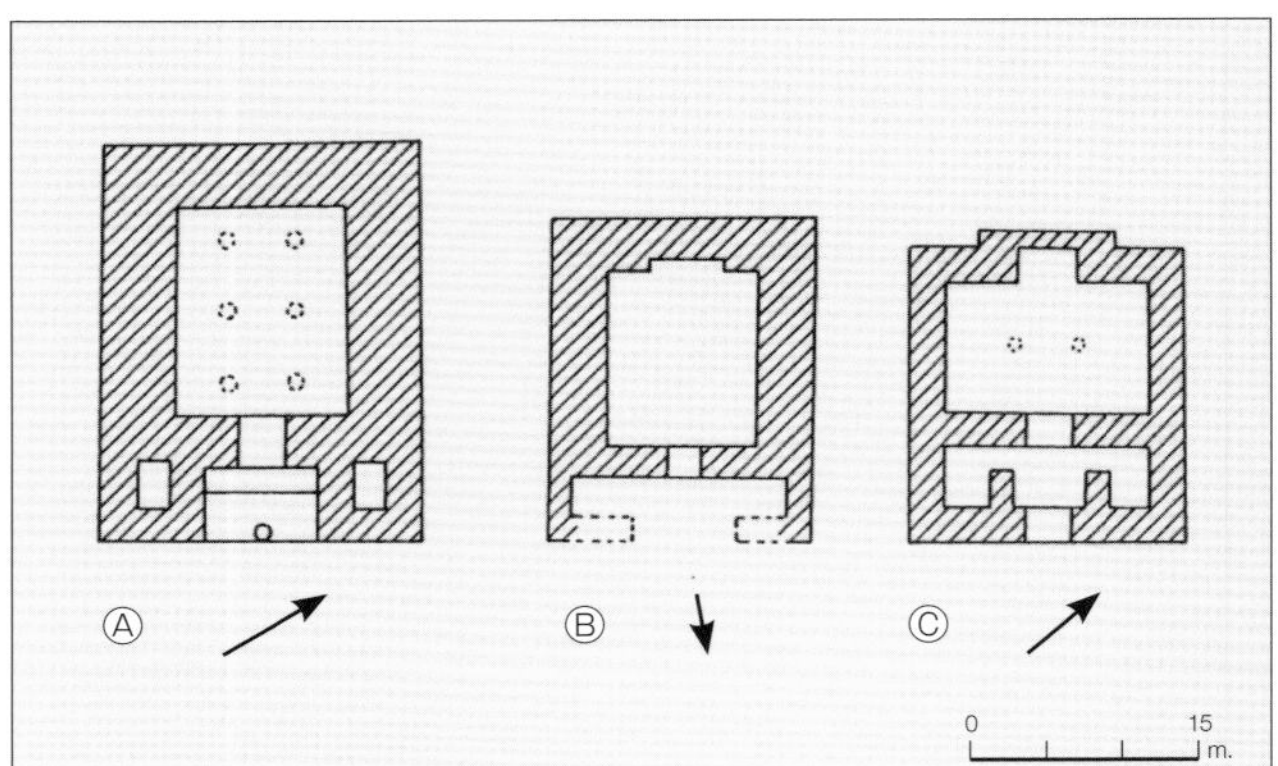

▲中期青銅器時代の城塞神殿の構造　Ⓐシェケム遺跡　Ⓑメギド遺跡　Ⓒハツォル遺跡H地区　シリアのエブラなどにも見ることができる。

ヴァントに特徴的なことである（例えば、テル・ブラク［シリア］、シェケム、テル・エル・アジュール、テル・ハロール［南レヴァント］）。おそらくろば自体に象徴的な意味があり、儀式的に殺されたものだと考えられる。アモリ人の都市マリ、アララフ等から出土した文書によると、「ろばを殺す」という表現は契約を結ぶことを意味していた。旧約聖書のヘブル語でも契約を結ぶ時には「切る」という動詞が使われており、おそらくこれらのろばの埋葬は人と人あるいは神と人との契約締結の儀式の跡だと考えられる。ヤコブが定着した町シェケムの住民がハモル人（「ろばの人々」の意）と呼ばれていることも興味深い。

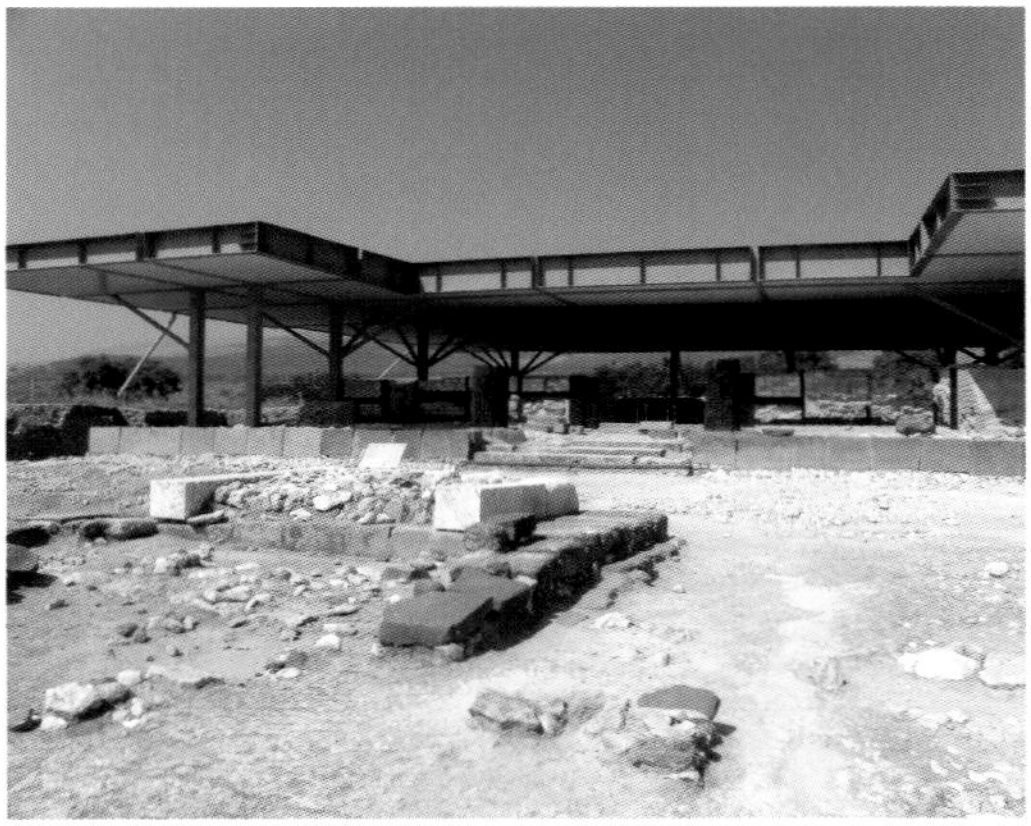
▲ハツォル遺跡の宮殿

さらにバックは挙げていないが、鳥の頭をした土偶や土製の神殿模型なども非常に特徴的な遺物であり、これらも北シリアから南レヴァントにもたらされたと思われる。

たしかに土器と民族は短絡的に結びつけられるべきではなく、アモリ人の中にもさまざまな部族がいたが、これらの変化には新しい文化の流入を考える必要がある。特に宮殿や神殿のような大型建築の変化は、携帯可能な小遺物とは異なり、単なる文化接触ではなく民族の流入によって新しい文化が築かれたことを示唆するものである。これらは、さまざまなアモリ人に共通したアイデンティティを反映する文化要素だったのであろう。

レヴァント地方の都市国家とヒクソス王朝

さらに興味深いことに、これらシリア及び南レヴァントで認められたアモリ人の文化的コイネーは、中期青銅器時代Ⅲ期にエジプトのデルタ地帯でも認められる。テル・アル・ダブアという遺跡はオーストリア人考古学者のビータックによって長年発掘されてきており、ヒクソス（第一五王朝）の首都アヴァリスであることがあきらかになっている。ここの遺構

▲ベニ・ハサン第三号墓の壁画

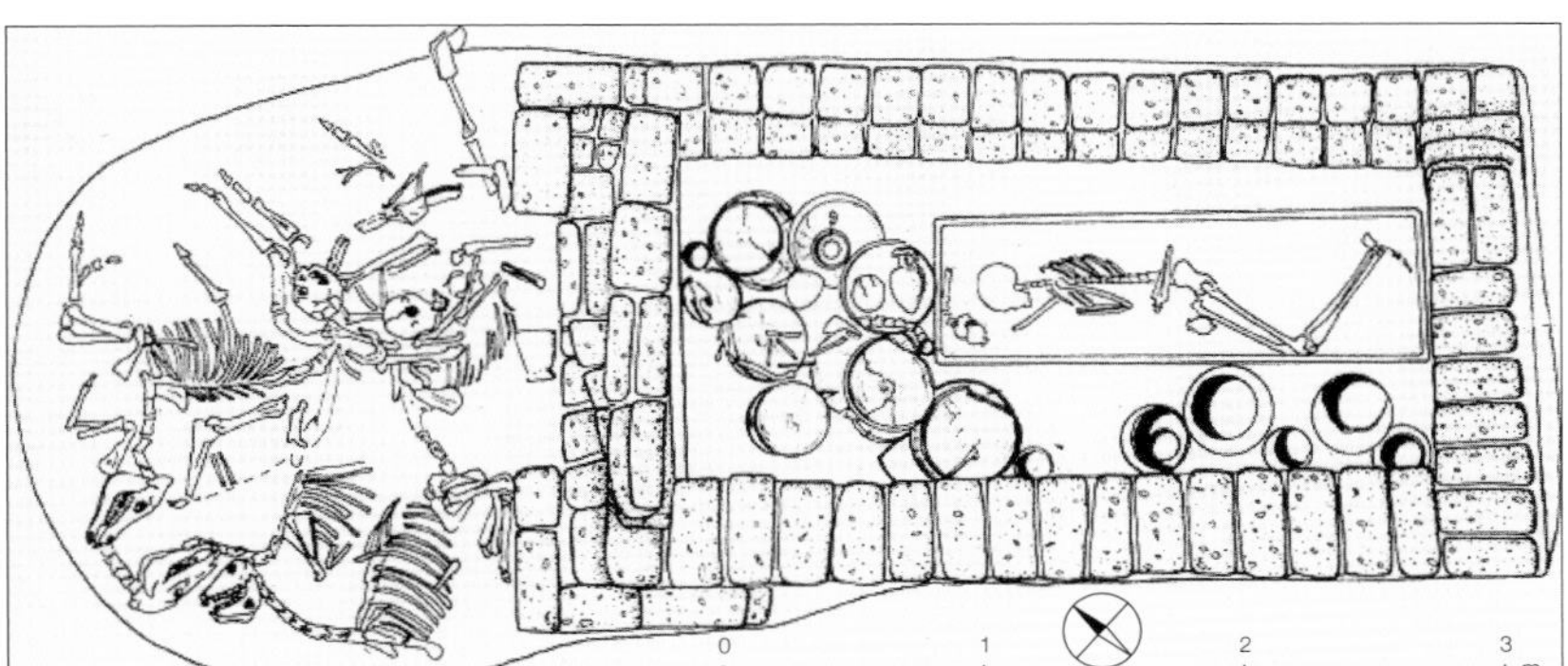

▲ろばの埋葬　テル・アル・ダブア遺跡出土

や遺物にはシリア・南レヴァントと共通するさまざまな要素が認められ、ヒクソスがそれらの地方の都市国家と共通する文化をもった人々の王朝だったことを示している。

例えば、土塁などで囲まれた防御施設、中庭式宮殿、城塞神殿などの大型建築はエジプトの様式ではなく、アモリ人コイネーの一環であり、ろばの埋葬も認められる。目形の斧も出土しており、いわゆるヒクソス土偶と呼ばれる女性土偶もシリアや南レヴァントの土偶とよく似ている。この時代に特徴的な土器は、梨形の小水差しで刺突紋を特徴とするテル・アル・ヤフーディア（「ユダヤ人の遺跡丘」の意）土器であるが、これは元来シリアで発達したものが南レヴァント、ひいてはエジプトにもたらされたと考えられている。また、この時期以降盛んになるセト神崇拝はカナンのバアル神、クドゥシュ神はアスタルテ女神の影響を受けたものだと思われる。

銘文資料でも、ベニ・ハサン第三号墓（前二〇世紀頃）の壁画には「アブシャ」という西セム系の名前を持つ人物に率いられた人々がろばと共にエジプトにやってきた姿が描かれており、当時すでにアモリ系の人々がエジプトまで南下していたことが知られる。逆に、「シヌへの物語」（前二〇世紀頃）では、エジプト人のシヌへがレヴァント地方のアモリ人の族長の賓客になったことが記されており、その社会は定住民と遊牧民によって構成されていたことが記されている。ヒクソス時代のスカラベ印象には、当時の族長として「ヤコブ・ホル」という名が刻まれている。これを聖書のヤコブと単純に同一人物とすることはできないが、聖書の族長たちと同系統の人々がナイル・デルタにいたことを示している。さらに、ブルックリン・パピルスにも当時存在したセム人たちの間にヤコブ、イッサカル、アシェル等の名前を確認することができる。

当時のシリアや南レヴァントは一つの大きな帝国ではなく、多くの都市国家が併存していた時代であるが、これらの証拠は同じような都市がエジプトにも築かれたことを意味している。ヤコブ一家のエジプトへの移住やヨセフの奇跡的な出世の物語は、こうした歴史的な記憶を反映していると考えるのがもっとも自然であろう。

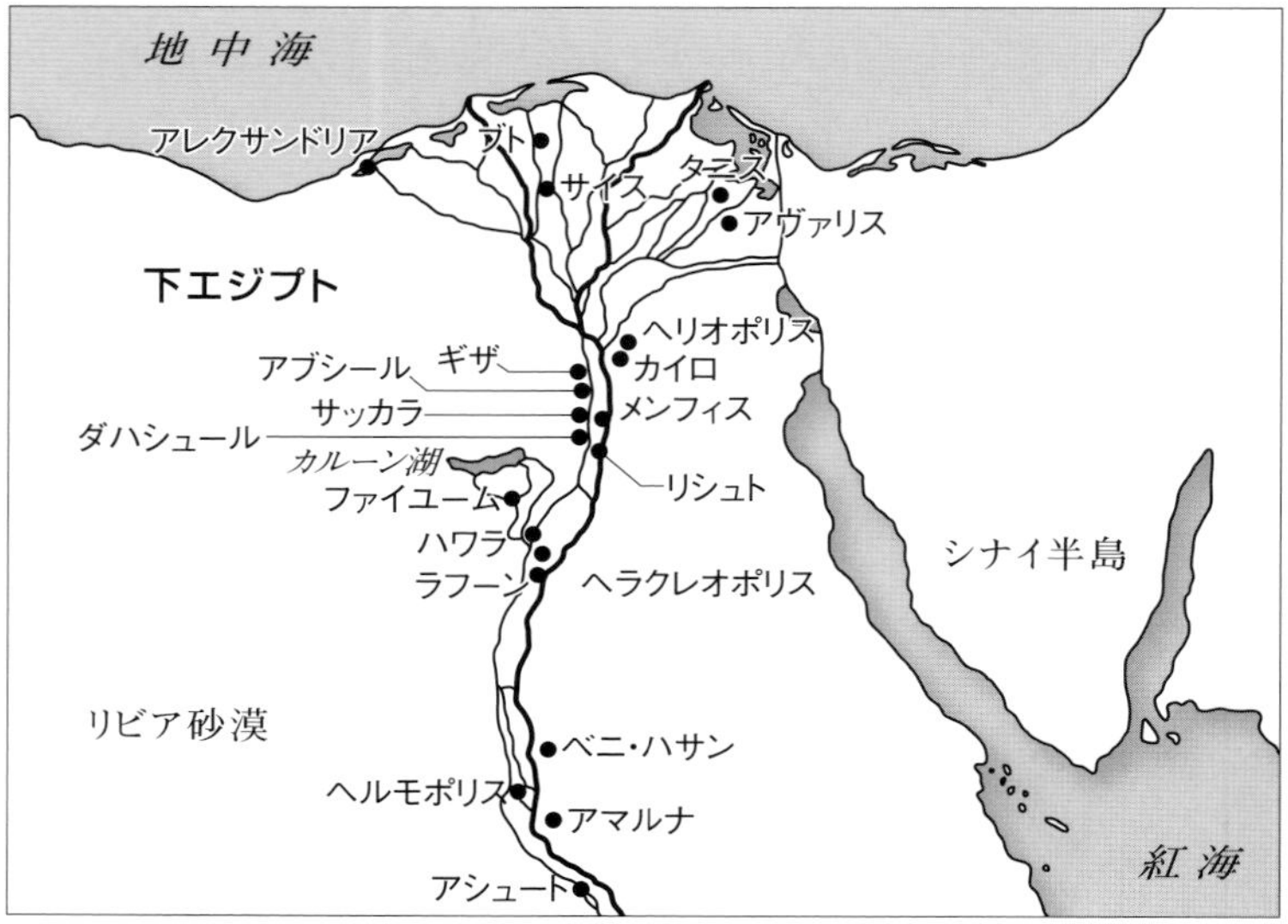

▲デルタ地帯の地図　南レヴァントに近いアヴァリスの位置に注意されたい。

族長たちはアモリ人と関係していたのか

(1) アモリ人と族長たち

一方、聖書学では、このアモリ人とアブラハムの一族に何らかの関係があったかについて議論されてきた。

例えば二〇世紀前半には、エジプトから出土した呪詛文書に記されている前二千年紀初頭の南レヴァント地方の都市名に聖書の族長たちと同じ名前が見られることが指摘された。また、聖書がアブラハムの出身地とする北シリアのハラン周辺には、アブラハムの父テラ、祖父及び兄弟ナホル、曾祖父セルグの名を持つ町が存在したことが粘土板文書資料から知られており、アブラムという名の都市も確認されている。ハランもアブラハムの兄弟の名である。

さらに、聖書に表れる現在とは異なる生活習慣に関しても、前二千年紀前半のアモリ人やその影響下にあった人々の習慣と共通することが指摘された。例えば、子供がなかなかできなかったアブラハムがエリエゼルという奴隷を養子に取り跡継ぎにすることを考えたり、女奴隷によって子供を得ようとしたこと、さらには本妻の子ができた時にその女奴隷とその子を解放することで相続権を剥奪したことなどは、ヌジ文書、リピト・イシュタル法典、ハンムラビ法典などの法例と共通することが指摘された。また、アブラハムがヘテ人エフロンから墓として洞穴を購入する時の交渉の仕方も前二千年紀中葉のヒッタイトの法律に合致しているとされた。

▲ヤコブ・ホルのスカラベ印章

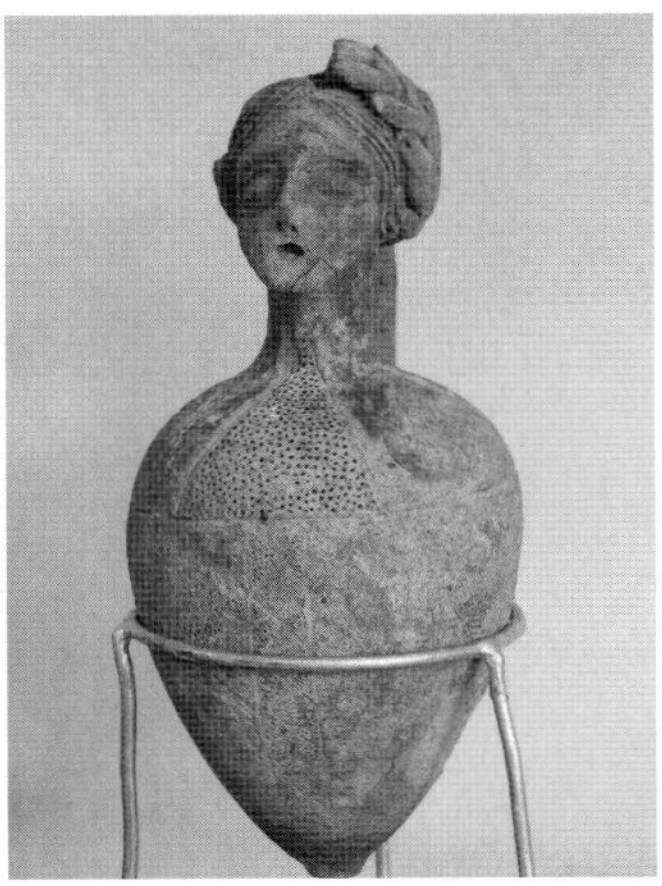

▲テル・アル・ヤフーディア土器

(2) 前二千年紀に限定されない対応関係

ところが、こうしたアモリ人と族長たちの関係の議論は、一九六〇年代頃から厳しく批判されるようになった。J・ヴァン・シータース、T・トンプソンといった研究者たちは、上述のような特異な生活習慣は必ずしも前二千年紀のアモリ人に限定されるものでなく、前三千年紀から前一千年紀に古代オリエント世界の広い地域で確認され、旧約聖書の大きな部分が編集された前一千年紀のバビロニア捕囚時代にも当てはまることを指摘した。また、聖書の族長たちが基本的に遊牧生活を維持したのに対して、これらの資料は主として農業を基礎とした都市のものであり、その条文が遊牧民に当てはまる保証はないことを指摘した。

さらに、聖書の記事にはらくだや天幕、ペリシテ人などの言及があるが、これらは前二千年紀には存在しないこと、「カルデアのウル」のカルデアは基本的に前一千年紀の前半に南メソポタミアに存在した国で、この表現自体があきらかに後代のものであることが示された。アブラハムと関係する地名も前一千年紀の文書にも確認でき、必ずしも前二千年紀の状況を反映していないとされた。学会の大勢はこうした批判を受け入れ、聖書の族長物語と中期青銅器時代の北シリアや南レヴァントとのつながりは否定され、あくまで後代の記述とみなされるようになった。

(3) 前一千年紀では説明できない創世記の記述

一方、最近の研究者たちは、それでも聖書の族長物語は前一千年紀の記述としては説明できない要素を含んでおり、元来前二千年紀のアモリ人の状況を反映していると考えざるを得ないと主張するようになってきている。たしかに二〇世紀前半に提唱された族長＝アモリ人説は、証拠の対応関係に厳密さを欠いており、そのような都合のよい関連性だけから年代や地域を特定できるとする議論には問題があった。しかし、一九八〇年代以降、マリ文書を始めとした膨大な量のアモリ人関係の資料が公刊されるようになり、ヴァン・シータースらの頃とは状況が大きく変わってきている。

例えば、D・フレミングはアモリ人がビヌー・ヤミーナ（アッカド語で「右手の者」の意）とビヌー・シマール（「左手の者」の意）という大きな二つの部族連合に分かれていたことを指摘し、その伝承がなければ、なぜ後のイスラエルの中核となった部族がベニヤミン族（ヘブル語で「右手の者」の意）という名なのか説明できないことを指摘している。また、アブラハムの出立地であるハランはこのビヌー・ヤミーナの集結地として知られるが、前一千年紀のイスラエルとはほとんど関係がなく、この言及も唐突である。ビヌー・ヤミーナの中にはもっぱら動物の群れと移動するイブルムという部族が存在したことも知られており、これはヘブルという語と同じ語根である。

さらに聖書は、族長たちを「さすらいの（滅びゆく）アラム人」（申命記二六・五）と表現し、その出身地はアラム・ナハライムだと認識しているが、アラムは旧約聖書が編纂された前一千年紀にはイスラエルと敵対する国家であった。もし何の根拠も伝承もなければ、なぜ自分たちの先祖を敵と同一視するのであろうか。しかし、もし族長たちがアモリ人の背景を持っていたとすると、この現象は理解できる。アラム人の出現は早くても前一二世紀頃であり、それ以前の同地域はアモリ人の居住地であった。

らくだはアブラハムの時代に家畜だったのか　Column 3

遊牧民というと「らくだ」というイメージを持つ人が多いだろう。事実、聖書にもアブラハムなど族長がらくだを連れていたという記述が何度も見られる（創世記一二・一六、二四・一〇～一一、三一～三二章）。しかし、オルブライトはらくだが家畜化されたのは前一〇世紀以降で、族長たちはむしろ「ろばを連れた隊商」だったと主張した。それ以降、らくだへの言及は創世記の時代錯誤の典型例としてしばしば扱われてきた。しかし最近の研究では、らくだはもっと前から家畜とされていた可能性が指摘されており、この点はそんなに確かではない。

そもそも「らくだ」には、「ひとこぶらくだ」と「ふたこぶらくだ」の二種類がある。ひとこぶらくだは北アフリカからアラビア半島に生息しており、ふたこぶらくだは中央アジアからモンゴルが原生地だと考えられる。シュメル語でも別々の語が用いられており、これらの用語はシュメル文明が滅んだ後も引き継がれていた。近年は動物考古学が発達してきており、人工遺物や銘文学の研究も精緻になってきているので、それらを踏まえた議論が必要である。

たしかに「ひとこぶらくだ」であきらかに家畜化された動物骨の出土例は、アラビア半島でも南レヴァントでも前一千年紀にならないと確認できない。銘文資料で知られるもっとも古い例は前一四世紀～前一三世紀のニップル出土の家畜リストで、後期青銅器時代のウガリト文書やアマルナ書簡にも登場しない。ところが前一千年紀になると、「ひとこぶらくだ」への言及が一般的となり、ウルクからはらくだの土偶なども出土するようになる。

一方、「ふたこぶらくだ」は、すでに前三千年紀半ばからイラン南東部のシャハル・イ・ソフタ遺跡や南トルクメニスタンからその骨格が見つかっている。トルクメニスタンでは、荷車にふたこぶらくだがつけられた土製模型や「ふたこぶらくだ」が描かれた金・銀製の器も前三千年紀から知られている。銘文資料としては、初期王朝期（前二四〇〇年頃）のファラ出土の動物リストにすでに「ふたこぶらくだ」が挙げられており、前一八世紀のニップル出土の「愛の歌」には、「らくだの乳は甘い」という表現も見られる。乳を飲むのは、あきらかに聖書は新しい時代に適応するために、アモリ人をアラム人に変えてはいるが、文化記憶に基づいて自分たちの先祖に関する物語を記したと考えられる。しかも、近年アラム人はアモリ人と系統的につながっていたことが示されている。

また、アモリ人の主要都市であったマリの王ジムリ・リムは遊牧民と定住した都市民の両方を支配しており、移動する牧畜部族と強い関係を維持していたことが知られるようになってきた。そのため、都市から出土した法律文書が遊牧民に当てはまらな

▲ハツォル遺跡H地区出土の小神殿 ハラン（北シリア）の月神シンの信仰が南レヴァントにもたらされていたことを示している（後期青銅器時代、イスラエル博物館に展示）。

COLUMN 3……らくだはアブラハムの時代に家畜だったのか

家畜化されていたことを意味しているであろう。

北シリアでも、前一七世紀のアララフ出土の粘土板文書にらくだが家畜リストの一部に含まれており、ほぼ同時代のアララフ出土と思われる円筒印章には二人の人物が乗ったふたこぶらくだが描かれている。この印章は、現在ボルティモアのウォルターズ美術館に所蔵されている。これらの例は「ふたこぶらくだ」が前三千年紀から二千年紀前半にかけて、中央アジアから南メソポタミアを経て北メソポタミア、シリアに導入されていたことを示しているであろう。

興味深いのは、シュメル語で「ふたこぶらくだ」は「am.si.harran（「街道の四つ足動物」の意）」と呼ばれており、長距離交易と関係することが示唆されていることである。たしかにらくだへの言及はろばや牛などに比べると多いとはいえないが、それはらくだが日常的に使う動物ではなかったからかもしれない。実際、創世記でもらくだが言及されるのは、族長たちが北シリアと南レヴァントやエジプトの間を大量の家財道具と一緒に移動する時だけで、カナンでの出来事には登場しない。

これまで聖書学にらくだが記されているのは、その執筆年代が遅かったので（前一千年紀）、族長たちの豊かさを表す手法だとされてきた。しかし、最近の議論を踏まえると、らくだの存在はもともとの文化記憶の一部であった可能性も考えられる。少なくとも、それを時代錯誤と断定することは避けるべきであろう。

▲ふたこぶらくだに乗る人物が描かれた円筒印章 前1800年頃～前1650年頃（ウォルターズ美術館蔵）

▲ベイティン（ベテル）遺跡の全景　アブラハムは南レヴァント到着後、ベテルに祭壇を築き（創世記12：8）、そこでヤコブも「天の梯子」の夢を見た（創世記28：10－22とされる）。筆者たちは、現在本遺跡の発掘調査に取り組んでいる。

いことにはならない。むしろ、遊牧民であった族長たちが都市民とよい協調関係の中で生活したとする族長物語は当時の状況をよく反映しているといえる。

さらに、族長物語が完全に前一千年紀の創作であるとすると、当時の状況と矛盾した記述が頻出することが説明できない。例えば、族長たちは前一千年紀に禁じられていた宗教行為である石の柱を立てたり、水を灌いだり、木を植えたりすることを頻繁に行っている。逆に、出エジプト以降に明確化された神の名ヤハウェを含んだ人名（例えば、イザヤ、エレミヤ）は登場せず、それは神の名前に常にヤハウェとされていたが、この名を用いるJ資料（17頁参照）においてもそうである。イスラエル王国の首都であり神殿があったエルサレムにも、当時最大の異教の神であったバアルにも言及していない。

たしかに「カルデア」のウルやペリシテ人、天幕などについての言及や、族長時代の神の名（エル・シャダイなど）をヤハウェと同一視したりしているのは、前一千年紀になってからの編集であろう（らくだについてはコラム参照）。しかし、上述の前一千年紀では説明できない記述と併せて考えるならば、R・ヘンデルが主張するように、族長物語は「前二千年紀の伝承を前一千年紀の状況に適応したもの」とみなさざるを得ないであろう。

まとめ

このように、アブラハムから始まる聖書の族長物語は、基本的に中期青銅器時代に移住してきたアモリ人の一部の文化記憶に基づいていると言えるであろう。もちろん「神の呼びかけを聞いた」などの内容は考古学的に捉えられるものではないし、物語の表現方法も現代のものとは異なっている。また、前一千年紀に聖書がまとめられた時の編集の手も加わっている。しかし、それでもこれらの物語は前一千年紀の創作ではなく、もともと北シリアの遊牧民であり、南レヴァントに来るように神に導かれた民族のアイデンティティの基礎となった出来事の記憶に基づいて書かれた歴史だということができるであろう。

▲現在共存する遊牧民と都市民　パレスチナ自治区デイル・ディブワン近郊の様子。

5章 イスラエル民族の出現と「出エジプト」

旧約聖書に記された出エジプトの物語

聖書の出エジプト記によると、エジプトに移住したヤコブ一家はそこで大きく成長し、一つの民族のようになった。しかし、エジプトに「新しい王」が興ると奴隷にされ苦役に苦しむようになる。そこで神はモーセという指導者を起こし、さまざまな奇跡を通して彼らをエジプトから脱出させ、後にイスラエル王国が建設される「約束の地」、すなわち南レヴァントに導いたとされる。いわゆる出エジプトの出来事である。途中、彼らはシナイ山で神の民となる契約を行い、十戒などの律法を受け取った。

モーセは四〇年間人々を率いて荒野を放浪をしたが、ヨルダン川東岸のネボ山まで到着するとそこで亡くなりヨシュアが後を継いだ。ヨシュアは当時カナン人の都市があった南レヴァントに侵入して奇跡的な勝利を収め、定着することとなる。エリコの戦いでは、七日間市壁の周りを歩くと一気にそれが崩れたとされる。その後しばらく

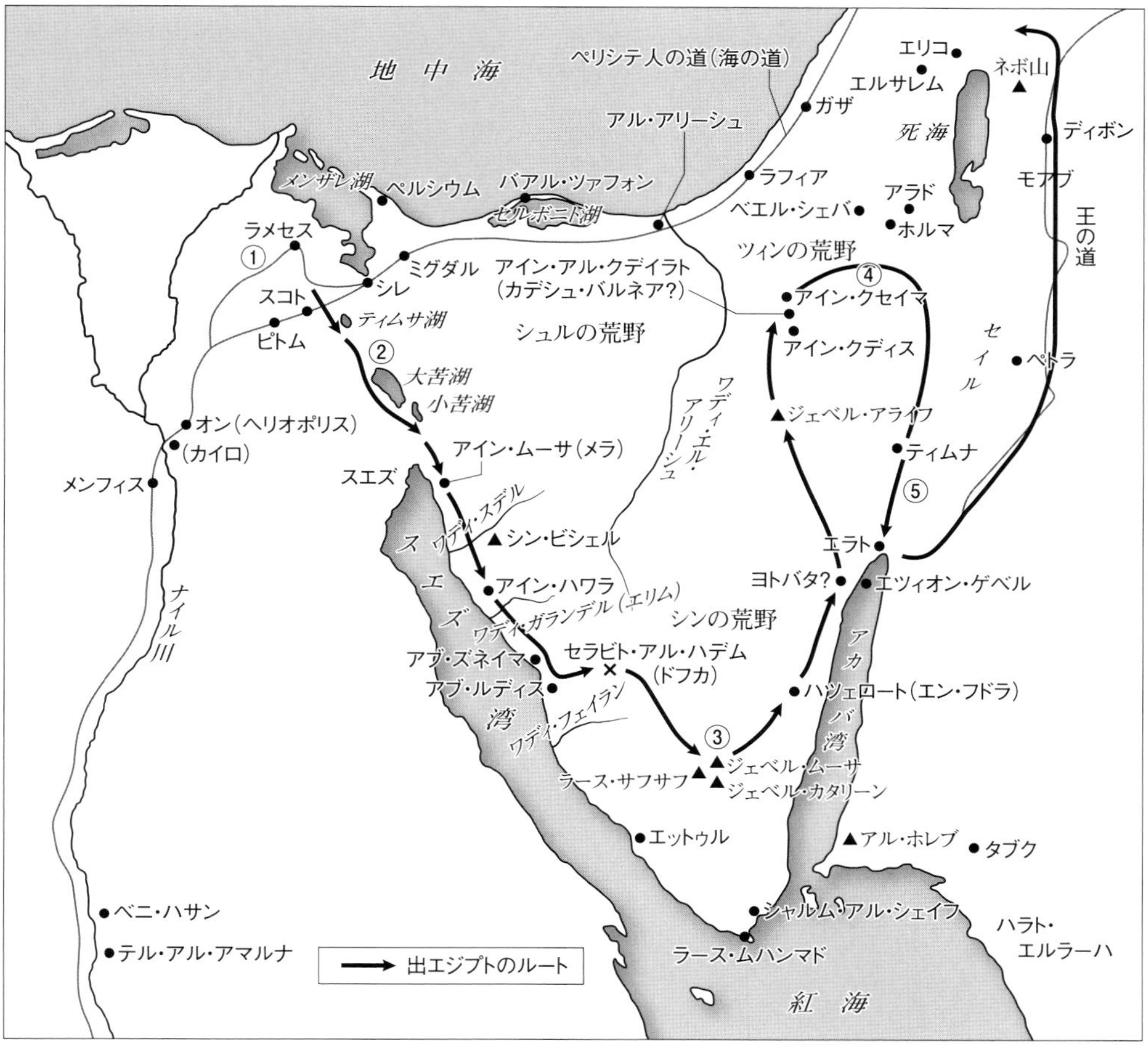

▲伝統的な出エジプトのルート

▲**テル・アル・ダブア遺跡のラメセスに隣接するヒクソスの首都**
出立地

▲**スエズ運河**　葦の海を分けた奇跡の場所とされる。

▲**ツィンの荒野**　40年の荒野の放浪。

▲**ティムナ**　銅鉱山の遺跡があり、周辺にシャスやケニ人がいたと思われる。（58頁参照）

▲**伝説的にシナイ山とされる山（ジェバル・ムーサ）**

停滞期間があり、「士師」と呼ばれる指導者たちが代わるがわるに治めたが、最終的にはダビデとソロモンによって強力なイスラエル王国が建設されることとなった。このように、大きな困難を通して、かえって神の民としてのイスラエル民族が不思議に形成されたとするのが、聖書の記す出エジプトの出来事である。

後期青銅器時代～鉄器時代Ⅰ期の南レヴァント

このような出エジプトと定着が実際に起こったことなのか、起こったとしたらどのような出来事だったのかについては、現在さまざまな議論がなされている。一般的には、イスラエル民族は後期青銅器時代から鉄器時代Ⅰ期の間に南レヴァント地方に出現したと考えられている。後期青銅器時代が終わる前一二〇〇年頃

▼ネボ山のふもとにあるモーセの泉　奥の小高い丘はシティム（民数記25章）と同定する説もある。

▶後期青銅器時代のトランスヨルダン（モアブ）地方出土の石碑

から鉄器時代Ⅰ期が終わる前一〇〇〇年頃の間に多くのカナン都市が崩壊し、イスラエル人のものと思われる貧しい集落が見られるようになったからである。また、聖書以外でイスラエルに言及する最古の銘文はエジプトの王ラメセス二世の息子メルネプタハ（在位前一二一二年〜前一二〇二年）のもので、この時期すでに南レヴァントに「イスラエル」という民族集団が存在したことを示しているからである。以下に簡潔にこれらの時代の考古学的状況をまとめておこう。

⑴ 後期青銅器時代

後期青銅器時代（前一五五〇年頃〜前一二〇〇年頃）になると、エジプトには新王国が成立し、カナン人とエジプトの力関係は逆転した。ヒクソスは制圧され、奴隷とされた。新王国はトトメス三世、トゥトアンクアメン（ツタンカーメン）、ラメセス二世といった王たちによって知られるエジプト最盛期の一つである。

中期青銅器時代以来のカナンの都市国家は継続したものの、その数は減少し、全体に弱体化した。エジプト王が何度も懲罰遠征を行った記録も残されており、この時代のカナンは基本的にエジプトの支配下に置かれたものと思われる。市壁はほとんど造られなくなり、これもエジプトがカナンの反乱を防ぐための政策だったのではないかと考えられている。後期青銅器時代の終わり頃から出現する「エジプト代官の館」と呼ばれる特殊な建築も、エジプト支配の拠点だったとされている。さらに、カナンの

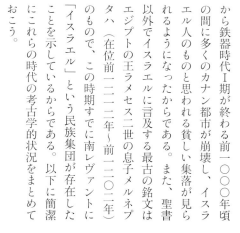

▲メルネプタハ碑文　メルネプタハが南レヴァントでアシュケロン、ゲゼル、イェノアム、イスラエルを平定したことを記している。このうち前三者は都市であるが、イスラエルは民族として記されており、聖書外で初めてこの名が言及される例として知られる。（エジプト考古学博物館蔵、写真：PPS通信社）

▲**アマルナ書簡**（後期青銅器時代）　カナンの諸都市とアマルナ王朝期のエジプトの外交書簡で、写真のものはエルサレムから送られている。（写真：PPS通信社）

関連する聖書及び銘文資料

出エジプト記3：13－14
モーセは神に申し上げた。「今、私はイスラエル人のところに行きます。彼らに『あなたがたの父祖の神が、私をあなたがたのもとに遣わされました。』と言えば、彼らは『その名は何ですか。』と聞くでしょう。私は、何と答えたらよいでしょうか。」神はモーセに仰せられた。「わたしは、『わたしはある。』という者である。」
出エジプト記6：2－3
神はモーセに告げられた。「わたしは主（ヤハウェ）である。わたしはアブラハム、イサク、ヤコブに全能の神（エル・シャダイ）として現れたが、主という名は知らせなかった。」
セティⅠ世碑文（カルナク大神殿）
シャスに属する敵たちが謀反をたくらんでいる。民たちが集められ、カルの尾根で待っている。彼らは大声をあげて争いを始め、その中の一人が仲間を殺した。宮殿の決まり等、彼らにはおかまいなしなのだ。
アナスタシ・パピルス第6番、51－57行目
我々はセクウ（＝スコト）にあるメルネプタハ・ホテプ・ヘル・マアト要塞を越えて、ペル・アトム（＝ピトム）の池にエドムの部族シャスを移送し終えました。彼らが死なないようにし、彼らの家畜が死なないようにするためです。
アマルナ書簡EA77、36行目から
私はフブシュを恐れます。彼らが私を撃つのではないかと。
アマルナ書簡EA118、21行目から
私に対する敵対行為が激しく、フブシュのための糧もありません。彼らはアブディ・アシルタの息子たち（敵）のもとに逃亡するでしょう。そして、彼らが逃亡すれば、ハピルが町を占領してしまうでしょう。

後期青銅器時代～鉄器時代Ⅰ期の時代区分

後期青銅器時代ⅠA期	（前1550年頃～前1470年頃）	第18王朝、イアフメス1世～トトメス3世によるメギドの戦い
後期青銅器時代ⅠB期	（前1470年頃～前1400年頃）	第18王朝、メギドの戦い～アメンヘテプ3世
後期青銅器時代ⅡA期	（前1400年頃～前1300年頃）	第18王朝、アマルナ王朝
後期青銅器時代ⅡB期	（前1300年頃～前1200年頃）	第19王朝
鉄器時代Ⅰ期	（前1200年頃～前1000年頃）	第20王朝

諸都市とエジプト間の外交文書であるアマルナ書簡によると、カナン都市の周辺にはシャス、ハピル、フブシュと呼ばれる人々が存在し、都市を攻撃するなど不安定要因となっていたことも伝えられている。

この時代の都市が弱体化したことは物質文化の質の低下にも見ることができる。土器は中期青銅器時代のように薄手で精巧に造られたものではなくなり、彩文はあるがぼてっとした雑な土器が中心となる。代わりにミケーネやキプロスの土器が高級品として輸入されるようになった。エジプトはもとより、シリアの象牙細工やオーソスタット（玄武岩製の建物の腰壁）など、さまざまな海外の物資が流入するようになる。埋葬も中期青銅器時代に一般的だった土壙墓だけでなく、バスタブ形の土製棺や火葬の例も見られるようになる。

前者は地中海地方、後者はヒッタイトの影響だと考えられる。このように後期青銅器時代の南レヴァントは、まだカナンの都市国家の時代ではあったが、それらは力を失いさまざまな外国の影響を受けるようになっていたことがわかる。

(2) 鉄器時代Ⅰ期

鉄器時代Ⅰ期になると、カナン都市の多くが破壊され、それらの比較的少なかった中央山地に多数の小集落が形成された。この地方の踏査を行ったⅠ・フィンケルシュタインは、この時期に山地の集落が五八遺跡から約三五〇遺跡に急増したとしている。これらの集落ではラダナ、イズベト・ツァルタハ、シロ等の発掘がなされているが、みな丘の上に位置して市壁がなく、一〇～二〇軒ほどの住居が中庭を囲む形で構成されていた。住居の外側の壁が防御の役も兼ねていたと思われる。これらの住居は「四部屋式」と呼ばれる特徴的な構造のものが多く、公共建造物は存在しなかった。

周囲には段々畑やサイロ、水溜などが見られ、山の斜面で小規模な農業が行われていたことがわかる。羊やヤギの骨も見つかっており、牧畜もなされていたと思われるが、豚の骨はほとんど見られない。豚の骨の欠如は、後期青銅器時代やペリシテ人の遺跡と比べて特徴的である。土器に高級品はなく、日常使いの調理鍋や大型の甕などが中心であった。こうした状況から、これらの集落はあまり社会格差のない自給自足の社会だったのではないかと想定されている。

宗教施設としては、独立した丘の上に石で四角い大型の祭壇のようなものを築く例

▲ベト・シャン遺跡のエジプト代官の館

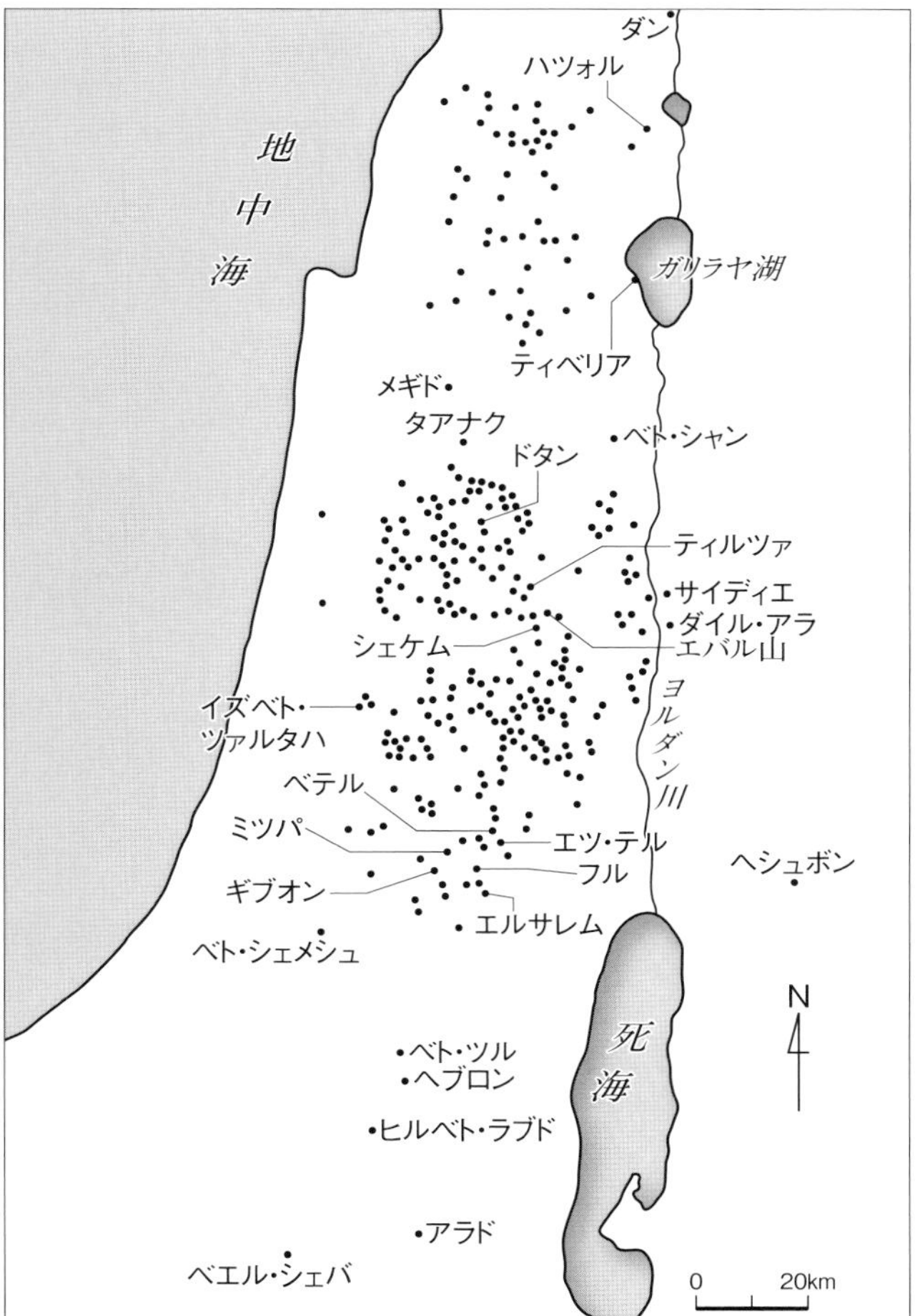

▲鉄器時代Ⅰ期の山上の集落の分布

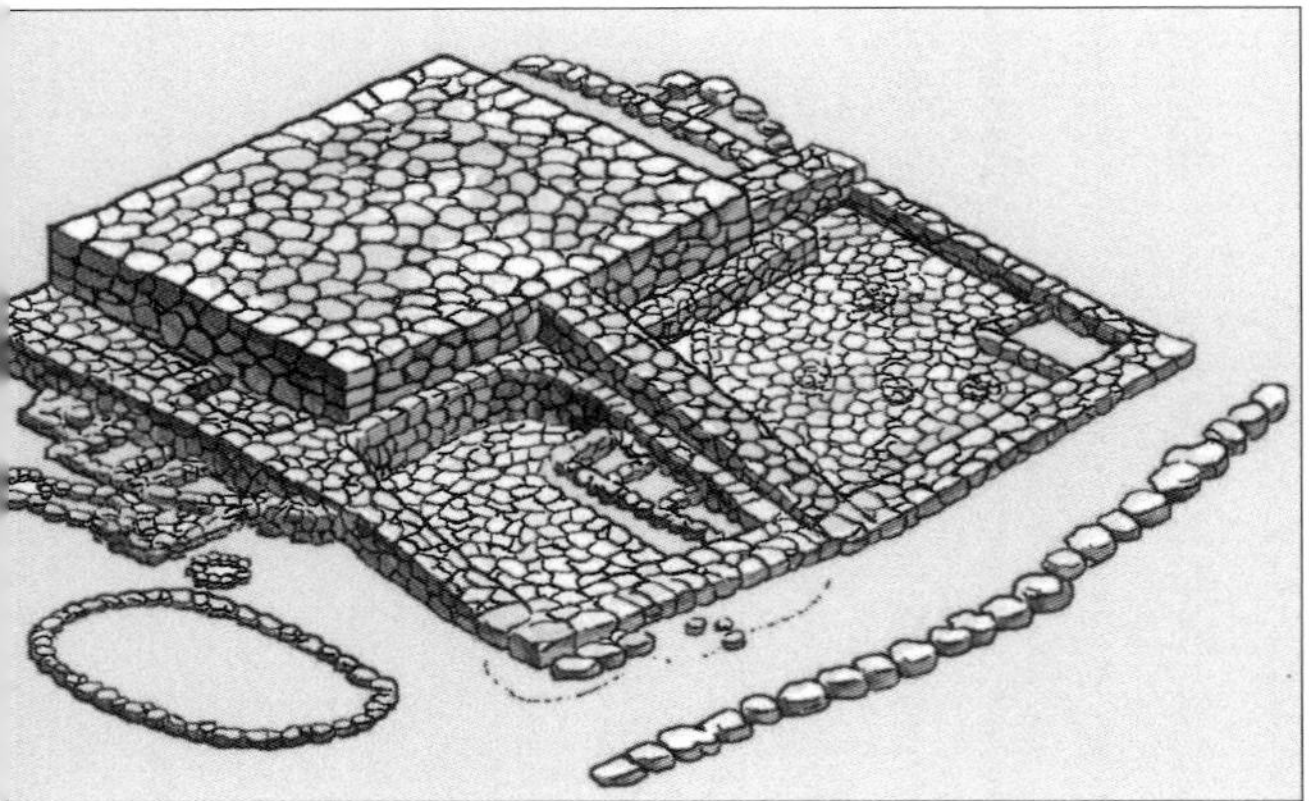

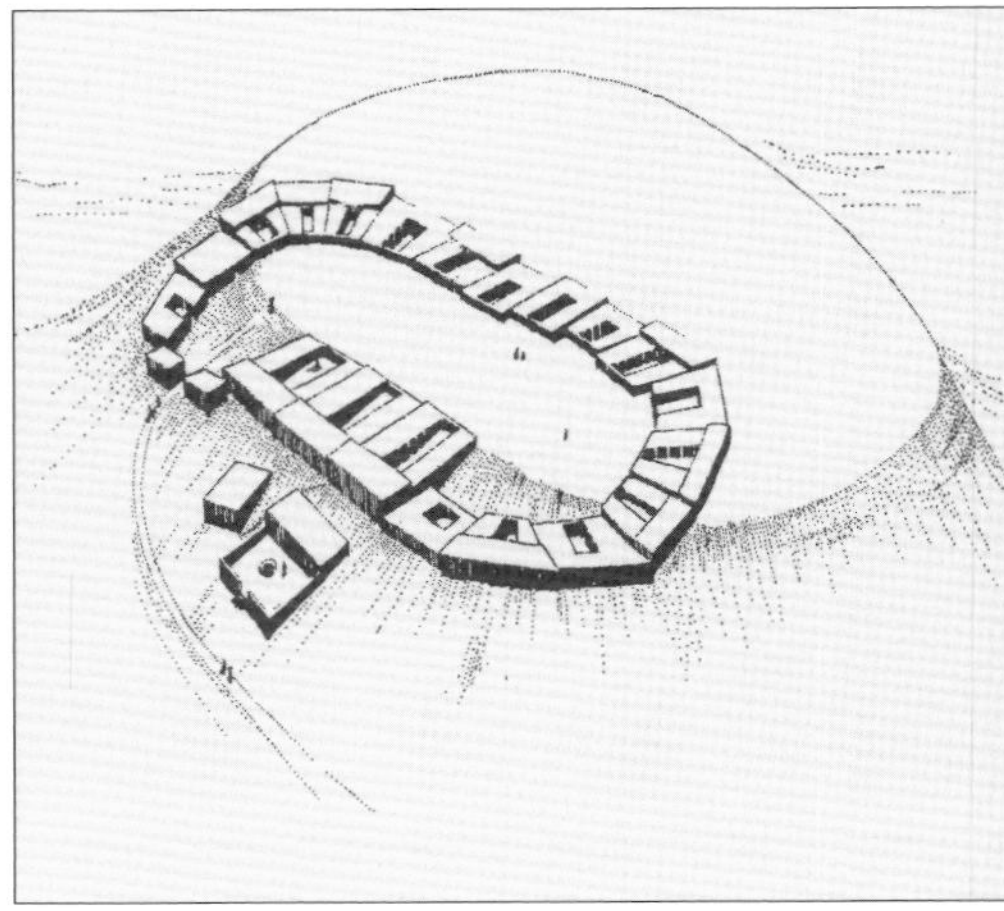

▲エバル山の高き所（『図説　聖書考古学 旧約篇』より転載）
▶鉄器時代Ⅰ期山上の集落のプラン（Herzog 1994, fig. 7）

▲出土した牡牛像

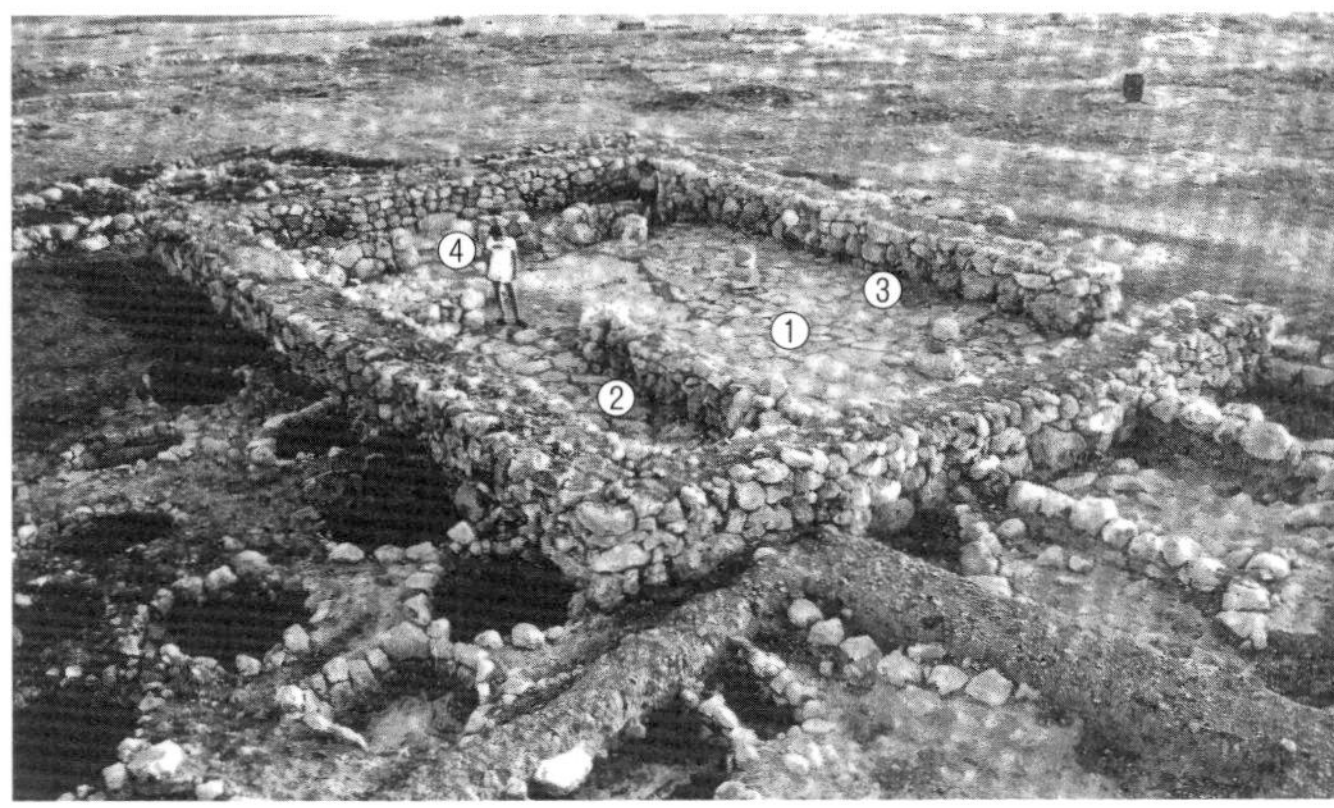

▲四部屋式住居（イズベト・ツァルタハ遺跡）写真中の数字のように典型的に四部屋で構成される。

がいくつか知られており、中にはそこに登るスロープがついたものもあった。このうち、エバル山のものは、発掘者によってヨシュアが築いたとされる祭壇（ヨシュア記八・三〇）と同定されている。また、石列でサンダル形に囲まれた区画の内側に祭壇が設置される遺構も複数見つかっており、流入してきた遊牧民たちの聖所だと考えられている。しかし、青銅器時代のカナン都市に見られるような城塞神殿は知られていない。

一方、カナン都市のいくつかは前一三世紀末頃に破壊を経験しており、それがイスラエル人によるものかどうかも議論されてきた。特にガリラヤ地方では、この破壊後物質文化が非常に貧しくなっている。しかし、メギドやベトシャンのように海岸地方やイズレエル平野の都市の中には、鉄器時代Ⅰ期の終わりまで継続するものも少なくない。

イスラエルの起源に関する四つのモデル

このような考古学的状況を踏まえて、イスラエル民族の出現はどのように考えたらよいのであろうか。これまで主として四つの学説が唱えられてきたが、最近になってもう一つの学説「民族創世説」が急速に支持を集めている。筆者も前著『図説 聖書考古学［旧約篇］で最後の説をあくまで可能性として紹介したが、本書ではまず四つの説を示した上で、この最後の説がなぜより有力なのかを議論したい。

(1) 軍事征服説

　これまでの主要仮説の一つは軍事征服説と呼ばれるもので、オルブライトの流れをひく研究者たちによって主張された。この説は、後期青銅器時代の終わり頃（前一三世紀末）に多くのカナン都市が破壊されたことに注目する。聖書のヨシュア記の前半は、イスラエルの侵入時にエリコ、アイ、ハツォルの町とエルサレムを中心とする南部都市連合に対する四つの戦いを記している。このうちエリコでは、英国人考古学者のガースタングが後期青銅器時代の市壁が崩れている様子を発掘し、ヨシュアの戦いの証拠だと同定した。アイのすぐ隣の遺跡ベテル（ベイティン）でも同時期の破壊の跡が確認され、北方のハツォルや南部のゲゼルでも前一二〇〇年頃の破壊の跡が認められた。同時期に始まった山地の集落にはそのままイスラエル都市に発展するものもあり、土器などの物質文化も継続しているので、これらの集落は初期イスラエル民族のものだとされた。実際、この時期はカナン人中心の社会からイスラエル人中心の社会への転換点であり、青銅器時代から鉄器時代に代わる時点でもある。

　さらに、ラメセス二世の息子メルネプタハの碑文には聖書外で初めてイスラエルの名が確認されるので、出エジプトはラメセ

▲サンダル形遺跡の例　▼同プラン図　(Zertal 2005, p.728)

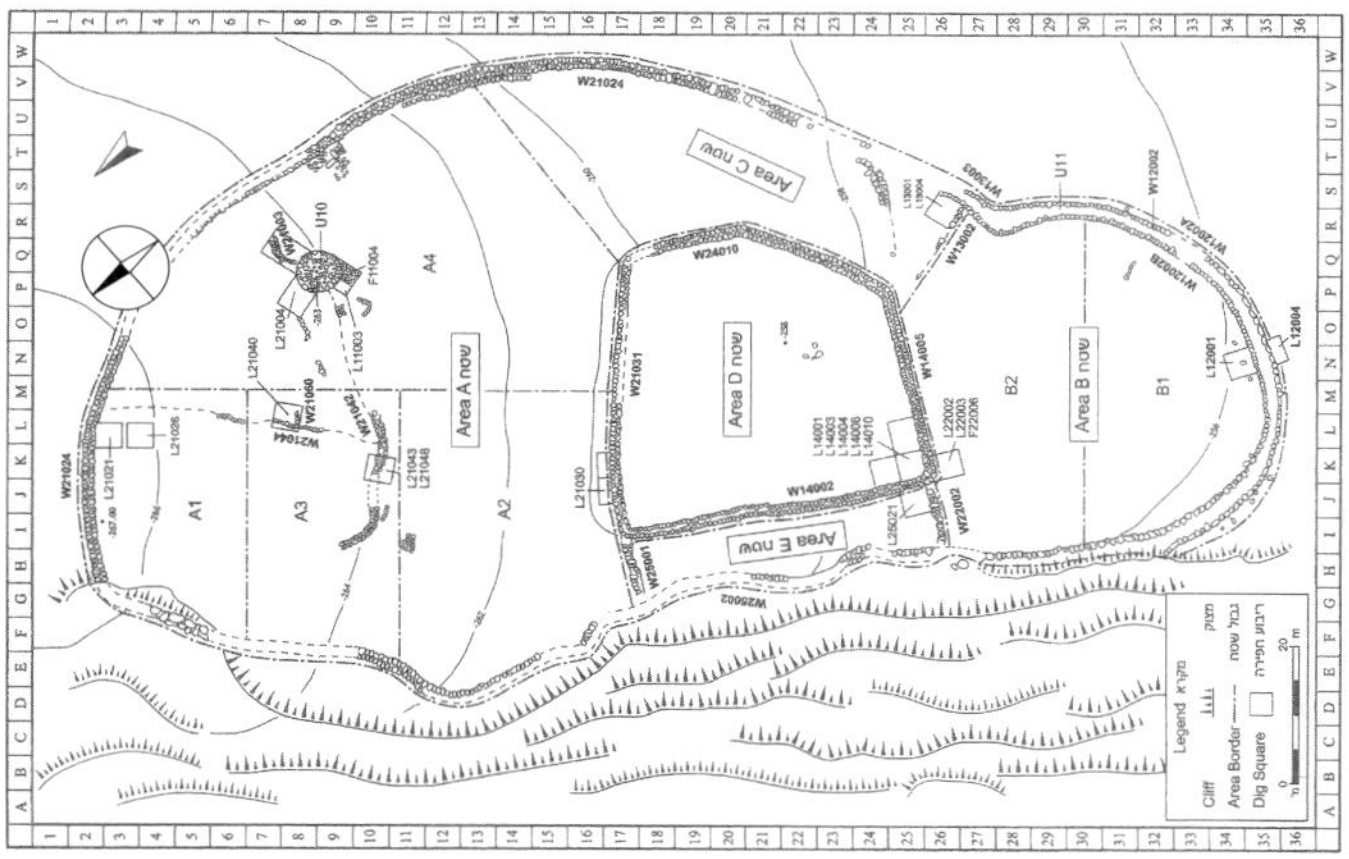

▲**エリコの市壁**　「聖戦」という用語は聖書に認められない。「聖戦」は人が神や正義のために戦うことを意味するが、聖書に出てくる文学類型の「主の戦い」は神が人や正義のために戦われることを表すもので、人の力で勝利するのでないことが強調される。

ス二世時代に起こり、メルネプタハの時代にはすでにイスラエルは南レヴァントに到達していたと考えられた。出エジプト記一二・三七には、イスラエルがエジプトから脱出した地はラメセスとされており、この町はラメセス二世によって建設されたと考えられることも、出エジプトがその時代を背景としている証拠だとされた。

　しかし、この説は近年厳しく批判されている。というのも、ガースタングの発見したエリコの市壁は後期青銅器時代のものではなく中期青銅期時代のものであり、ヨシュアの時代のものではないことを、エリコを再発掘したケニヨンが示したからである。また、アイと同定されるアッテル遺跡には後期青銅器時代の居住跡が確認できず、戦いもありえないことが指摘されるようになった。ハツォルやゲゼル遺跡では破壊跡があるが、カナン人同士の戦い、エジプト人やペリシテ人による破壊の可能性も排除できず、イスラエル人によるものだと断定できないとされるようになった。さらに、エジプト側に出エジプトの記録が認められないこと、シナイ砂漠では六〇万人とされる出エジプトの人数を養うことはできないことなども指摘されている。

▲アッテル遺跡　エリコより大きな巨大な遺跡であり、聖書で小さな町とされるアイの遺跡と同定することには問題がある。

(2) 平和浸透説

　二つ目の説は平和浸透説と呼ばれるもので、オルブライトより少し前からアルト、ノートといったドイツ人聖書学者たちによって主張されたものである。この説では、実際に出エジプトした者たちは聖書の記述よりもはるかに少人数で、その人々がカナン人の少ない山地地域に少しずつ定着してゆき、平和裏にイスラエル民族を形成したとする。その際、出エジプトを経験していない人々も合流したが、中心となったのは出エジプト伝承を継承した人々で、アンフィクティオニーという一二部族連合を形成したとする。

　この説は、基本的に聖書（主としてヨシュア記後半）に記されている詳細な土地取得の記録から編み出された説である。士師記には南レヴァントに定着した人々がなかなかカナン人の間で自分たちを確立できず、一二部族連合を作るのにも時間がかかったことを記しているので、ヨシュア記の前半の記事とは異なる側面を表しているとも言える。事実、イスラエル民族に出エジプトを経験していないさまざまな人々が流入したことは、聖書の物語や系図からもあきらかであるし、「六〇万人」という数字も、文学的な膨張表現あるいは後の時代の状況を反映したものと理解することができる。

しかし、この説にも問題がないわけではない。たしかにエリコの後期青銅器時代の市壁はケニヨンによって否定されたが、近年エリコの再発掘をしているニグロは後期青銅器時代の土器や遺物が存在しているのに、ケニヨンによって見逃されたことを指摘している。特にこの時代からは粘土板文書も出土しており、当時のエリコはそれなりの力を持った町であったと思われる。つまり、戦いは証明されないが、ありえないことでもない。この説を拒絶する背景には、奇跡的に市壁が崩れたとする聖書記事に対する抵抗感もあるかもしれない。しかし、この記事は、戦わずして勝利を得たことを強調する「主の戦い」という特殊な文学類型で記されており、一気に崩れた市壁は、当時の人びとがこの勝利を奇跡的なものと受け取ったことを表す典型的な表現かもしれない。

アイに関しては、それと同定されるアッテルが巨大な遺跡で、聖書のいう「小さな町」に合わないため、問題があると指摘されてきた。むしろ、アイはヒルベト・マカーティル遺跡だとする説もあり、その場合、少なくとも居住はあったようである。その他の町に関しても、この時期の破壊跡をイスラエル人によるものと断定できないことは事実であるが、それはイスラエル人による可能性を除外するものでもない。実際、異民族がやってきてまったく戦闘がなかったというのも逆に考えにくい。ヨシュア記一三・二〜六や士師記一・二七〜三五はイスラエルが征服できなかった地域として海岸地方やイズレエル平野の都市を挙げており、こうした内容を後代の創作とするのも無理がある。

さらにこの説では、イスラエル民族の定着の問題は扱っているが、彼らがどこから来たのかについて詳しく論じていない。出エジプト伝承は具体的かつ詳細なので、何らかの歴史的出来事に基づいているはずだとしているが、それがどういう状況なのか明確には示されていない。

(3) 農民の反乱説

三番目の農民の反乱説は、一九七九年にゴットワルトという米国の聖書学者によって主張された説である。それによると、イスラエルの起源はカナンの諸都市で抑圧されていた農民たちが支配者層に対して反乱を起こしたもので、平等社会をめざす一種の階級闘争であったとする。同じような説として、すでに一九六〇年代にメンデンホールが主張した「引き揚げ説」があり、カナン都市の不満分子が反乱を起こしたとする。こうした説は基本的に出エジプトが歴史的出来事であることを否定し、イスラエルはカナン都市の内的発展の結果であるとするところに特徴がある。

この説は、平和浸透説では不明確だったイスラエルの起源を明示したという点では評価できるが、具体的な考古学的証拠に欠けることが最大の欠点である。ゴットワルトは社会主義者として知られており、階級闘争などは現代思想の読み込みではないかと批判されている。また、規模の如何は別として、もし出エジプトがなかったとしたら、自分たちが外国の奴隷の出身で遊牧民であったといった記憶やヤハウェ宗教がどこから出てきたのかを説明することができない。

(4) 遊牧民の定住化説

一九八〇年代には、イスラエル人考古学者フィンケルシュタインやドイツ人考古学者フリッツなどによって遊牧民の定住化説が唱えられるようになった。この説も、基本的に出エジプトを否定し、イスラエル民族は後期青銅器時代の社会からの内的発展によって形成されたとする。しかし、イスラエルは元来貧農ではなく、むしろカナン都市の周辺にいた遊牧民たちが定住化したものだと主張する。元来、遊牧民や定住農耕民といった生活形態はそんなに固定的なものではなく、状況変化に応じて周期的に変わるものだと指摘している。

　この説で評価できるところは、後期青銅器時代のカナン都市の物質文化が鉄器時代Ⅰ期のイスラエルの小集落に連続することを考古学的証拠で示した点である。とりわけ土器に関して、イスラエル土器の器種は限定的だが、器形はカナン土器から発展したと跡づけられることを示した。襟首ピトスという鉄器時代Ⅰ期に特徴的な大甕も、一時はイスラエルに固有なものとされたが、現在ではカナン時代から継続したものだとされている。段々畑や水溜もカナンに前例があることが示され、鉄器時代Ⅰ期に特徴的な四部屋式住居も先行例があるとされた。

　しかし、この説ではやはり何の根拠もなく出エジプト伝承が生まれたという不自然さをぬぐうことはできない。実際、後期青銅器時代と鉄器時代Ⅰ期の間には、一定の物質文化の継続性は認められるものの、あきらかに継続していない要素も見られ、そのすべてを内的発展だけで説明できるのかについては疑問がある。例えば四部屋式住居や段々畑などは先例がないわけではないが、非常に少ない。これらが一貫して用いられるようになるのは鉄器時代の特徴であり、その様相はカナン都市と大きく異なっている。土器に関しても、器形は継続しているが、後期青銅器時代の土器が乳白色の地に多様な図像が描かれたものであるのに対して鉄器時代Ⅰ期以降のものは彩文のほとんどない赤色磨研土器に変化することは顕著な違いである。また、カナン都市では神殿が多数認められるのに、その伝統はなくなり、むしろ山の上の聖所などが造られるようになる。貴金属製の神像も見られなくなり、豚を食べることを避ける習慣も生まれているように見える。こうした新しい要素をすべて外的要素の流入なしで説明するには無理があるといえるであろう。

(5) 残された課題

　結局、以上の四つの説はどれもイスラエルの起源を十分説明できていないといわざるを得ない。本来必要とされているのは、

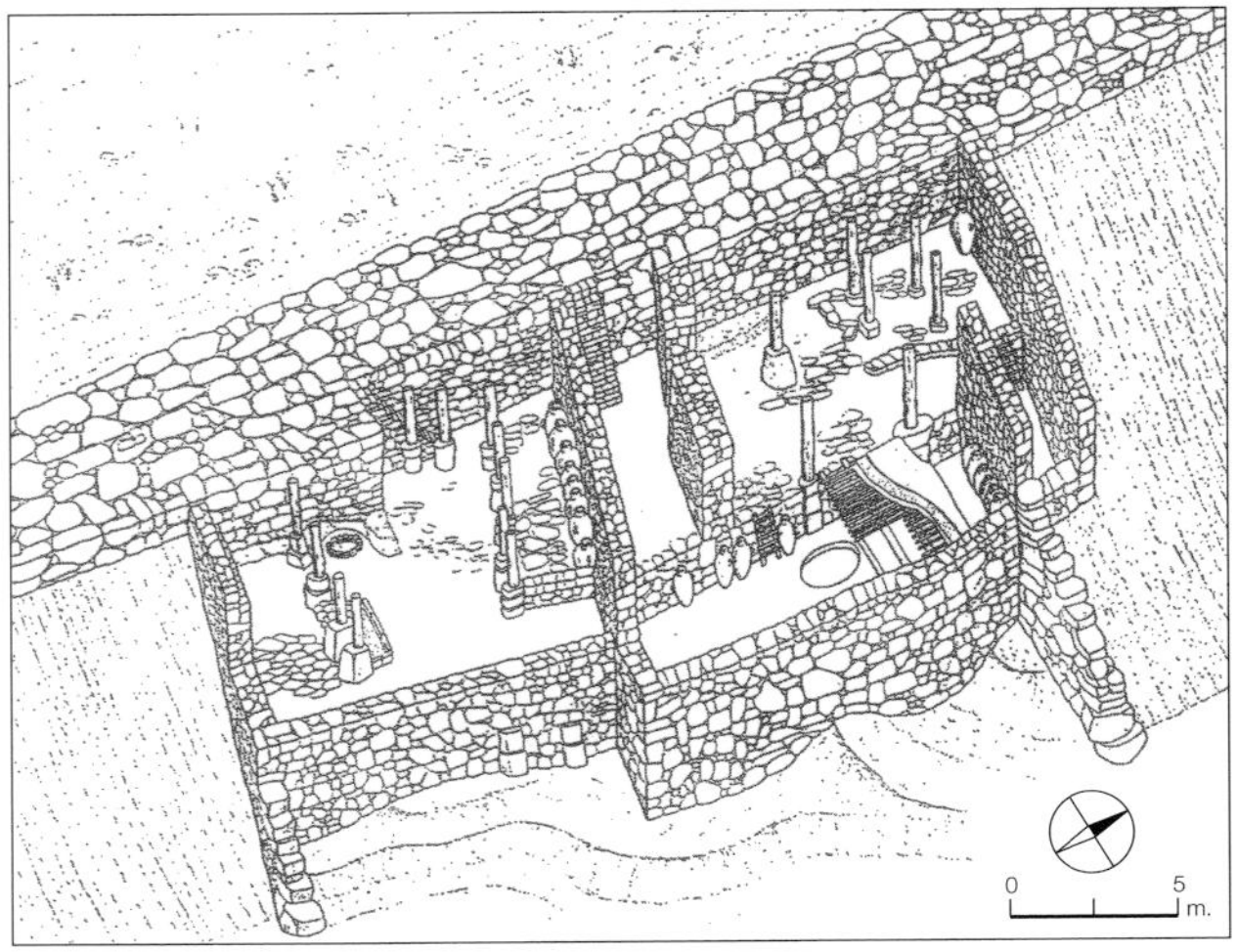

▲シロ遺跡の鳥瞰図

▼鉄器時代Ⅰ期のシロ遺跡　鉄器時代Ⅰ期に契約の箱はシロに置かれていたとされる。

内的発達（連続性）と外的要素（非連続性）の両方を満たす説である。内的要素に関しては、鉄器時代Ⅰ期の小集落に農業、牧畜両方の要素が見られることを考えると、そのどちらかだけに偏った説では不十分だといえるであろう。外的要素に関しても、定着だけでなくイスラエルがどこから来たのかについて具体的な証拠が必要となる。

民族創成説の可能性

⑴ 民族意識の形成

このような状況の中で最近注目されている説が、民族創成説である。この説は最初A・ファウストによって指摘されたもので、民族とは単なる血統ではなくアイデンティティ意識が社会的に形成されたもので、それにはかなり長い期間が必要だとする社会学の認識をイスラエル民族に当てはめたものである。これまでは前一二〇〇年頃に南レヴァントでイスラエルの存在があきらかになることをもとに、その一世代ほど前（前一二四〇年頃）に出エジプトがあったとされてきた。しかし、この説ではイスラエルが民族意識を確立するにはもっと長い期間を必要としたとする。この説を支持する者たちの間でも理解の違いは存在するが、筆者は特に二つの事柄に注目したい。それはシャスと呼ばれる人々の存在とヒクソスのエジプトからの逃亡である。

⑵ シャス

まずシャスについてはエジプト新王国時代、つまり後期青銅器時代のエジプト文書から知られ、名前自体「歩き回る」という意味なのでエジプトの周囲にいた遊牧民のことだと思われる。例えば、カルナク大神殿のセティ一世の碑文では彼らがエジプトに対して謀反を企んでいることが記されており、カデシュの戦いの記録ではヒッタイ

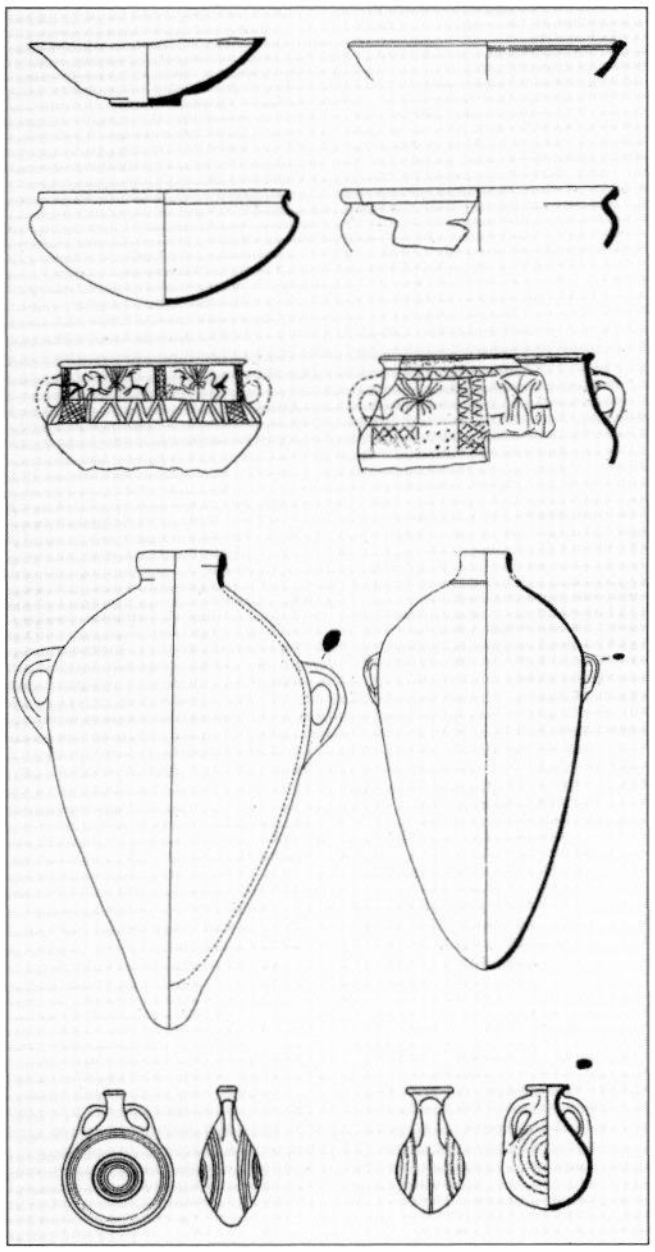
▲**後期青銅器時代と鉄器時代の土器**　器形が連続していることがわかる。

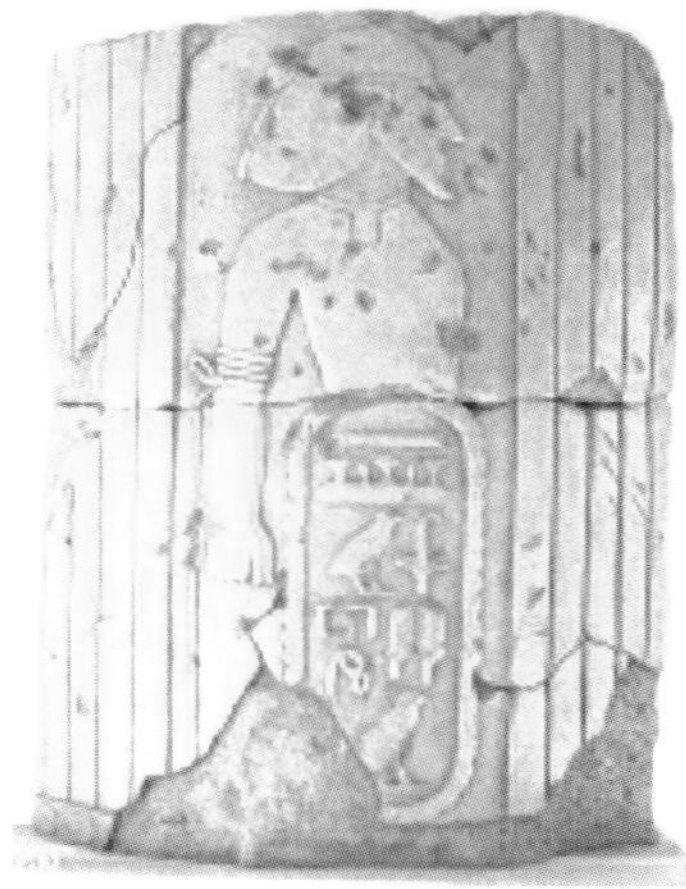
▲**ソレブ神殿の「ヤハウェの地のシャス」碑文**　銘文によると、シャスは以下の地域に存在していたとされる。*pys-pys*＝ベカー渓谷（レバノン）、*sa-ma-ta*＝*Samat*（フェニキア海岸）、*yahweh*（ヨルダン南部?-）、*tu-ra-ba-ar*＝*Turbul*（ベカー渓谷、レバノン）、*sa-a-r-ar*＝セイル山（エドム）、*ra-ba-na*＝*Labana*（シリア中部）。つまり、シリア、レバノン、カナン、ヨルダン南部に広がっており、アナスタシ・パピルスも考慮に加えると特にエジプトからエドム地方（ヨルダン南部）が中心だったと思われる。ヤハウェは地名としておそらくヤハウェを礼拝する場所という意味だったと考えられる。

▲**典型的な後期青銅器時代の土器（右）**　クリーム色に赤や黒の彩文が特徴である。
▲**典型的な鉄器時代の土器（左）**　ミカギのかかった赤色釉が特徴である。

▲**襟首ピトス（大甕）**

ト側についてエジプトに対するスパイ活動をしたことが記されている。アナスタシ・パピルス第六番によると、彼らは元来南レヴァント南部の砂漠地帯（エドム地方）出身のセム系牧畜民で、エジプトに捕え移されてスコトのピトムに住んだ者たちだったとされている。この描写は聖書の記すイスラエル人と酷似している。A・レイニーはカルナク大神殿のレリーフに描かれた顎鬚を持ち、短いズボン（キルト）あるいはくるぶし丈の長着とターバンを身に着けた人々をイスラエル人と同定し、これは他のレリーフから知られるシャスの姿と同じであることを示している。

さらに、現在スーダン領にあるソレブ神殿（アメンヘテプ三世期、前一四〇〇年頃）とアムラ西神殿（ラメセス二世期、前一三世紀半ば）には地名録の銘文があり、「ヤハウェの地のシャス」という表現が見られる。ヤハウェはもちろんイスラエルの神の名であるが、出エジプト記三・一三〜一四（六章も参照）はモーセがケニ人の祭司イテロと共にいた時に初めてその名を示されたことを記している。ケニ人の居住地域は南レヴァント南方のエドム地方である。これらの地名録は、シャスがフェニキア地域からエドムのセイル山まで南レヴァント全域にいたことを記しており、その中でも特に南部でヤハウェが信仰されていたものと思われる。聖書は何度もヤハウェが南方の荒野地帯から来たことを記しており、シナイ、セイル、パランなどと結びつけている（申命記三三・二、ハバクク書三・三等）。

二〇世紀前半の踏査では、後期青銅器時代〜鉄器時代Ⅰ期のエドム地方にはほとんど人の居住がなかったことが示され、出エジプトが起こらなかったことの証拠の一つともされた。しかし、近年この地方では積極的な発掘調査がなされており、ヒルベト・エン・ナハス遺跡やティムナ遺跡などでセム系の人々による活発な活動があったことが確認されている。彼らの多くは天幕生活をしておりその居住跡をたどることは容易でないが、大規模な銅精錬事業の跡も確認されている。

こうしたデータをもとに考えると、イスラエルは元来シャスの一部であった可能性が高いといえるであろう。シャスは、すでに後期青銅器時代（前一四〇〇年頃）から遊牧民として南レヴァント全体に広がっていたが、一部はナイル・デルタ地帯で奴隷となっていた。「イスラエル」というアイデンティティはまだ明確でなかったかもしれないが、彼らのうちにはヤハウェ信仰を持った者たちがおり、それを中心にまとまった人々が後にイスラエルとなったのであろう。イスラエル連合に属さなかった者たちは、ほぼ同時期に形成されるアンモン、モアブ、エドムなどのトランスヨルダン地方の国家へと発達していったものと思われる。

(3) ヒクソスの逃亡

さらに、この後期青銅器時代のシャスと中期青銅器時代Ⅲ期のヒクソスには何らかの関係があったことも考えられる。ビータック率いるオーストリア隊は、ヒクソスの首都アヴァリス（テル・アル・ダブア遺跡）の発掘調査を行い、それと隣接してイスラエルが脱出したラメセスの町（カンティール遺跡）があったことをあきらかにした。たしかにラメセスはラメセス二世によって建てられた町だが、ヒクソスと強い関係があったのである。

すでに記した通り、このヒクソスはシリアから南レヴァントと共通した物質文化を持っており、その首長にはヤコブ・ホルなる人物もおり、後のイスラエルと共通した人々だったことが知られている。エジプト学者のD・レッドフォードは、このヒクソスが奴隷化され、逃亡した記憶が出エジプトのもととなったとしている。そうすると、これまで前一三世紀と考えられていた出エジプトの議論では、エジプト側の資料がないことが大きな問題となっていたが、それは解消される。ヒクソス奴隷の逃亡の記録はいくつも知られているからである。

◀**カルナク大神殿のメルネプタハ・レリーフ**　メルネプタハはカルナク大神殿の壁面にも南レヴァントにおける戦いを記している。それにはメルネプタハ碑文と異なり、少なくとも五つの戦いの図があり、レイニーは、この図の者たちがイスラエル人を表すとしている。それが正しいとすると、ターバンをかぶり、顎鬚を持った姿は、他の図像から知られるシャスと同様であり、イスラエル人とシャスが非常に近い存在であったことがわかる。

(4) イスラエル民族の成立

もしイスラエルが元来シャスの一部であり、さらにはヒクソスの一部でもあったとすると、その脱出はおそらく前一三世紀頃ではなく、もっと早い時期の前一五世紀頃だったはずである。あるいは似たような出来事は何度も起こり、聖書の出エジプト記はそれらをまとめて記しているのかもしれない。彼らがその時点でイスラエルという意識をどこまで持っていたかはあきらかではない。しかし、彼らの中には奴隷からの脱出やシナイ山で律法を受け取った記憶、ヤハウェ信仰を持っていた者たちがおり、それが後の民族意識形成の中核となったと思われる。全員が同じ背景を持っていたわけではないであろうが、それはアメリカ合衆国にはさまざまな背景の人々がいるが、みなピルグリム・ファーザーズの移住を国家建設の基礎としているのと同じである。自分たちのうちに起こった一連の出来事に驚きの思いを持ち、神が働いているという意識を強くしたのであろう。

後期青銅器時代のカナン都市が不安定な状態にあったことはすでに記した。アマルナ書簡には、これらの都市は相互の覇権争いだけでなく、都市の周辺にいたシャスやハピル、フプシュといった人々によって断続的な攻撃を受け、混乱していたことが報告されている。すなわち、シャスについてはすでに述べたが、ハピルも中期青銅器時代から知られる遊牧民のならず者集団であり、しばしばヘブル人との関係が指摘される。フプシュも元来「解放奴隷」の意味であり、やはり当時の不安定要因であった。最終的に、こうしたさまざまな人々とカナンの先住民の一部が合流してイスラエルという部族連合を形成したものと思われる。「イスラエル」が民族として顕在化するようになるのは、前一二〇〇年頃である。民族的一体感が醸成されるには時間がかかったからであるが、この時期は新しい民族集団が表に出てくる環境にもあった。それはそれまでの青銅器時代に支配的だった西アジア全域の諸文明が崩壊し、権力の空白状態が生まれたからである。アナトリアのヒッタイト帝国、地中海世界のミケーネ文明、メソポタミアの中アッシリア、エジプトの新王国がすべてこの時期に倒れ、代わりに南レヴァントではイスラエル、ペリシテ、アラム、アンモン、モアブ、エドムという小国家が成立して鉄器時代の社会体制が形成されることとなった。この変化の理由として寒冷乾燥化といった環境変化を挙げる人もいるが、この時期には交易関係の崩壊や民族の大移動なども起こっており、むしろさまざまな要因が絡み合って西アジア全体の社会システムがドミノ倒しのように崩れたのではないかという説が有力である。このような社会的激変の中で、それまでカナン都市の背後にいた人々が定住化し、社会の前面に出てきたのがイスラエルの出現であろう。

(5) 聖書記録との整合性

イスラエル民族の起源を以上のように理解することは、聖書の記述とも合致している。たしかにヨシュア記はカナンとの戦いの勝利を記しているが、士師記はその後長い間イスラエルは統一されず、南レヴァントでさまざまな戦いに苦しんだ姿を描いている。もし出エジプトが前一三世紀だとすると、この士師時代に十分な時間が取れないことは長年聖書学の課題とされてきた。

しかし、上述の説だとまったく問題ない。また列王記I六・一には、出エジプトはソロモンがエルサレムに神殿を建設する四八〇年前だったとしている。あるいはこれは象徴的な数字かもしれないが、ソロモン神殿の建設を一〇世紀後半とすれば、その四八〇年前は一五世紀半ばとなり、ヒクソス逃亡の時期とほぼ合致する。また、「士師」（ヘブル語でショーフェティーム）いう耳慣れない職名は、アッカド語で*šapiṭum*というアモリ人の支配者たちの名称と同じであり、彼らが族長時代の古い記憶を維持していたことを示唆している。

▶ハツォル遺跡の下の町と上の町をつなぐ階段　玄武岩の切り石でできており、中央に基壇が見られる。ハツォル遺跡では、前15世紀と前13世紀末の2回の破壊層が知られている。

イスラエルが実際にエリコ、アイ、ハツォル、エルサレム等の町を破壊したかどうかを、考古学的に断定することは難しい。民族創成説に従えば、破壊には少なくとも二段階あった可能性が考えられる。まず逃亡してきたシャスたちが南レヴァントに流入してきた時（前一五世紀頃）とイスラエル民族として登場した時（前一二〇〇年頃）である。最初の戦いはあったとしても、そこを支配しきれなかった戦いということになる。実際、ハツォル遺跡ではこれら二時期の破壊層が知られるだけでなく、聖書にもヨシュアの戦い（ヨシュア記一一章）と士師デボラの戦い（士師記四章）の二回が記されている。もちろん、破壊跡から破壊者を特定できることはほとんどなく、これらの戦いがイスラエルによるものかどうかを確認することも容易ではないが、その可能性も除外できない。さらに、シャスやハピルは後期青銅器時代の間中さまざまな小競り合いを繰り返していたようであり、小規模の戦いはこれら二回だけではなかったのかもしれない。そうすると、彼らの定着に時間がかかったとしても、それは「平和浸透説」の主張するような平和なものではなかったのではないだろうか。

イスラエル民族の起源

以上をまとめると、これまでイスラエルの起源として考えられてきた主要四仮説はすべて不十分で、むしろ民族創成説を取るべきだと思われる。すなわち、イスラエルはもともとヒクソスとしてエジプトにおり、そこから脱出した人々がシャスとなり、彼らの一部が中核となって、長い時間をかけてイスラエルという民族意識が形成されたというものである。そこにはハピルやフプシュ、もともとカナンにいた者たちなど雑多な人々が合流したであろうが、彼らはヤハウェ信仰をもとに連合し、それに与(くみ)しない人々は別の国家を形成していった。すなわち、「出エジプト」を経験した元ヒクソスの文化記憶が民族創成の共通基盤として聖書の物語へと編集されたというのが、出エジプトの実態であろう。

こうした立場を取るなら、物質文化において後期青銅器時代から鉄器時代に連続する要素とそうでない要素があることも説明できる。彼らはすでに後期青銅器時代からカナンにいたが、同時に出エジプトをしたという独自の記憶とアイデンティティを持っていたからである。また、彼らの中には牧畜民もすでに定住生活を経験していた者たちもいたので、その両方の生業が見られることも理解できるのである。

●アルファベットの発達…Column 4

ヒクソスやシャスなどセム系の人々がエジプトにいたことは、アルファベットの発達においても重要であった。現在ヨーロッパをはじめ世界中で広く用いられているアルファベットは、エジプトにいたセム系の人々が自分たちの言語をエジプト語で記そうとしたところから始まったからである。

現在知られる最古のアルファベット文字は、シナイ半島のトルコ石鉱山セラビト・アル・ハディムで働いていたセム系奴隷の記したものであり（前一六世紀頃）、原シナイ文字と呼ばれている。エジプト語のヒエログリフは表意文字で、漢字のように何千もあるが、そのうち「あいうえお」のように表音文字としても用いられる文字だけを用いてセム語を表したのである。

その後、このアルファベットは南レヴァント全域に広がり、後のヘブル語やフェニキア語に発展していった。フェニキアのテュロス王ヒラムの石棺（前一〇世紀）にはフェニキア語の銘文が記されており、この頃までにすでに二二文字のアルファベットが確立していたようである。基本的にセム語では子音のみを表記して母音は記さないが、フェニキア語の場合はいくつかの子音を用いて母音を表すところに特徴があった。

これがフェニキア商人の地中海世界での活動を通してギリシアにもたらされ、現在のヨーロッパ文字のもととなった。次頁の表を見ていただくと、いかにその文字が対応しているかがわかるであろう。「アルファベット」という言葉自体ギリシア語の「アルファ・ベー

▲**原シナイ文字碑文**　スフィンクスの足の上に記されている。（写真：PPS通信社）

タ」から来ているが、これはヘブル語では「アレフ・ベート」という。

実は、アルファベット文字の発達は、シリアのウガリトでもまったく独自に起こっていた。こちらはやはり表意文字である楔形文字のアッカド語から表音文字を選んで自分たちの地方の言語を表したものであるが、後の世界に継承されなかった。

ただウガリト語で記された文書群（前一四世紀頃）には、多数の神話テキストが含まれており、聖書時代のカナンの神話を知る上で貴重な資料となってきた。聖書はあくまで批判的にカナン宗教を描くだけで、当事者たちがどのような思想体系を持っていたのかを総合的に見ることができなかったからである。たとえば、カナンの主神はエルであり、その妻は地母神的性格を持つアシラトであったことがあきらかとなった。その他エルに対抗する若い嵐の神バアルや死の神モートなどとともにパンテオンが形成されていた。

▲**エル神像**（右）**とバアル神像**（左）　ともにハツォル遺跡出土。

しかし、近年はウガリト文書の中でも必ずしもすべてが同じパンテオンを反映していないことが認識されるようになり、エマル遺跡など別の遺跡ではまた異なる体系の神話を持っていたことも知られるようになってきた。ウガリト文書の重要性は否定できないが、それだけがカナンの思想世界の全体を反映しているように考えるのには慎重であるべきであろう。

フェニキア語（前10～9世紀）		
ヘブル語による名称	古代アレフベート文字	翻字
アレフ	K K	’
ベート	9	b
ギンメル	1 ^	g
ダレット	◁ 4	d
ヘー	ヨ ヨ	h
ワウ	Y	w
ザイン	I	z
ヘット	日 日	ḥ
テット	⊕	ṭ
ヨッド	Z	y
カフ	ᛘ ᛉ	k
ラメド	L ℓ	l
メーム	ξ	m
ヌーン	ϟ	n
サメク	丰	s
アイン	⊙ O	‘
ペー	) 7	p
ツァデー	h h	ṣ
コフ	φ	q
レーシュ	9	r
シーン	W	š
タウ	+	t

ギリシア語（前8～7世紀）			
名称	古代アルファベット文字	古典ギリシア語文字	翻字
アルファ	≮ A	Α α	a
ベータ	8	Β β	b
ガンマ	7	Γ γ	g
デルタ	◁	Δ δ	d
エプシロン	ヨ	Ε ε	é
ディガンマ	ヨ	（F）*	
ゼータ	I	Ζ ζ	z
エータ	日	Η η	ê
セータ	⊗	Θ θ	th
イオタ	|	Ι ι	i
カッパ	ꓘ	Κ κ	k
ラムダ	1	Λ λ	l
ミュー	M	Μ μ	m
ニュー	И	Ν ν	n
クシー	丰	Ξ ξ	x
オミクロン	O	Ο ο	o
パイ	1 ٦	Π π	p
サン	M		
コッパ	φ		
ロー	9	Ρ ρ	r
シグマ	Ɛ Ʃ	Σ σ	s
タウ	T	Τ τ	t
ユプシロン		Υ υ	u
ファイ		Φ ϕ	ph
キー		Χ χ	ch
プシー		Ψ ψ	ps
オメガ		Ω ω	ô

▲▶**フェニキア文字とギリシア文字のアルファベット**　＊は使用されなくなった。

第3部　イスラエル王国の成立

6章　ダビデによるイスラエル王国の建設

古代イスラエル王国の確立

南レヴァント地方に定着したイスラエル人たちはさまざまな人々の間に挟まれてなかなか国家体制を確立できなかったが、ついにそれを成し遂げたのがダビデだと聖書はしている。それ以前のこの地方にはまだカナン都市が残っており、地中海岸にはペリシテ人、トランスヨルダンにはアンモン、モアブ、エドム等の人々が定着し、互いに牽制し合っていた。しかし、ダビデは最大の敵であったペリシテ人のゴリアテに一対一の決闘で勝利し、その他の人々も制圧することでイスラエル王国建国への道を開いた。そのため、ダビデは今でも英雄とされ、現在のイスラエルの国旗の中央にも「ダビデの星」が描かれている。

実際には、すでにダビデの前にサウルが王を名乗り、イスラエルは王制に向かいつつあったが、サウルの王国は小さく、膠着状態を打破できないでいた。しかし、ダビデは一二部族を統一し、南レヴァント地方とその周辺を含む強力な王国を築いたので、その後のイスラエル王国の基礎を確立したのはダビデだといえる。ダビデが築いた王国は息子のソロモンによって整備された。その後、イスラエル王国は南北に分裂して弱体化するので、この二人の時代がイスラエルの黄金時代とみなされている。

▲**ミケランジェロのダビデ像**　ダビデはもともと羊飼いの少年であり、右手に小石、左手に石投げ器を持って描かれている。ペリシテ人の巨人ゴリアテが全身を鎧兜で固めていたのに対し、ダビデは大した武器も持たないでありえないような勝利をしたことから、イスラエルを救う王になると期待された（サムエル記Ⅰ17章）。

イスラエル統一王国時代に対する考古学的評価

このような歴史理解は、一九八〇年代まではほとんど疑いなく受け入れられてきた。しかし、一九九〇年代になると、一部の学者によって激しく批判されるようになった。彼らは①聖書外にダビデに対する言及が確認できないこと、②その首都とされるエルサレムの規模が小さいこと、③一般にソロモンが建設したとされてきた大建築群は後の時代のものとすべきだという解釈が出てきたことから、統一王国ははるかに弱い、取るに足りない国だったと主張した。この説によると、イスラエル王国は実質的に分裂した北王国のオムリ王朝（前八八〇年頃～前八四一年頃）によって始められ、南王国は北王国が滅亡する前八世紀頃になって初めて力をつけたとされた。

　しかし、その後二〇年以上にわたる議論の中でいくつもの新たな資料や調査結果があきらかになり、現在ではこうした説を唱える人たちはかなり減ってきている。本章では、これらの情報をもとに、ダビデの王国がどのような性格のものであったのかを検討していきたい。本章では①と②の議論を扱うこととし、③は主としてソロモン時代に関わることなので次章で議論する。

「ダビデの家」碑文の発見

　強力な統一王国の存在を否定する研究者の中には、ダビデの実在性を否定する者たちもいた。しかし、この点は議論が始まってすぐの一九九三年にイスラエルの北端にあるダン遺跡から「ダビデの家」と記された碑文が発見されたことで下火になった。聖書外資料が確認されたからである。これはアラム語で記された戦勝碑文で、アラム・ダマスカスの王がイスラエルに勝利したことを記した公式の碑文である。破壊されて一部しか残っていないが、正確に切られた石材の上にていねいな書体で記されている。その一節に、分裂した後の南王国ユダのことを「ダビデの家（ダビデ王家）」と呼んでいたのである。

　アラム人は世襲的な王国をその創設者の名前に家をつけて呼ぶ習慣があるので、ユダ王国とその前身であるイスラエル王国はダビデという人物によって創設され、すでに確立した王国として周辺諸国に認知されていたこととなる。反論する学者たちは、「ダビデ」という語を別の語に読み方を変えたり、この表現が必ずしも歴史的人物を表していない可能性を主張したりしたが、ほとんど支持されていない。

　北王国イスラエルではなく南王国ユダが「ダビデの家」と呼ばれている点も興味深い。これはユダ王国がダビデ王朝とエルサレム神殿を引き継いだためだと思われるが、このことはユダ王国の始まりがそんなに遅くなく、統一王国に基づくものだという認識があったことを示している。むしろ、北王国イスラエルはアッシリアの記録では常に「オムリの家」と呼ばれているので、統一王国から分離して別の王朝（オムリ王朝）

▲聖書の記述によるダビデの支配圏

によって建てられたと考えられていたのであろう。

「ダビデの町」の防御施設の発掘

統一王国が弱小であったという説は、ダビデが首都としたエルサレムの町が小さかったことにも基づいていた。イスラエル王国が始まった頃（鉄器時代ⅡA期）のエルサレムは、現在のエルサレム旧市街の市壁の外側、南東の丘にあった。この場所は現在「ダビデの町」と呼ばれるが、このような小さな丘一つに限定された町は聖書が記すような広大な地域を支配する王国の首都としてはふさわしくないと主張されたのである（前頁の地図参照）。たしかにこの地域はせいぜい四～五ヘクタールほどしかなく、その後北の丘の上に築かれたソロモンの神殿を含めても一二ヘクタールほどである。

しかしこの問題は、政治的状況からエルサレムでの大規模な発掘調査は最近まであまり行うことができず、その実態がわかっていなかったからという側面が大きい。事実、一九九五年から始まったR・ライヒとF・シュクロンによる考古学的発掘調査によって前一七〇〇年頃（中期青銅器時代）に建造された大規模な防御施設と水利施設が発見されたのである。

これらの施設は、エルサレムの水源であるギホンの泉を守るものであった。当時の戦争の多くは包囲戦であったので、市壁の外側の都市のふもとにあった泉を隠し、町の内側からトンネルを通っていく施設を造ることは防御上非常に重要だった。発見された施設は市壁とその内側の入口、傾斜したトンネル、泉の水を溜めておく大型の貯水池、それを守る塔か壁、泉から貯水池に水を運ぶ水路、泉自体を守る塔によって構成されていた（67頁の図参照）。貯水池を守る塔は幅三メートルもあり、泉を守る塔の壁は幅四メートル、全体の大きさは幅一五メートル、長さ一七メートルあった。これはこの時代の南レヴァントから知られる最大の建造物で、エルサレムが強力に守られた町だったことを示している。

▲**テル・ダン碑文**　右側の破片の下から5行めに「ダビデの家」と記されている。

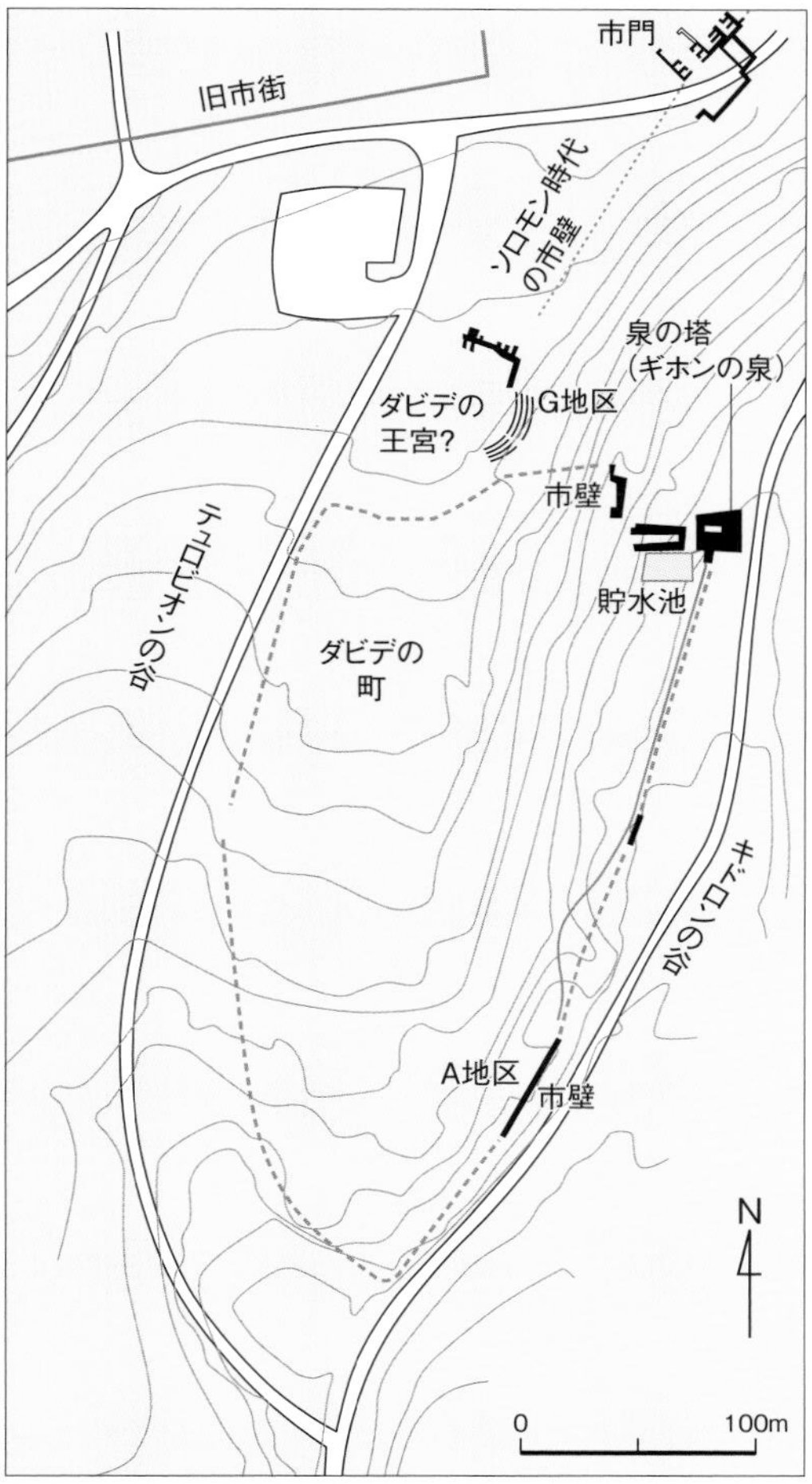

▲ダビデの町のプラン

▲**ダビデの町全景**　南から見たエルサレム

この施設はダビデよりも七〇〇年ほど前に造られたものであるが、それがいつまで使われていたのかについては議論がある。発掘当初、これらの施設は前八世紀の土器を含む土で覆われており、それに直に接して新たな市壁が造られているので、ダビデ時代にも継続使用されていたのではないかと考えられた。その後、そのように長く市壁が使用されることに対して疑問も出されているが、これだけの施設は一度建設すると破壊するのも大変で、特別な理由がなければ維持されると考えられる。出土状況は継続使用を示しており、仮にこの施設がダビデ時代にすでに中断していたとしても、この丘を中心とした都市がそれなりの力を持ちうることはあきらかである。また、後期青銅器時代のエルサレムからはいくつもアマルナ書簡がエジプトに送られており、当時有力な都市国家の一つであったことに間違いはないであろう。

「ダビデの王宮」の発掘

「ダビデの町」の防御施設の上方では、ヘブル大学のE・マザールによって別の発掘調査が行われ、「ダビデの王宮」とされる建物が見つかった。すでにこの場所では一九二〇年代の発掘調査で階段状遺構と呼ばれる石垣のような大型遺構が知られており、ダビデがエルサレムを攻め落とす前に住んでいたエブス人の「シオンの砦」だと考えられてきた。

発見された建物は、幅三メートルの壁で囲まれており、東西方向の壁は調査区の端から端まで約三〇メートル貫通していた。調査区を広げるとさらに長い壁になると思われる。南北方向にも同様の壁が少なくとも七メートル続いており、塔のついた入口、その敷石、小部屋なども確認されている。この建物は床下の土器などから前一〇世紀のものであることがほぼ確実で、ダビデ時代のものだと思われる。

建物の残存状況はあまりよくなく、全体像もあきらかになっていないので、その構

▲ダビデの町の東斜面　右上にダビデの王宮（？）と階段遺構が見え、左下の建物の中にギホンの泉が隠されている。泉が丘のふもとにあることがよくわかる。

▼貯水池を守る塔

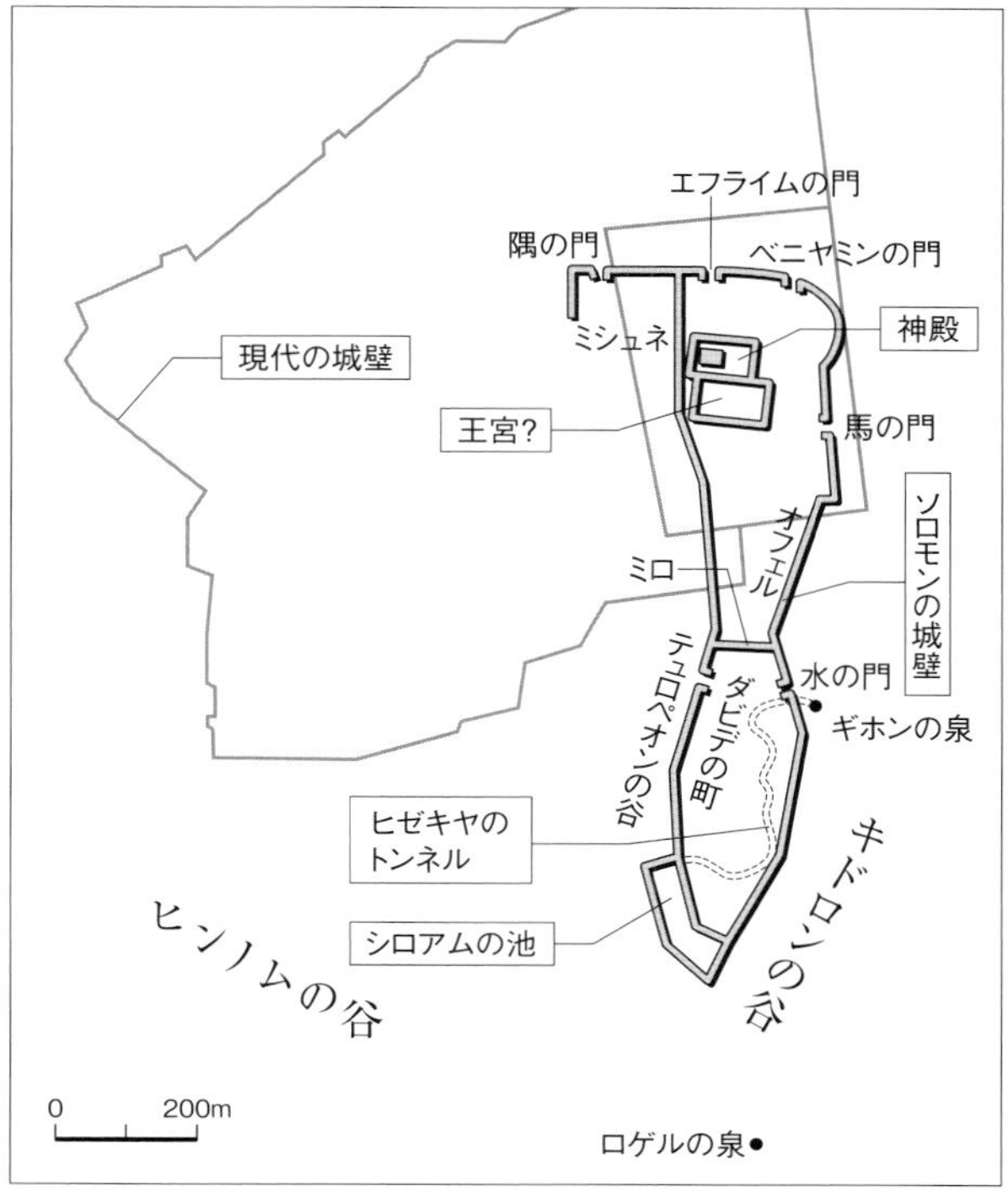

▲ダビデの町の位置　▼防御施設のプラン

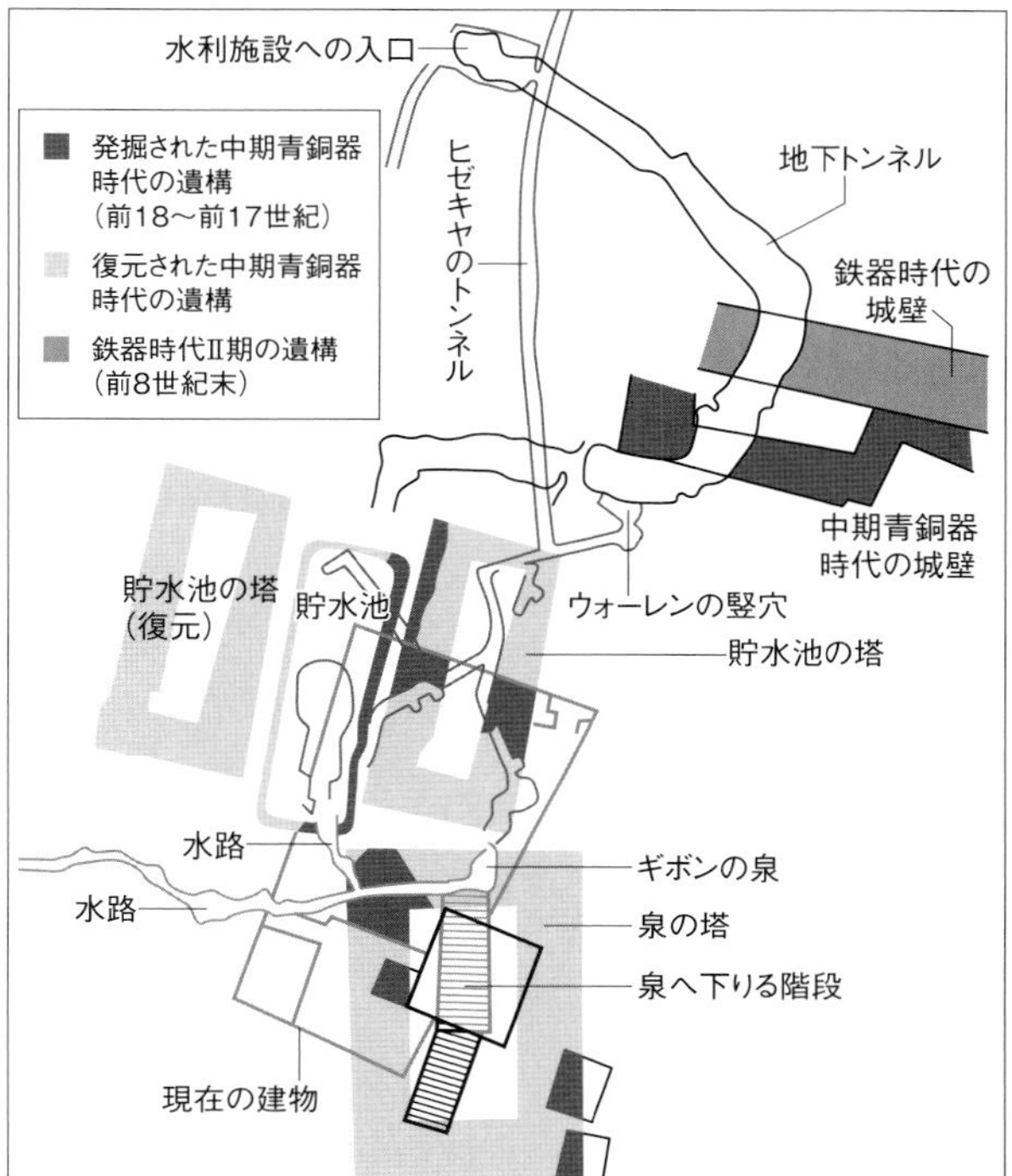

造だけからこれを宮殿と断定することはできないが、その可能性は高い。ダビデの町の一番高い所にある石垣の上にこれだけ大きな公共建造物が建っていたからであり、年代も合致している。また、これまでイスラエルの別の宮殿建築から知られてきた原アイオリス式柱頭と呼ばれる特徴的な柱頭も、周囲から出土している。王室の役人の記録に用いられた封泥も多数出土しており、これらもこの地区と王室の深い関係を示している。こうした遺構の存在は、ダビデが国家権力を十分に掌握し、強力な国家形成をしていたことを示すものだといえるであ

ろう。

地方の城塞都市の発掘調査

さらに、エルサレムの西方、海岸地帯に定着したペリシテ人の領土との境界地点では、ダビデ時代の城塞都市と思われるケイヤファ遺跡が、ヘブル大学のガーフィンケルによって発掘された。この遺跡はエラの谷の北東側の丘の上に位置し、二重（ケースメート式）の市壁で囲まれていた。市壁には四部屋式の市門が二つついており、それぞれの内側には枡形虎口という防御用の空間も整

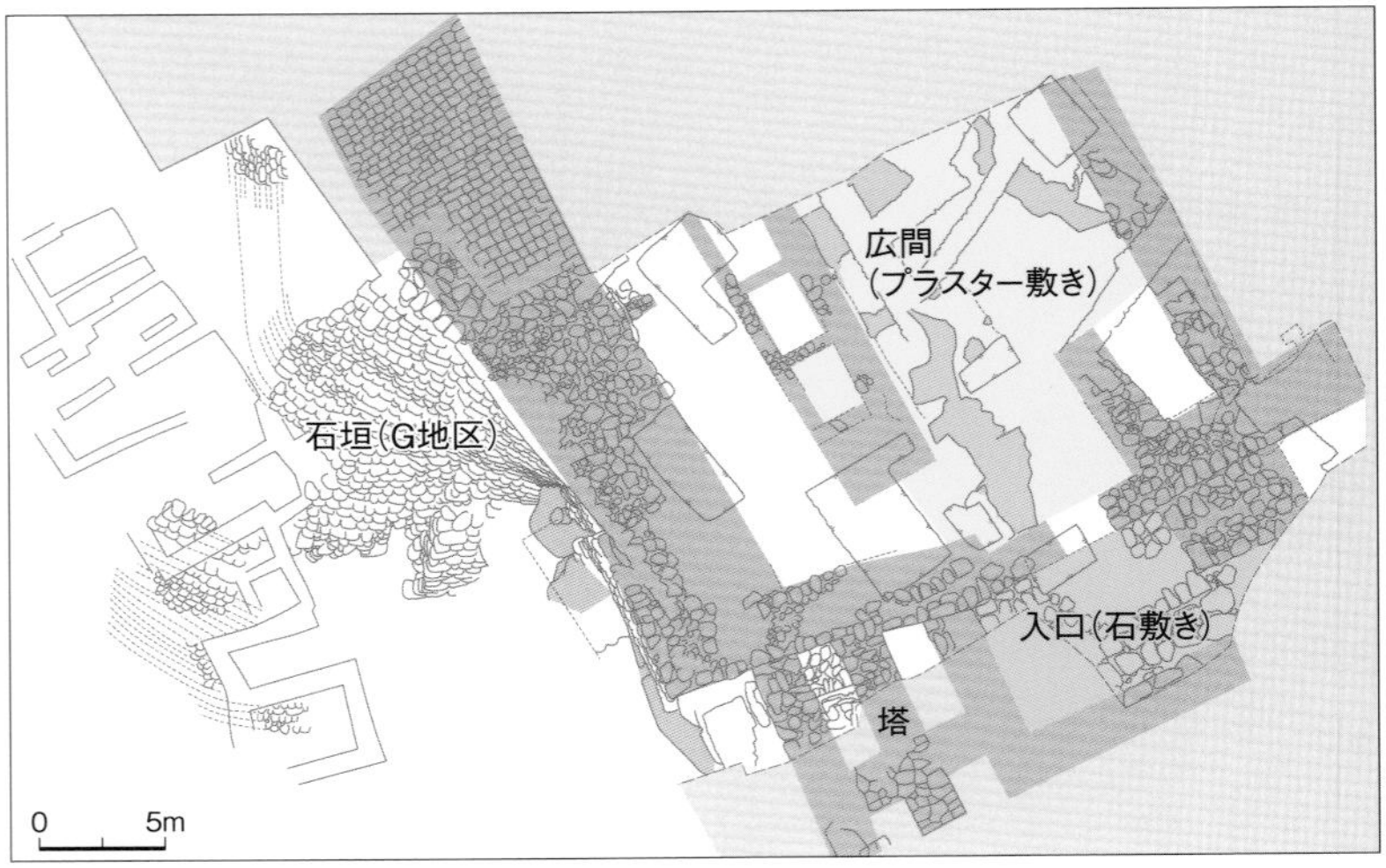

▲**宮殿遺構のプラン**　（E. Mazar 2009, p.64を改変）

▲**階段状遺構**　G地区

▲**王室の役人の封泥**　封泥は公式文書を記したパピルスに紐をかけ、泥の塊で封をし、責任者が印を押したものである。これらは役所の存在を示すものとみられる。（E. Mazar 2009, p.66）

▲**近くから出土した原アイオリス式柱頭**　（E. Mazar 2009, p.46）

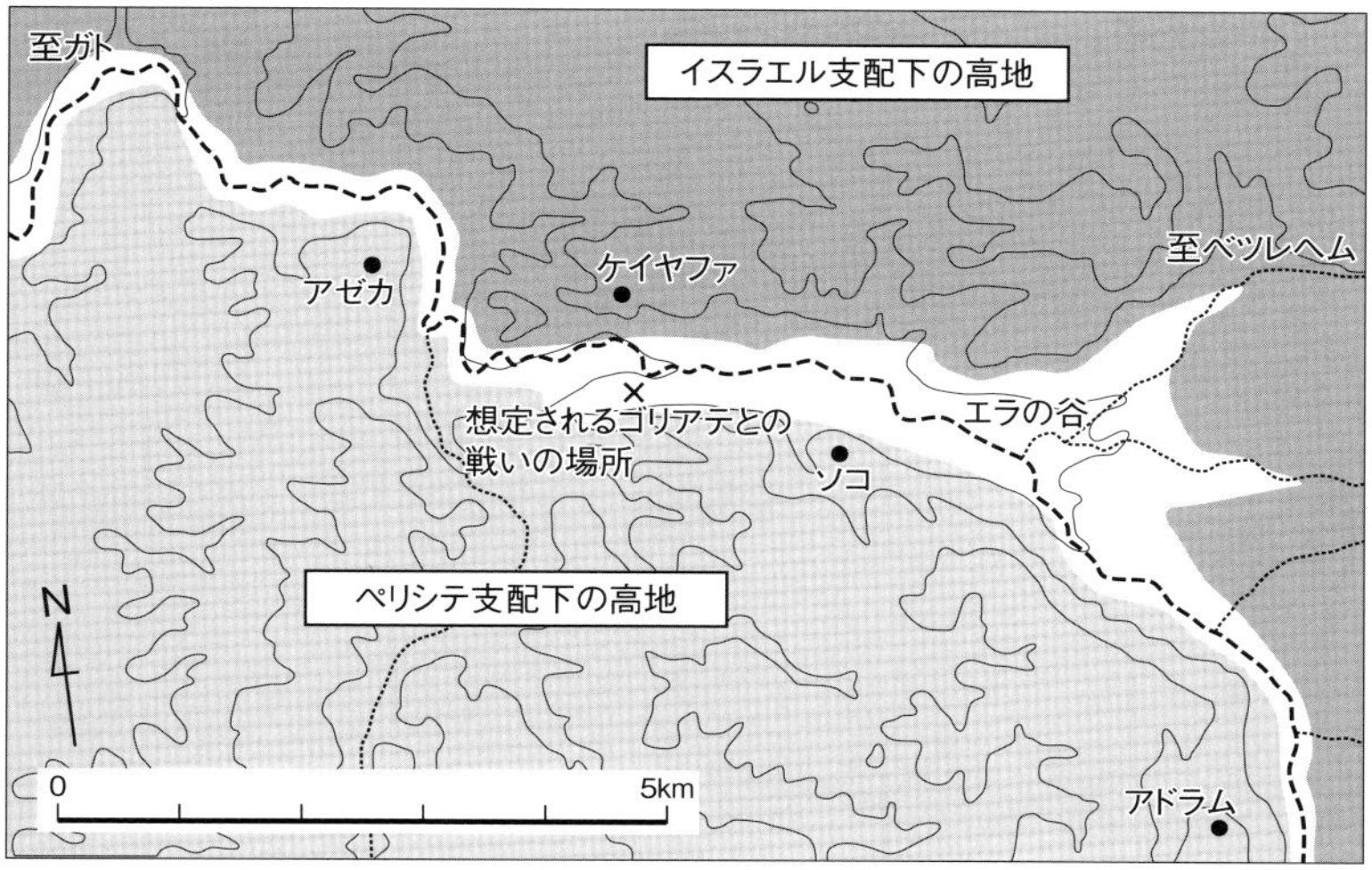

◀エラの谷とケイヤファ遺跡の位置

▶ケイヤファ遺跡出土の神殿模型

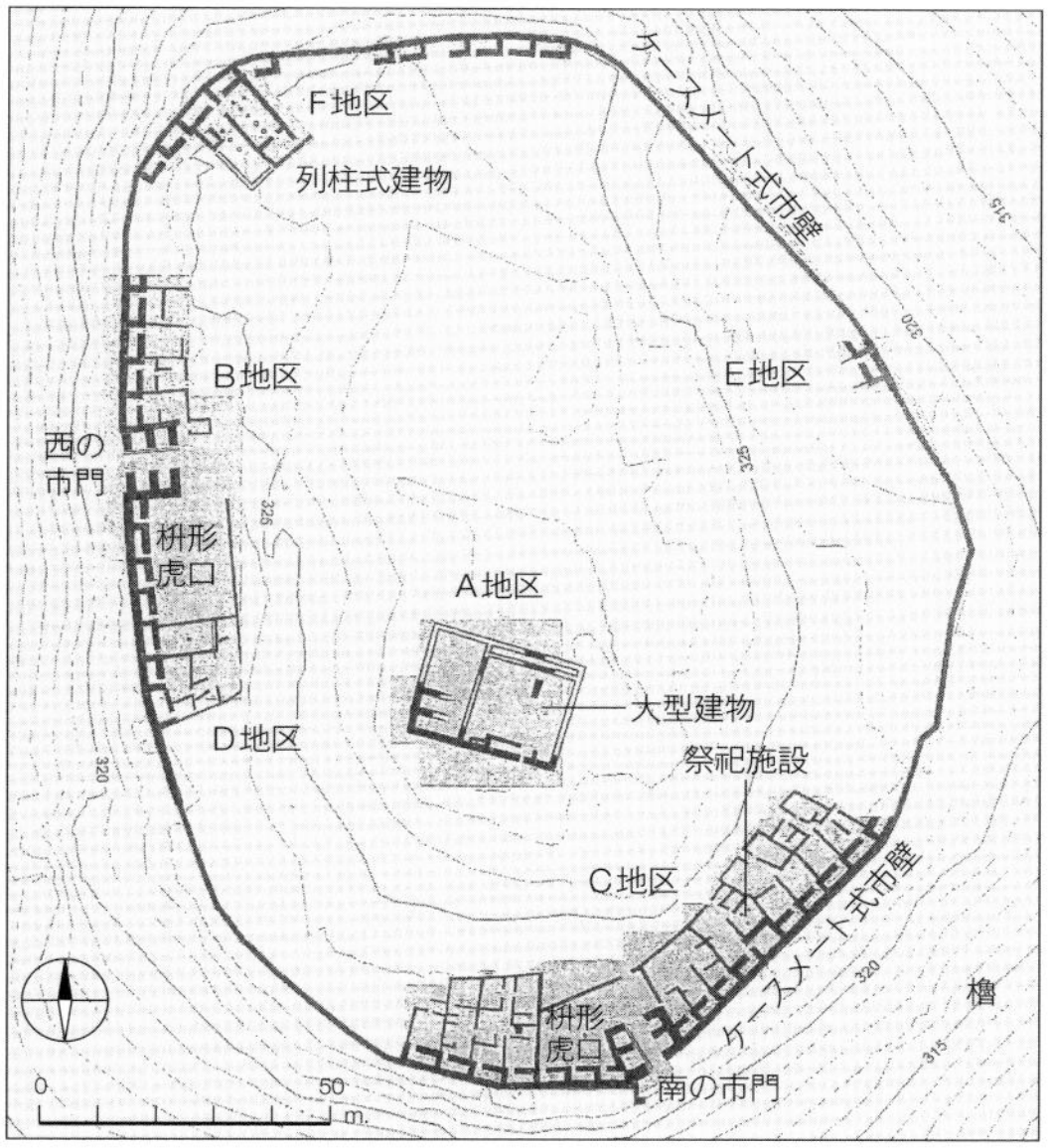

◀ケイヤファ遺跡のプラン（Garfinkel, 2017, fig.5を改変）

備されていた。また櫓や厩舎、倉庫と思われる列柱式建物、祭祀施設などもあり、遺跡の中央には大型の公共建造物が建っていた。こうした構造から、この町が戦略的拠点として造られたことはあきらかである。

　この遺跡は炭素年代測定から前一〇二〇年から前九八〇年頃（鉄器時代ⅡA期最初期）の一時期だけ使用されたことが知られており、この年代はアシュドド土器と呼ばれる特殊な土器や出土したオストラコンの書体からも支持されている。また、この遺跡からは豚の骨や土偶が出土しておらず、イスラエルに特徴的な土製神殿模型なども出土しているので、ペリシテではなくイスラエルの遺跡であることが確実である。このような遺跡が存在することは、ダビデが首都だけでなく地方にも拠点都市を築いていたことを示すものとして非常に重要である。

　特にこの遺跡は、ダビデが将来の王として注目されるきっかけとなったゴリアテとの戦い（サムエル記Ⅰ一七章）の背景を知る上でも興味深い。エラの谷はダビデがペリシテ人と戦ったことで知られる場所であり、ケイヤファ遺跡はその北東側（イスラエル側）の丘の上に位置したシャアライム（「二つの門」の意味）という町だったと思われる。聖書によると、ペリシテ軍は対面する南西側の丘の上にあるソコとアゼカの間に陣を敷き、そこから巨人ゴリアテが出てきて谷底で一対一の勝負を呼びかけたことを記している。ケイヤファ遺跡の南門はまさにソコとアゼカの間に向いており、もう一つの門はアゼカとその西方にあったゴリアテの出身地ガトに向いていた。

　実は、聖書の別の箇所（サムエル記Ⅱ二一・一九、歴代誌Ⅰ二〇・五）には、ダビデではなくエルハナンという人

▲ケイヤファ遺跡の南門　エラの谷を挟んで反対側の丘の左（東）側にソコの遺跡が見える。

物がゴリアテと戦ったという記事がある。そのため、ダビデとゴリアテの戦いは後から創作された話、あるいは別人の業績をダビデに帰したものではないかとする説がある。しかし、サムエル記Ⅰ一七章の記事は戦略的な詳細を具体的に記しており、ケイヤファ遺跡の立地と見事に符合している。実際の戦闘の記憶がなかったとは考えにくいであろう。

この記事の解釈には、後代の創作だとする説だけでなく、エルハナンとダビデを同一人物と見る解釈やゴリアテは代表的な個人名で巨人あるいは強力な戦士を表すキーワードだったという説もある（Hertzberg等参照）。「ゴリアテ（巨大）」かぶと虫」と言ったりするのと同じである。エラの谷の戦いの背景に何らかの実際の衝突が反映されていたとするなら、最後の説が有力ではないかと思われる。その場合、ダビデとエルハナンは別々の巨人（つまり、ゴリアテ）と戦ったことになる。彼らが戦ったとされる場所が異なっていること、この記事が「主の戦い」の類型（タイプ・シーン）で描かれていることもその可能性を示唆しているであろう。

前一〇世紀前半の破壊層

ダビデが中央集権的な国家体制を築いた

▲**ケイヤファ遺跡の西門**　エラの谷をはさんで正面にアゼカの遺跡が見える。

▶**ゴリアテの名の記されたオストラコン**　テル・アッサフィ遺跡（ガテ）出土
◀**音楽家の香台**　ペリシテ人の遺跡アシュドド出土。ダビデが制定したエルサレム神殿の音楽隊の様子とよく似ており、興味深い。

ことは、それまで独立を保ち、イスラエルに属していなかった多くの町が、前一〇世紀前半に破壊されていることにも見て取ることができる。例えば、カナン人の町であったメギド、ヨクネアム、テル・レホヴ、ドル、ゲゼル等の遺跡がこの時期に破壊されており、ペリシテでもテル・カシーレ、エクロン、ティムナが破壊されるか縮小している。南部ではテル・アラド、ヒルベルト・エン・ナハスなどが破壊されている。また、ガリラヤ湖周辺では日本の調査隊が発掘したエン・ゲヴ遺跡やテル・ハダル、テル・キンロート遺跡がこの時代に破壊を被っている。もちろんこれらの破壊がすべてダビデによるものと同定できるわけではないが、この時期にこれらの都市がイスラエル領に組み込まれていく現象が起こったことは事実であり、ダビデによる国家平定と関連している可能性が高いであろう。

サムエル記Ⅱ八・九～一〇は、ダビデが現在シリアにあるハマトの王トイと同盟を結んだことを記している。最近アレッポから出土した前一一世紀～前一〇世紀の碑文は、この地域を支配していた王の名がタイタであったことを記している。このタイタが聖書のトイである可能性も議論されており、そうだとすると、ダビデが北方に影響力を伸ばしていく過程をとらえる上で興味深い。

▲アレッポ遺跡出土のタイタ碑文　この碑文の王がダビデと同盟を結んだトイかもしれない。

▼ダビデの町にある王家の墓と推定される遺構

ペリシテ人と「海の民」

「ダビデとゴリアテの戦い」からも知られるように、ペリシテ人はイスラエルが南レヴァントに定着して国家形成をする上で最大のライヴァルとなった民族である。

　聖書は彼らが「カフトル」（キプロス島）や「ケレテ」（クレタ島）からやってきたと伝えており（アモス書九・七、エゼキエル書二五・一六）、おそらく地中海世界から来た人々だと思われる。ペリシテ人は海岸平野の南部にガザ、アシュドド、アシュケロン、ガト、エクロンの五都市連合を築いており、高度な都市文化が発達していたことがわかる。ゴリアテは全身鎧兜をつけ、青銅の長槍を持っていたのに対し、ダビデには投石機以外の武器がなかったことも圧倒的文化レベルの違いを表している。

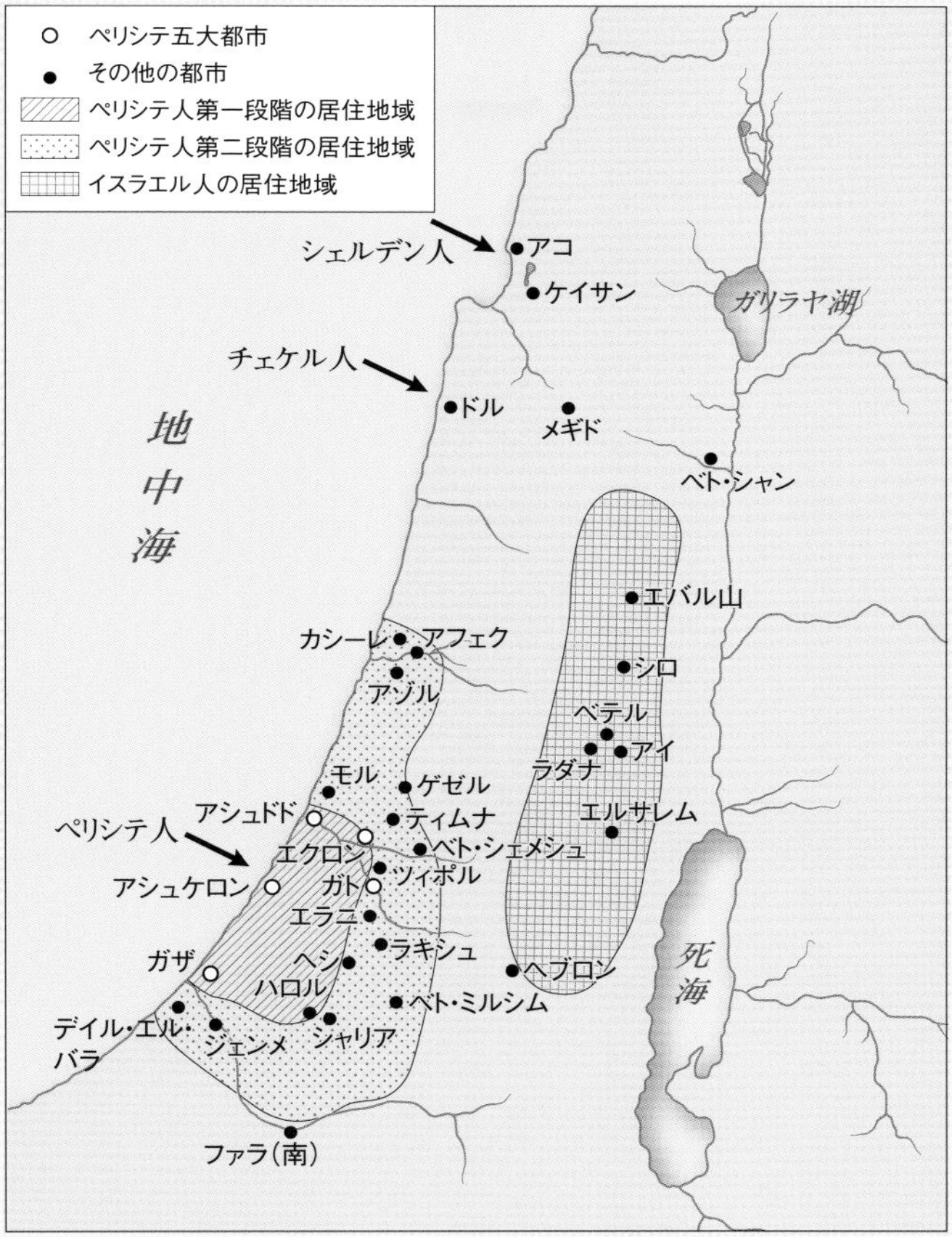

▲ペリシテ人の分布範囲

　エジプトの資料では、メディネト・ハブ（ルクソール西岸）にあるラメセス三世の葬祭殿の外壁に「海の民」襲来の様子が詳しく記されており、図像でも特徴的な羽根兜をつけた人々の姿が描かれている。その中に*plst*という人々も含まれており、おそらくペリシテ人は鉄器時代Ⅰ期に地中海世界からエジプトや南レヴァントにやってきた民族集団の一つだったと思われる。彼らはラメセス三世の第八年（前一一七五年）にエジプトの侵略を謀り撃退されたとされるが、「ハリス・パピルス」や「アメン・オペの地名録」といったパピルス文書によると南レヴァントの海岸地帯（ペリシテ平野と呼ばれるようになる）に定住することが認められたようである。

　ペリシテ人たちは定住初期から都市を築いており、それらは碁盤目状の都市計画に沿っていた。宮殿建築は炉と柱のある大広間を持つ「メガロン式建物」となっており、これはエーゲ海地方に典型的なものである。ペリシテ平野で知られるメガロンはより小型で、キプロス島のものとよく似ている。また、神殿もカナンのもののような直進式の城塞神殿ではなく、非対称で横から入る形式になっていた。

　ペリシテの土器は渦巻き模様や鱗模様で飾られ、水鳥や魚が描かれることもあり、後期青銅器時代ギリシアのミケーネ土器と

▲ペリシテ人の頭部

非常によく似ている。初期のものは、単色で模様が描かれた土器で、光沢がない艶消しの白地となっていた。このような生地はミケーネ土器の中でもキプロス島に特徴的なもので、ミケーネⅢC1b型と呼ばれる。しばらくすると、彩文は赤・黒二色となり、具象が増えてくる。二色彩文はカナン土器の特徴であり、在地の文化との融合が起こったようである。図像も水鳥や魚は地中海地方の様式であるが、蓮模様などはエジプトの様式、生命の木などはカナンの様式である。一般にはこの時期の土器をペリシテ土器と呼んでおり、初期のものより広い範囲から出土するようになる。おそらく居住範囲が広がったものと思われる。最終的に、この地方の土器は鉄器時代Ⅱ期のイスラエル土器と同化してミガキのかかった赤地の土器となり、次第に模様も減少してゆく。最終段階のものは「アシュドド土器」と呼ばれるが、おそらくペリシテがイスラエルの支配下に入り、独自性が失われていく段階のものだと思われる。

▲メディネト・ハブの葬祭殿に描かれた海の民との戦い

▶典型的なペリシテ土器（ビール差し）

　以上を考え合わせると、ペリシテ人など海の民はおそらくミケーネの発達した都市文化を背景にした人々であったと考えられる。しかし、本土のミケーネ文明はすでに崩壊しており、そこから直接襲撃して来たとは考えにくい。メディネト・ハブの壁画には海の戦いのほか牛車に女性や子供を乗せて陸路やってきた人々の姿も描かれており、単なる略奪目的ではなく、移住を意図していたものと思われる。キプロス島のミケーネ文化の特徴を色濃く反映していることを考えると、おそらく前一二〇〇年頃の大変動で地中海世界の大国が崩壊し、そこに生まれた権力の空白を埋めるようにキプロスにあったミケーネ人の植民地が勢力を伸ばし、さらなる海外の植民地を求めてエジプトや南レヴァントにやってきたというのが「海の民」の実態であろう。

　また、前述のアレッポ出土の碑文では、アレッポの王が自分のことをパダサティニの王タイタと名乗っており、パダサティニという語はペリシテを意味していた可能性がある。もしそうだとすると、ペリシテ人の定着は南レヴァント南端の沿岸部だけではなく、東地中海岸全体だったこととなる。この碑文はヒッタイトの象形文字（ルウィ語）で書かれており、キプロス島だけでなく、トルコ南岸にいた人々も同時に行動を起こしたことを示しているのかもしれない。

7章 ソロモンによるイスラエル王国の整備

古代イスラエル王国の整備

聖書によると、ダビデは戦士として周囲を平定して国家の基礎を築いたが、それをもとに落ち着いた建設活動を行い国家体制を固めたのは息子のソロモンだとされる。そのため、ソロモンは当代一の知恵者として知られ、ソロモンという名もヘブル語で「平和」を意味するシャロームという語から来ている。

ソロモンは、エルサレム神殿を築いたことで有名であるが、その他自分の宮殿や市壁も築いた。また地方では、すでに滅ぼされたカナン都市のいくつかを再建してイスラエル王国の拠点都市とし、倉庫の町、戦車の町、騎兵の町として整備した。これらの事業は列王記Ⅰ九・一五〜一九に簡潔にまとめられている。

倉庫の町、戦車の町、騎兵の町

鉄器時代Ⅱ期のイスラエルでは、国土全体に三層構造の都市のヒエラルキーが認められる。王都、地方の拠点都市、地方都市である。エルサレムや王国分裂後の北王国の首都サマリアなどでは、町の大きな部分が王宮や神殿などの公共建造物で占められており、一般の住居は少なかった。同様の構造は、離宮のあったラキシュや、イズレエルにも見ることができる。一方、地方の多くの町は、規模の大小はあっても、基本的に住居だけからなっており、公共建造物などは見られない。

その中間に位置づけられる地方の拠点都市には、公共建造物と一般住居が両方存在した。これらはハツォル、メギド、ゲゼルなどカナン時代に独立した都市国家だった所が多く、ほぼ同一規格の市壁や市門が認められ、列柱式建物という特徴的な大型建築も見られるようになる。列王記Ⅰ九章が語る「倉庫の町、戦車の町、騎兵の町」は、おそらくこうした拠点都市のことを指していると考えられる。このような都市のヒエラルキーの確立、特に倉庫の町、戦車の町、騎兵の町などの建設は、ソロモンによる中央集権国家体制の確立を反映したものだと理解されてきた。

これらの拠点都市に見られる市壁は、二重の市壁を隔壁で区切って内部に部屋を造る型式で、ケースメート式と呼ばれている。こうした市壁は鉄器時代のイスラエル都市で広く用いられるようになるが、中期〜後期青銅器時代のカナン都市にはあまり見られなかった。カナン都市では一枚壁の市壁が主流だったからである。市門も、青銅器時代のものは六柱式、すなわち扉を閉めるために三対の抱き柱が壁から突き出た形であったのに対し、鉄器時代のイスラエル都市のものは、柱と柱の間に部屋が設けられ、正面に塔がつく六部屋式市門と呼ばれるものが一般的となった。

列王記Ⅰ9：15〜19

ソロモン王は役務者を徴用して次のような事業をした。彼は主の神殿と王宮、ミロとエルサレムの城壁、ハツォルとメギドとゲゼルを築き直した。　…また、下ベト・ホロン、バアラト、この地の荒野にあるタドモル、自分の所有するすべての倉庫の町、戦車の町、騎兵の町を築いた。またソロモンは、エルサレム、レバノン及び彼の全領土に建てたいと願ったものを建てた。

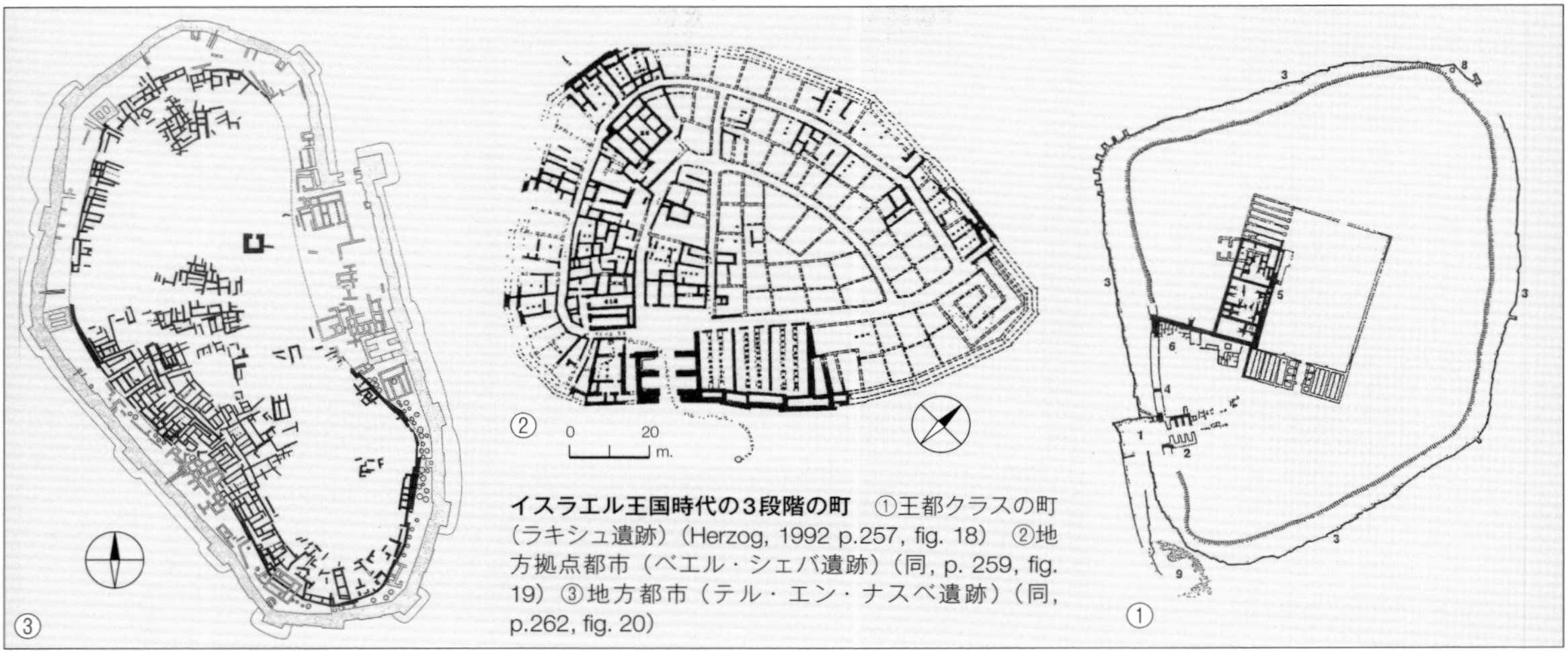

イスラエル王国時代の3段階の町　①王都クラスの町（ラキシュ遺跡）（Herzog, 1992 p.257, fig. 18）　②地方拠点都市（ベエル・シェバ遺跡）（同, p. 259, fig. 19）　③地方都市（テル・エン・ナスベ遺跡）（同, p.262, fig. 20）

このヴァリエーションとして四部屋式や二部屋式の場合もあるが、いずれも部屋がつくことが特徴である。

列柱式建物は大型の長方形の建物で、長辺と平行に二列の石柱が並び、中央の通路と両側の部屋に分かれる構造となっている。こうした建物からは、穀物などが入った貯蔵壺が多数見つかることから一般に倉庫だったと考えられている。これらの建物が幹線道路沿いの比較的大型の都市から見つかることも、これらが税収や交易に関わるものだったことを支持している。しかし、遺跡によっては（メギドなど）、貯蔵壺の代わりに飼い葉桶や動物を留めるためと思われる穴のついた石材が出土し、大きな広場に接していた。このような例では、列柱式建物は倉庫ではなく、馬などの厩舎として利用され、広場では訓練などが行われたと思われる。

これらが倉庫の町、戦車の町、騎兵の町と考えられるゆえんである。このような統一規格で造られた町が地方の拠点ごとに配

▲エン・ゲヴ遺跡のケースメート式市壁

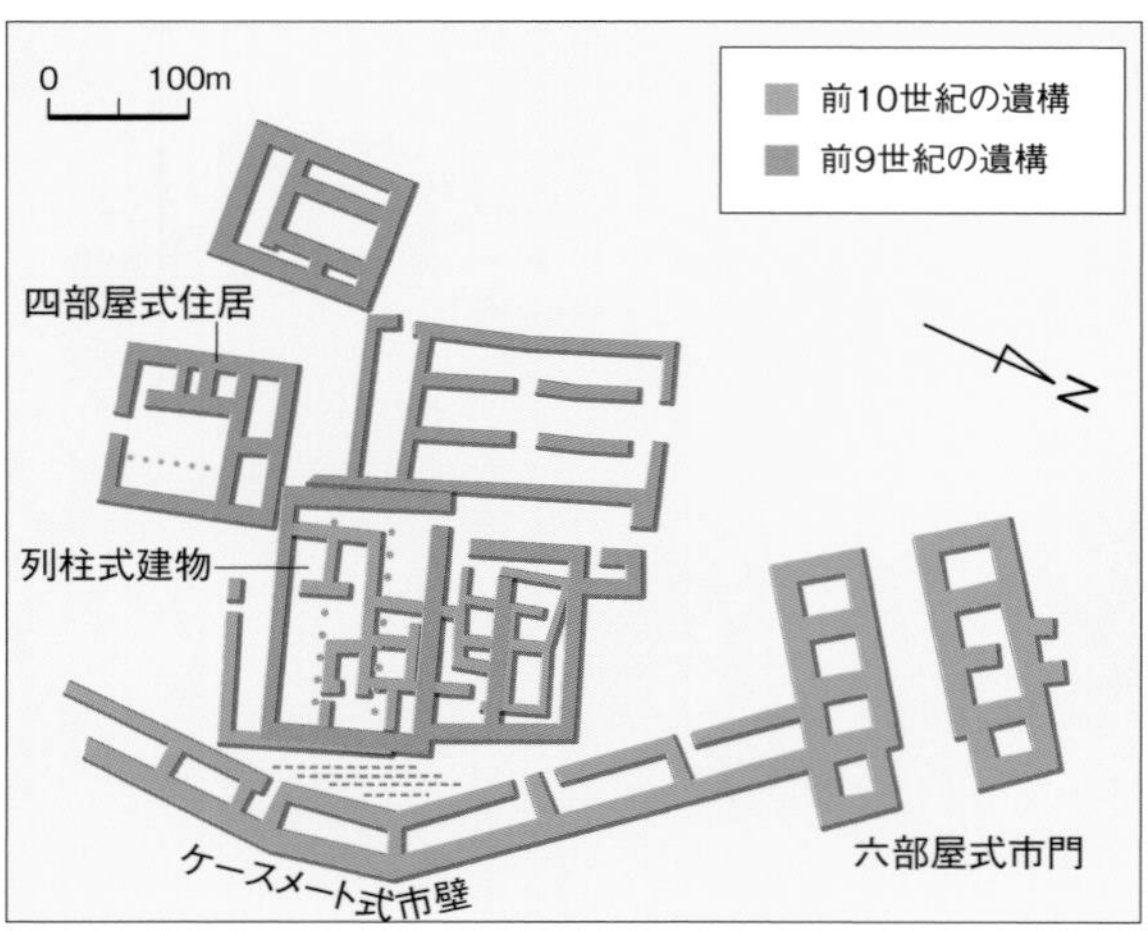

◀ハツォル遺跡のケースメート式市壁と六部屋式市門

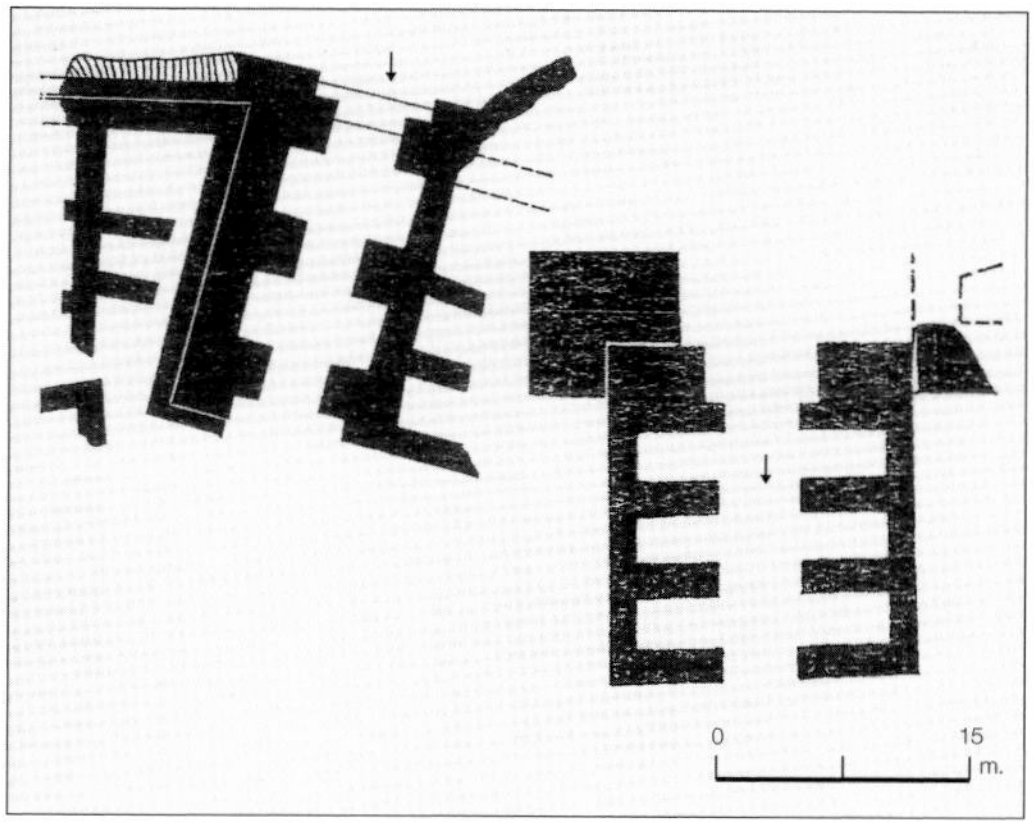

▲**メギド遺跡中期青銅器時代の市門（左上）**（Herzog, 1992, p. 138, fig. 23［部分］）**と鉄器時代の市門（右）**（同, p. 266, fig. 21［部分］）

置され、物流や軍事の拠点として整備されたのは長らくソロモン時代と考えられ、彼が中央集権的国家体制を確立したことの証拠だとされてきた。

ソロモンの事業に対する考古学的評価

しかし一九九〇年代頃から、これらはソロモンが造ったものではなく、それより八〇年ほど後の北王国イスラエルのオムリ王朝（前九世紀）によるものだと主張する研究者たちが出てきた。そうすると、統一王国は強力な中央集権国家を築かなかったことになり、前章で扱った統一王国は弱小だったとする説を支持する根拠（6章63頁の③）となる。

このような主張は、鉄器時代ⅡA期の土器編年を繰り下げることで可能となった（低編年説）。それまで鉄器時代の土器編年は、ダビデ・ソロモンの統一王国時代（前一〇〇〇年頃～九三〇年頃）を鉄器時代ⅡA期、国が南北に分かれて北王国がアッシリア帝国に滅ぼされるまでの時代（前九三〇年～前七二一年）を鉄器時代ⅡB期、南

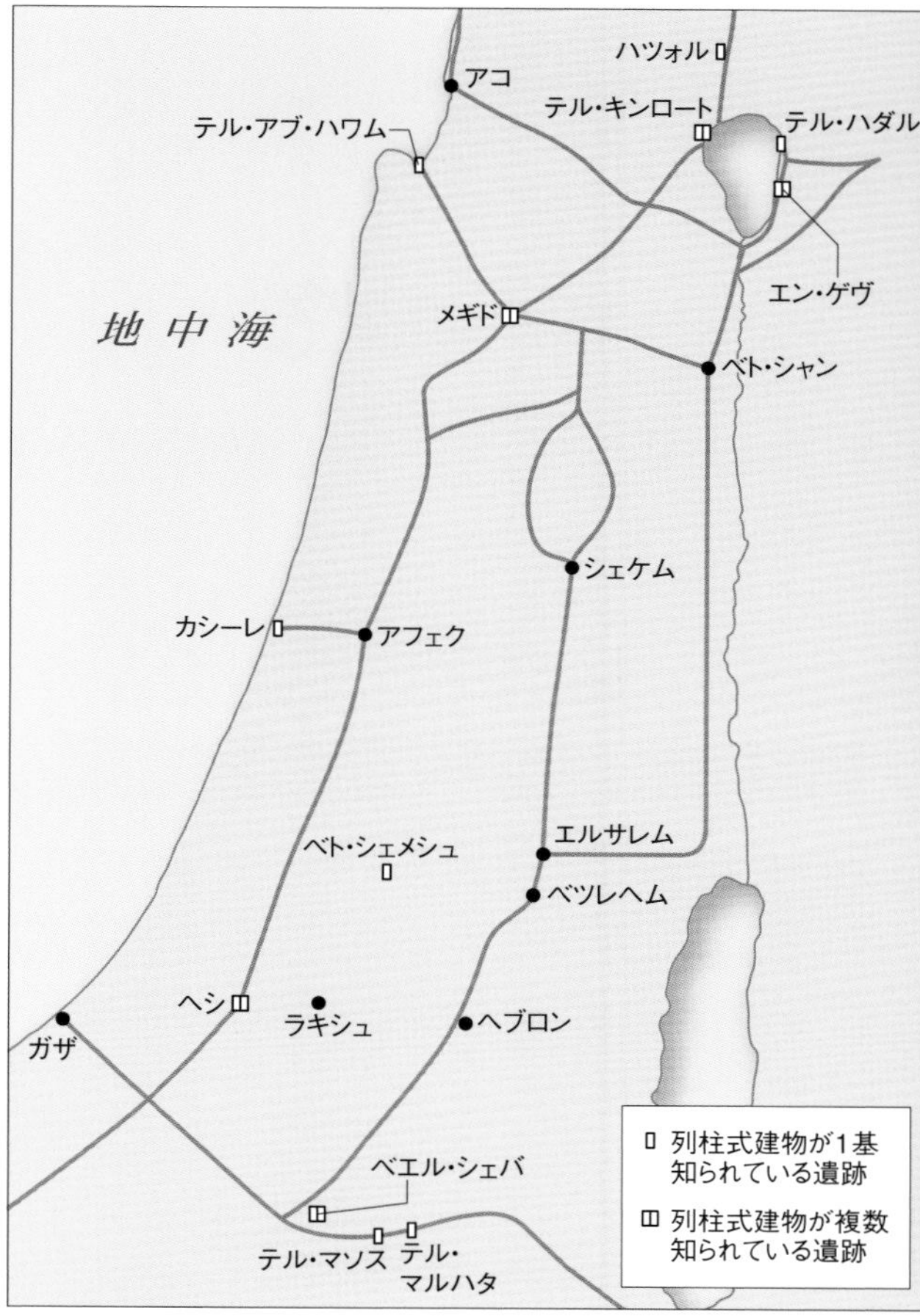

▲**列柱式建物の分布**

▼**列柱式建物の例（ベエル・シェバ遺跡）**

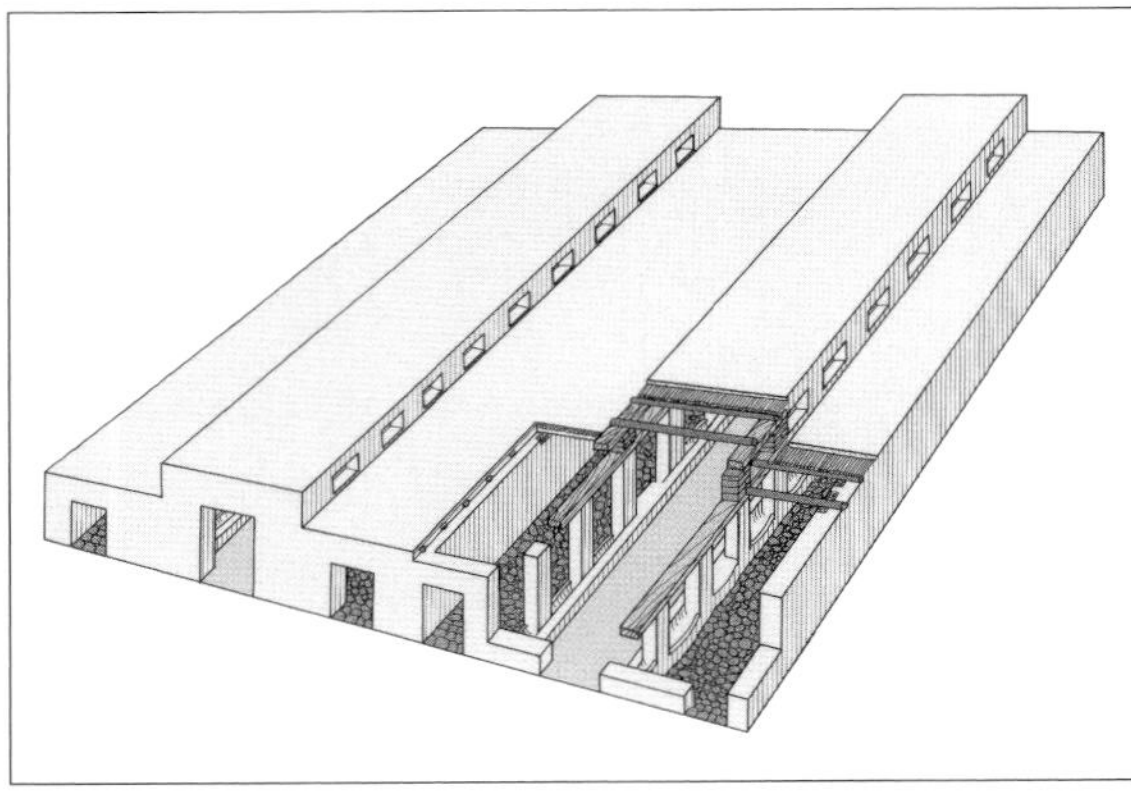

▲列柱式建物の推定復元図　(A. Mazar, 1990, fig. 11.9)
◀メギド遺跡の列柱式建物の飼い葉桶

	伝統的見解	低編年説	生まれつつあるコンセンサス
鉄器時代ⅡＡ期	前1000年〜前930年頃		前1000年頃〜前830年頃
		前930年頃〜前830年頃	
鉄器時代ⅡＢ期	前930年頃〜前721年	前830年頃〜前721年	前830年頃〜前721年
鉄器時代ⅡＣ期	前721年〜前586年	前721年〜前586年	前721年〜前586年

▲鉄器時代の土器編年

王国が新バビロニアに滅ぼされ捕囚に連れ去られるまでの時代（前七二一年〜前五八六年）を鉄器時代ⅡＣ期とすることが一般的であった。しかし、低編年説を取る者たちは、鉄器時代ⅡＡ期は統一王国崩壊からオムリ王朝を経て（８章参照）アラム・ダマスカスの王ハザエルが侵攻してくるまで（前九三〇年頃〜前八三〇年頃）とし、統一王国時代（前一〇世紀）にはこれまで鉄器時代Ｉ期とされてきた貧弱な移行期の層位を当てはめた。

　当然この変化は歴史理解に大きな違いをもたらすので激しい議論が起こり、ほぼすべての遺跡の年代決定の根拠が洗い直され、その対応関係（層位の地平）が吟味されることとなった。現在では、詳細に異論はあるものの、大枠として鉄器時代ⅡＡ期は前一〇〇〇年頃から前八三〇年頃の長い期間に相当し、その前半（前一〇世紀）と後半（前九世紀）に細分できるといったコンセンサスができつつある。議論の中で集められた膨大な数の炭素一四年代のデータもその根拠となっている。また、ソロモンの死の直後にエジプト王シェションク（聖書のシシャク）が南レヴァントに軍事遠征を行っているが、鉄器時代ⅡＡ期の層の中にはそれよりあきらかに前のものもあれば、後のものもあることがわかってきたからである。

　結局、倉庫の町などに関しては、ハツォルやゲゼルでは今でも前一〇世紀、鉄器時代ⅡＡ期の前半に年代づけられている。メギド遺跡の年代解釈については、発掘者たちの間でも意見が分かれているが、その一人ウシシュキンは大型建築を伴うⅤＢ―ⅣＡ層は前一〇世紀から始まり、前九世紀まで継続したとしている。実際、メギドはカルナクにあるシェションクの遠征碑文にも記されており、メギド遺跡からその王の碑文が出土しているので、その前から都市が存在したはずである。

結局、鉄器時代ⅡA期は以前よりも長い期間を占めることがあきらかになったが、これらの地方の拠点都市を中央集権的に整備したのはやはりソロモンだったことになる。少なくとも、彼の時代にこのようなプロジェクトが始まっていたことはたしかであろう。統一王国が実態を持たないものだったとする説は、この点でも十分な根拠があるものとはいえない。

神殿と宮殿

ソロモンの事業としてもっとも有名なものはエルサレム神殿の建設であるが、これはダビデの町の北側の「神殿の丘」、現在の岩のドームの場所に位置していたと考えられ、発掘調査をすることはできない。しかし、列王記Ⅰ五～八章には詳しい設計図が記されているので、それをもとに復元すると、この神殿は左右対称で、入口の両側に二本の柱が立ち、直進して入るようになっていたようである。内部は、玄関、聖所、至聖所に分かれており、至聖所にモーセの十戒の板がはいった契約の箱が置かれていた。また周囲の壁は分厚く、その中に倉庫が設けられていた。

これは中期青銅器時代から知られる「城塞神殿」の発展形であり、そっくりの例が鉄器時代Ⅰ期からⅡ期の北シリアの遺跡アイン・ダラアやテル・タイナトで知られている。聖書は、この建設のためにソロモンがフェニキアの王ヒラムに要請してレバノン杉や職人を送ってもらったとしているが、フェニキアでは類似の神殿は確認されていない。むしろこれは、ヒッタイト帝国が崩壊した後に北シリアに生まれた新ヒッタイトの諸都市やその強い影響を受けたアラム人が継承した型式に則ったものだと思われる。ただ、聖書はこの神殿がケルビムや花模様で飾られていたことを記しており、そうした装飾はフェニキアの象牙細工などにも見ることができる（24頁上の図参照）。

▲**エルサレム神殿推定復元図**　信仰的な王たちダビデ、ソロモンによる国家形成の象徴に位置付けられる。（Keel 1978, fig. 213）

ソロモンが造った宮殿も発掘できないが、列王記Ⅰ七章一～一二節の記述を見ると、柱のある横長の玄関の背後に、王座のある横長の謁見の間があり、その周囲に居住空間が存在する構造だったことがわかる。これも北シリアの新ヒッタイトやアラムの宮殿としてよく知られるビト・ヒラニと呼ばれる型式であり、テル・タイナト遺跡ではソロモンの神殿とよく似た神殿に隣接してこの型式の宮殿が発掘されている。

列王記Ⅰ九・一五は、その他ソロモンがミロと市壁をエルサレムに建設したことを記している。ミロが何を意味するかはたしかでないが、おそらく丘と丘の間の低い部分を埋める施設だっただろうと考えられている。E・マザールはダビデの町と神殿の丘の中間部分から前一〇世紀の市壁、市門、公共建造物の一部を発掘している。神殿や宮殿自体は確認できないが、これらの存在はソロモンが神殿の丘をアクロポリスとして整備したことを裏づけるものである。

▲アイン・ダラア遺跡の神殿

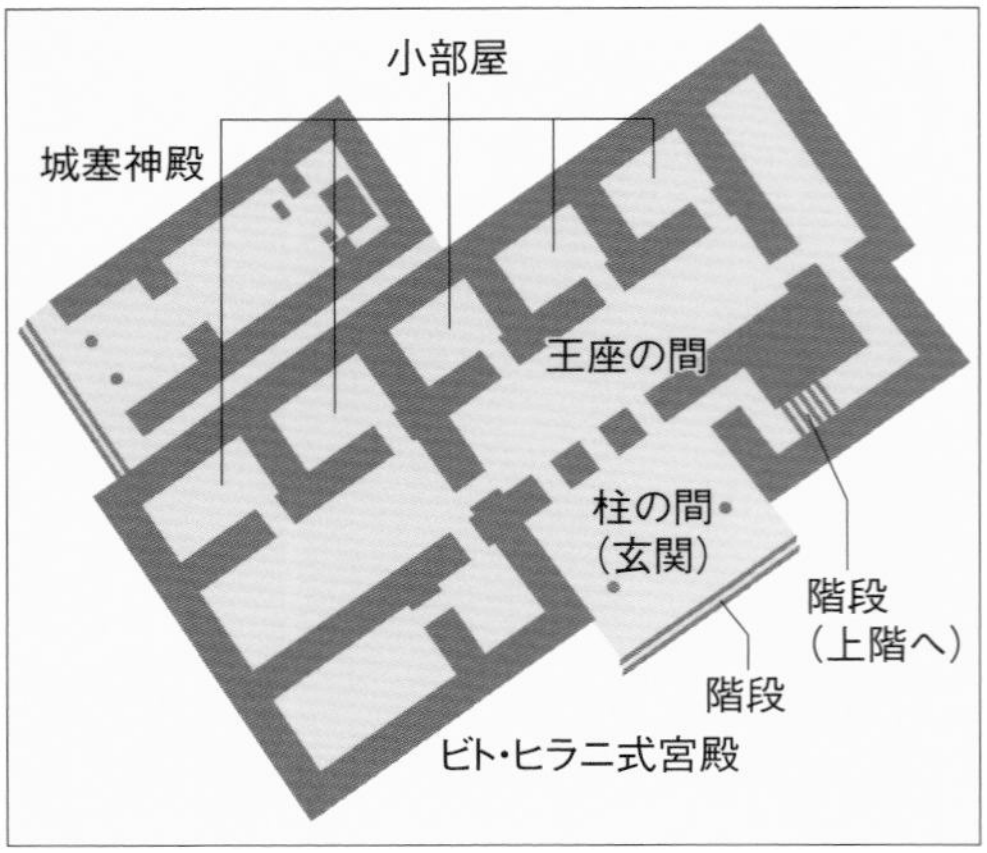

▲テル・タイナト遺跡の神殿とビト・ヒラニ宮殿のプラン

▶**テル・タイナト遺跡ビト・ヒラニ宮殿の玄関**　現在はアレッポ国立博物館の玄関に造り直されている。

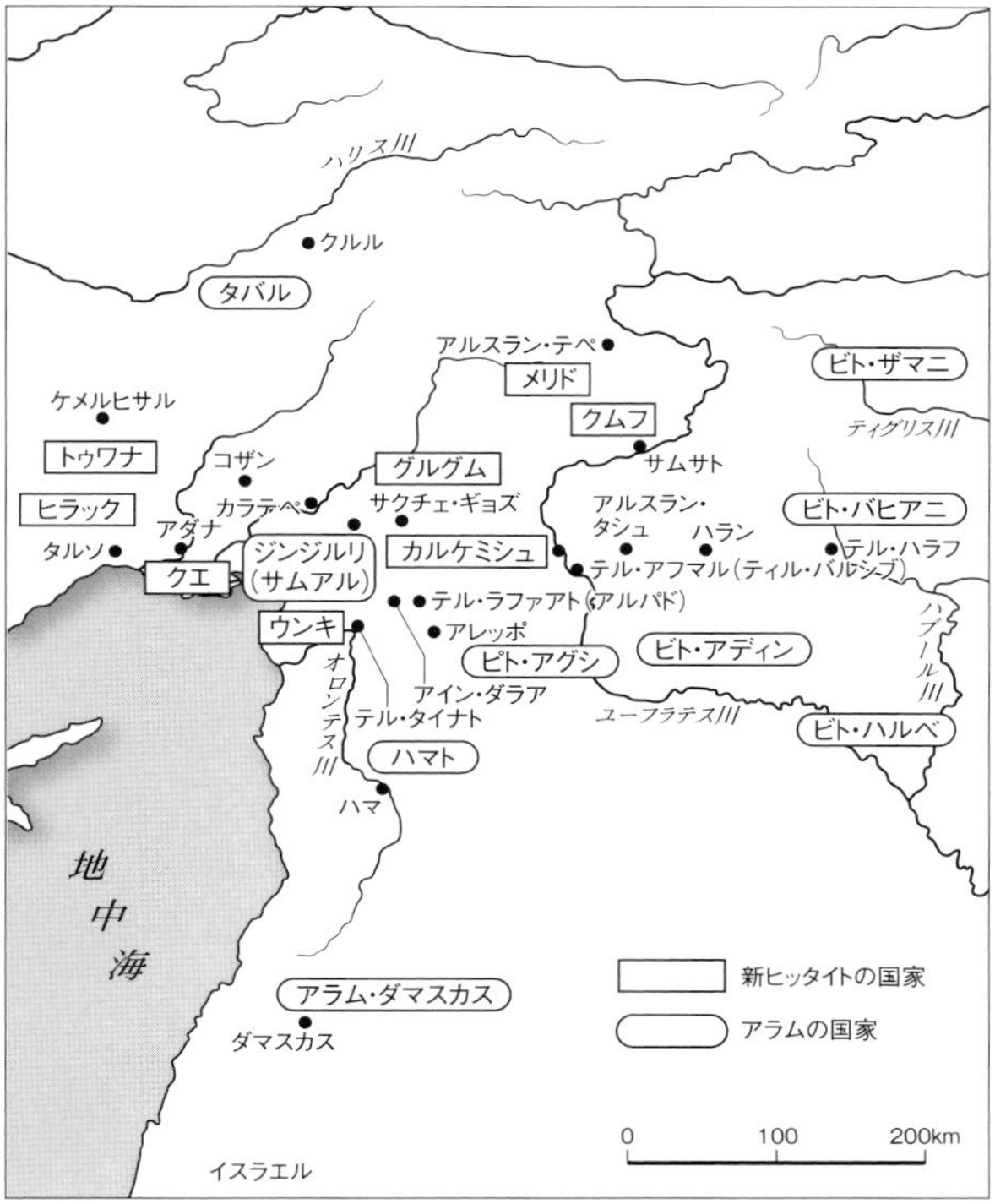

▲神殿の丘の位置　神殿の丘（黄金のドームの見えるところ）はダビデの町の北側の一段高い丘の上に位置しているので、アクロポリス（上の町）としてふさわしかったと思われる。

◀新ヒッタイトとアラムの国家群

イスラエル都市とカナン都市

このように見てくると、ソロモンの築いた都市は青銅器時代のカナン都市とはかなり違う様相をしていたことがわかる。その後のイスラエル都市は、これらの都市と基本的に同じような構造を踏襲していくこととなる。市壁は一枚壁が主流だったところからケースメート式に代わり、市門も六柱式から部屋を伴う形に変化した。列柱式建物のような遺構は、青銅器（カナン）時代の都市ではまったく確認されておらず、鉄器時代になって出現したものである。神殿も三部屋構造の城塞神殿となり、宮殿としてはビト・ヒラニ宮殿が用いられている。

これらと非常によく似た建築が北シリアの新ヒッタイトやアラム人の都市で確認されることはとても興味深い。後期青銅器時代の南レヴァントでは市壁も市門もほとんど建設されなかったが、北シリアの都市ではケースメート市壁が用いられ、柱を伴う市門から部屋を伴う市門が発達した。列柱式建物と非常によく似た倉庫もヒッタイトの遺跡に見ることができる。三部屋構造の

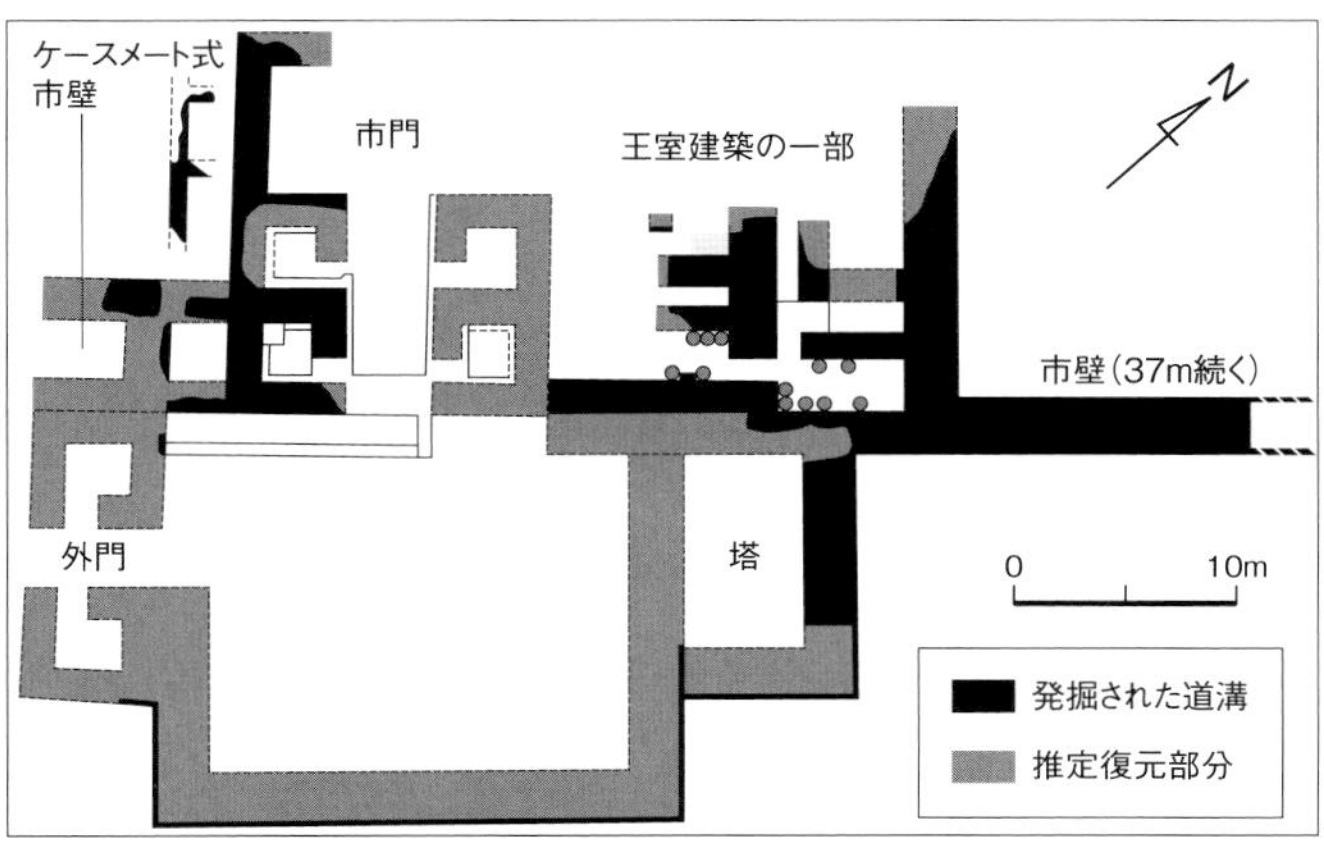

▲神殿の丘南側の市壁と市門　(E. Mazar 2011, 145を改変)

城塞神殿がアイン・ダラアやテル・タイナトに見られることはすでに指摘した。ビト・ヒラニ宮殿も北シリアの新ヒッタイトやアラム人都市で頻繁に見られるものである。すなわち、こうした現象は、イスラエル都市が単にカナン都市の復興したものではなく、北シリアから新たな文化的な影響を受けて発達したことを示すものである。

エン・ゲヴ遺跡発掘からわかるアラム人都市との共通性

この関係性を理解する上で、日本人の手で発掘されたエン・ゲヴ遺跡の調査結果は興味深い。同遺跡はガリラヤ湖の東岸に位置する遺跡であり、鉄器時代Ⅰ期からⅡ期の遺構が確認されている。聖書によると、この地にはゲシュルというアラム人の国があり、ダビデはその王の娘と結婚してアブシャロムという息子がいたことが記されている（サムエル記Ⅱ三・三、一三～一九章）。アブシャロムは後にダビデに反乱を起こし、ゲシュルに逃げ込み、滅ぼされた。ガリラヤ湖の東岸には、エン・ゲヴの他テル・ハダル、ベトサイダ、テル・ドゥヴェル等の遺跡があり、これらがゲシュル王国の町だったのではないかと考えられる。

注目されるのは、これらの町はイスラエルの都市ができる一〇〇年ほど前、鉄器時代Ⅰ期（前一一世紀）にすでに成立しており、イスラエル都市と同じようなケースメ

▶ガリラヤ湖周囲の都市の分布

▲エン・ゲヴ遺跡　この写真には、ケースメート式市壁と列柱式建物が写っている。同遺跡では1990年以降8シーズン日本の大学の合同調査隊によって発掘調査が行われ、その後2009年～2011年に慶應義塾大学によって追加の調査が行われた。

ート式市壁、部屋を伴う市門、列柱式建物、ビト・ヒラニ宮殿などで構成されていたことである。すなわち、イスラエルがこうした建築様式を学んだのは、カナンの都市ではなくアラム人の都市を通してであった可能性が高い。ダビデがゲシュル王の娘と政略結婚していたことも、イスラエルとゲシュルが近い関係にあったことを表している。

元来アラム人は、族長たちの出身地である北シリアの遊牧民たちが定住化したもので、アモリ人と非常によく似た存在である。アモリ人は前二千年紀の半ばに消失したのに対し、アラム人は前一二世紀頃にならないと存在が確認されないので、一般に彼らは別々の存在だと考えられてきた。しかし近年は、アフラム・アラムという人々を通してアラム人は系統的にもアモリ人とつながっていたことが指摘されている。そうすると、聖書（申命記二六・五）が、族長の

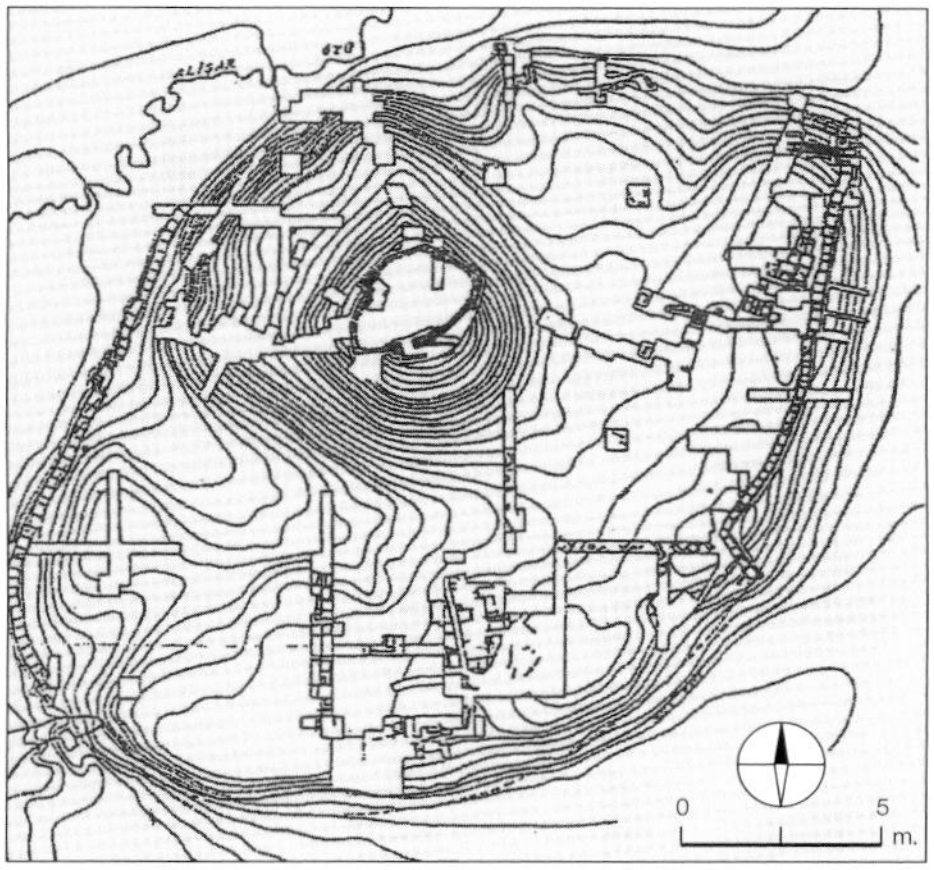

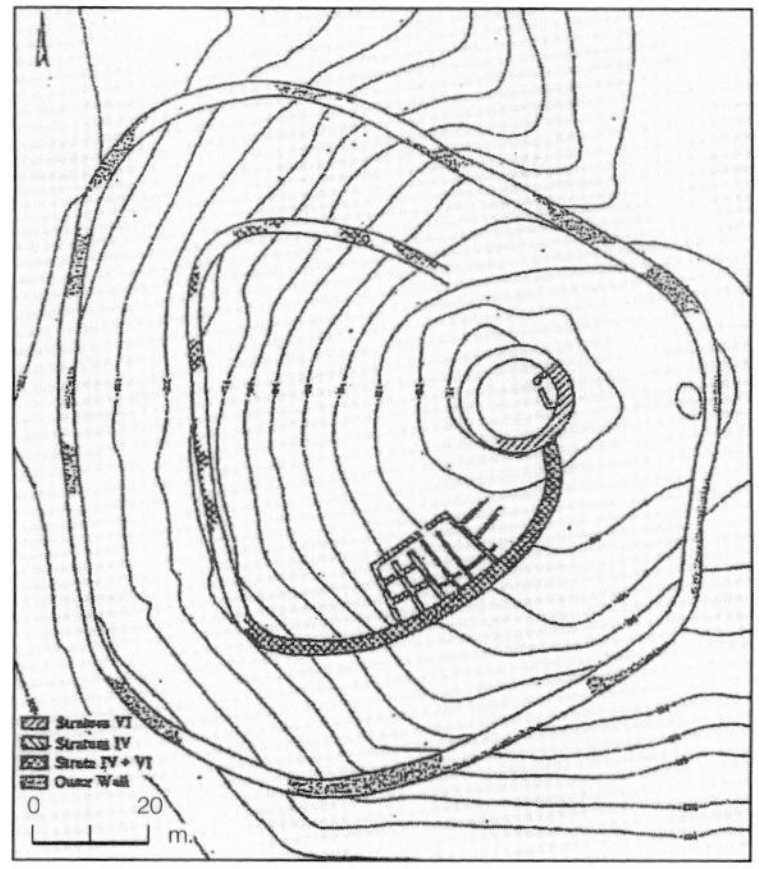

▲アラム・新ヒッタイト都市のプラン　左：アリシャル・ヒュユク遺跡（ヒッタイト）、右：テル・ハダル遺跡（ゲシュル＝アラム）

▲テル・ベトサイダ遺跡（アラム）の市門　イスラエル都市との共通性がわかる。

▶ボガズキョイ遺跡（ヒッタイト）のケースメート式市壁
◀ベトサイダ遺跡出土の神像の描かれたステラ　アラム人の信仰を表わしている。

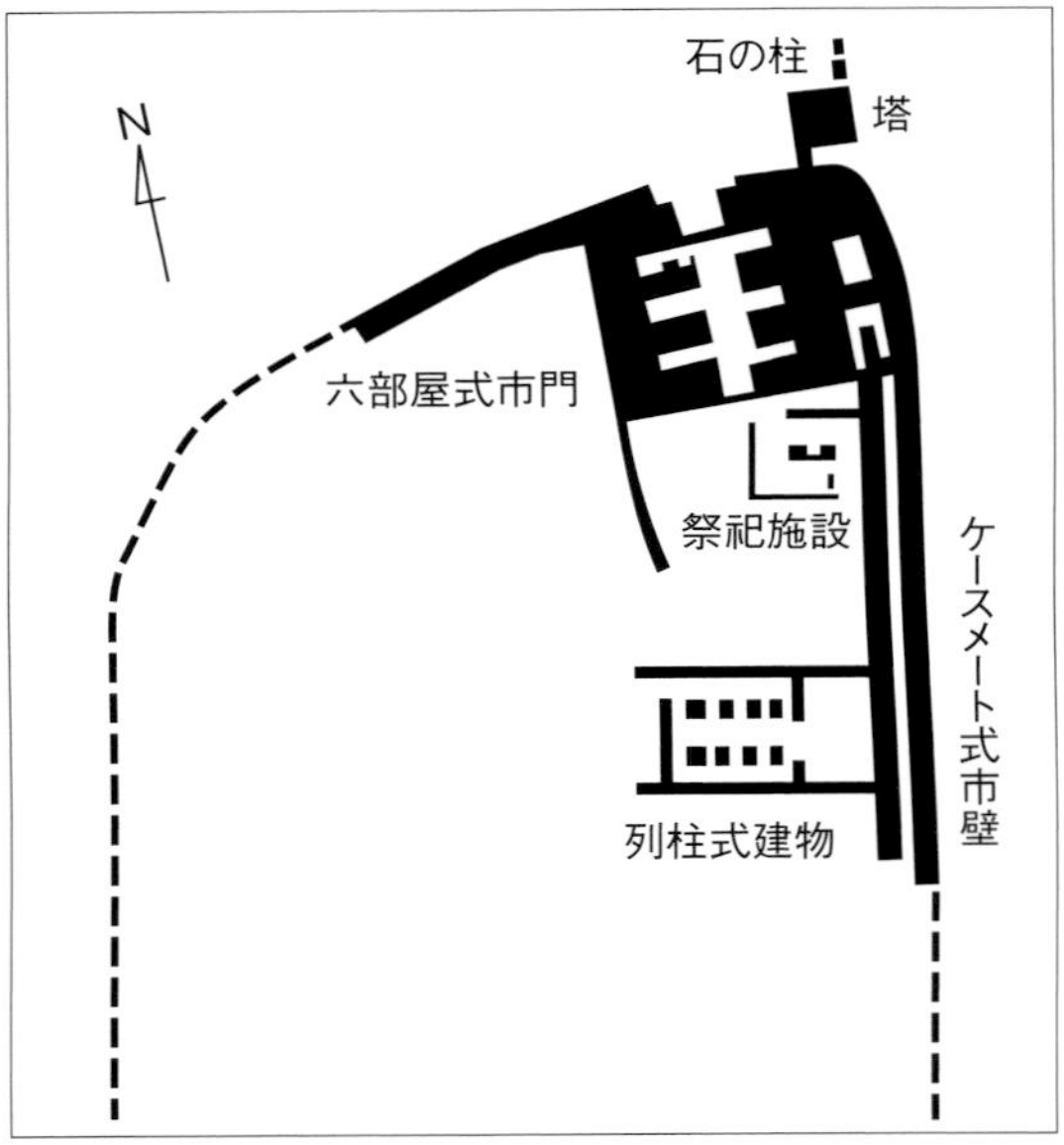

▲ヒルベト・ムダイナ遺跡（モアブ）のプラン　ケースメート式市壁、四部屋式市門、列柱式建物などが確認できる。

▲テル・アンマン　アンモン王国の首都ラバの遺跡である。

▶典型的なアンモン土器（アンモン）

◀モアブ石　モアブがイスラエルから独立したことを記した石碑。

ことを指して「私たちの祖先はさすらいの（滅びゆく）アラム人でした」と語っているのは、北シリアを新たな名称で呼んでいるだけではなく、自分たちはアラム人と同系統の人々であるという伝承を維持していた可能性が考えられる（4章参照）。

実際、ケースメート式市壁や部屋のついた市門、列柱式建物などは、イスラエルとゲシュルだけでなく、トランスヨルダンのアンモン、モアブ、エドムの遺跡でも知られている。これらの人々は聖書でもイスラエルの親戚の部族とされており、やはりアラム人の影響を受けていた可能性が高い。もし彼らも自分たちは元来北シリアから来た遊牧民だという記憶を持ち、イスラエルが新たな民族としてまとまった時に別の道を選んだ人々であったとすれば、アラム文化を受け入れる素地は十分にあったといえるであろう。

ソロモンの富

こうしたソロモンの国家建設における資金は、どこから得られたのであろうか。聖書は彼がフェニキア人と共同で紅海貿易を行った（列王記Ｉ九・二六～二八）としており、その資金源として興味深い。この貿易では、アラビア半島の乳香、没薬などの香料の他、アフリカの金や白檀などの高価な木材、バルサム油、象牙や動物などを西アジア全体に輸入し、莫大な収入となったと思われる。

ソロモンのもとにシェバの女王が訪問したという記事（列王記Ｉ一〇・一～一三）も、これと関

▲ウンム・アル・ビヤラ遺跡（エドム）　奥の平らな岩山の上に町がある。手前はペトラ遺跡。

▶エン・ハツェバ遺跡（エドム）出土の神殿

係していたのかもしれない。エチオピアの伝承では、ソロモンとシェバの女王の間にロマンスがあり、王子が与えられたとされるが、聖書にその記録はない。シェバ国はおそらく現在のイエメンとアフリカ側の対岸（エリトリア、エチオピアあたり。聖書の「オフィル」？）にあったとされる。その存在は現在のところ前八世紀までしか確認されていないが、サウジアラビアの考古学は近年日進月歩なので、

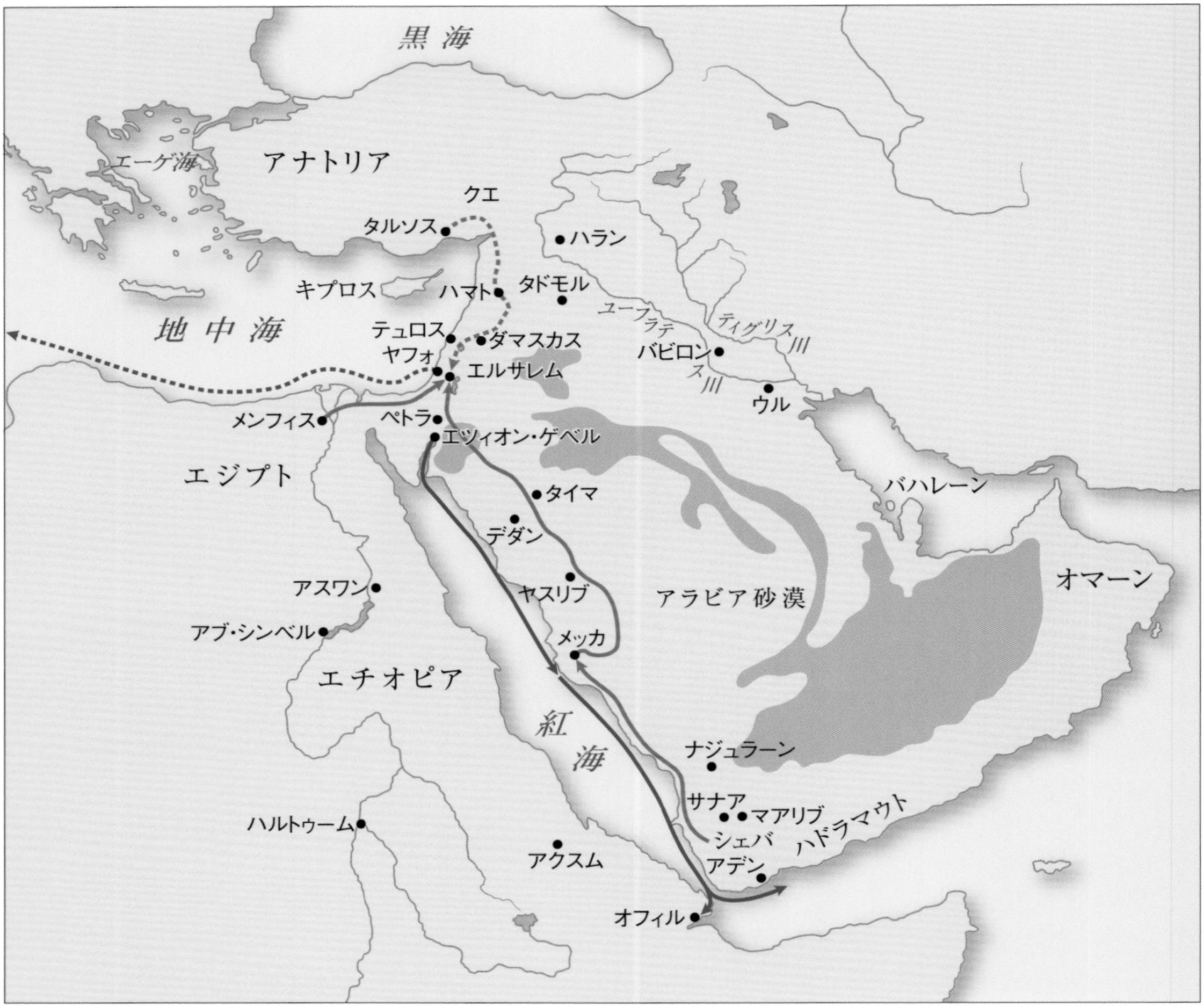

▲ソロモンとフェニキア人による紅海貿易　クエからの馬の輸出入や銅鉱山の振興なども行ったようである。

▶新ヒッタイトやアラムの都市に特徴的なオーソスタット（玄武岩製の腰板）

この点も遡ってより古い時代のことがあきらかにされるかもしれない。

紅海とエルサレムを結ぶネゲブ砂漠では、前一〇世紀に多数の砦が築かれたことが知られており、ソロモンの活動と関係していた可能性が指摘されている。また、テル・カシーレからは「オフィルからの金」と記されたオストラコン（前八世紀頃）も出土しており、この貿易が実際に行われていたことを示している。ソロモンの死後すぐにエジプト王シシャク（シェションク一世）がイスラエル南部を攻撃したのも、この交易路を握るためだったといわれている。

まとめ

以上のように、ソロモン時代にイスラエルが中央集権的な国家体制を築いたことは考古学的に跡づけることができる。その背後には、当時勢力を伸ばしていたアラム人たちの影響もあったであろう。一部の研究者たちが指摘するような統一王国はなかった、あるいは弱小だったという説は、6章の①②③すべての点で根拠が弱い。そもそも理想の国家としての統一王国の記憶がなかったとしたら、イスラエルは一二部族で一つの民族であるとする意識がどこから来たのか説明できず、後に北王国が滅亡して南王国だけになった時に、南王国の王たちが自分たちをイスラエルとみなし北王国の残りの者たちに呼びかけて一二部族によるイスラエルの再統一を呼びかけた（歴代誌Ⅱ三〇章、三五章）ことも理解できなくなる。

▲マアリブ遺跡（シェバ）で発掘された月の神の神殿

▲「オフィルの金」オストラコン

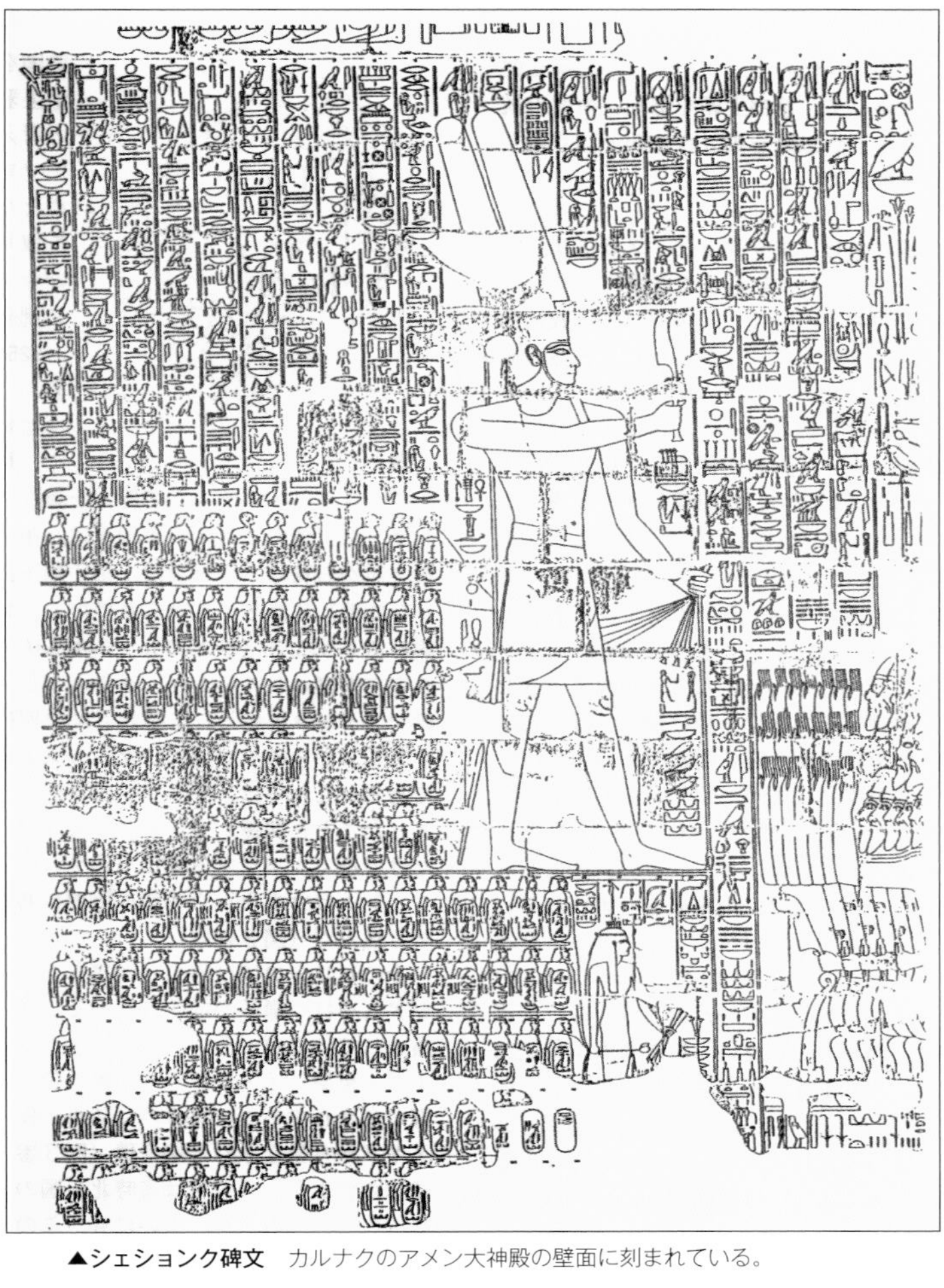

▲シェションク碑文　カルナクのアメン大神殿の壁面に刻まれている。

8章　北王国イスラエルの歴史と新アッシリア帝国

王国の分裂

ソロモンの死後、イスラエル王国は南北に分裂し、北王国はイスラエル、南王国はユダと名乗った。しかし、両方ともダビデ・ソロモン時代ほどの力はすでになく、結局、北イスラエルは前七二一年に新アッシリアに滅ぼされ、南ユダも前五八六年に新バビロニアに滅ぼされて捕囚に連れられて行くこととなった。

ダビデ王家とエルサレム神殿が継続したのは南王国であったが、こちらについたのはユダとシメオン二部族だけだった。それに対して、北王国には一〇部族が加わった。当然、北イスラエルのほうが面積も広く、地中海やガリラヤ湖、ヨルダン川にも接しており、資源や交通の面でもはるかに有利な条件にあった。しかし、北王国には政治的にも宗教的にも正統性が欠けており、クーデターにつぐクーデターが起こり、南王国よりも先に滅亡することとなる。

金の子牛の高き所

ソロモン王亡き後の混乱に乗じて北王国を建設したのは、ヤロブアムであった。この背景には、ソロモンの息子で南王国の王となったレハブアムの無能さや重税に苦しむ人々の不満もあったが、ユダ族中心の王国運営に対する北の部族の不満もあったと思われる。

ヤロブアムは自分の王位を確立するために、王国の南端のベテルと北端のダンに金の子牛の高き所を築いて国家聖所とした。王国を設立しても、人々がエルサレム神殿に行きつづければ内側から瓦解するからである。ベテルは元来族長ヤコブが天の梯子の夢を見るという特別な宗教体験をした所であり、ダビデ王に油を注ぎ戴冠した預言者サムエルとも縁が深いイスラエルの伝統的な聖所であった。ダンも古くから聖所として機能してきたことが知られている。ヤロブアムはこれらの伝統に訴えて、自分の

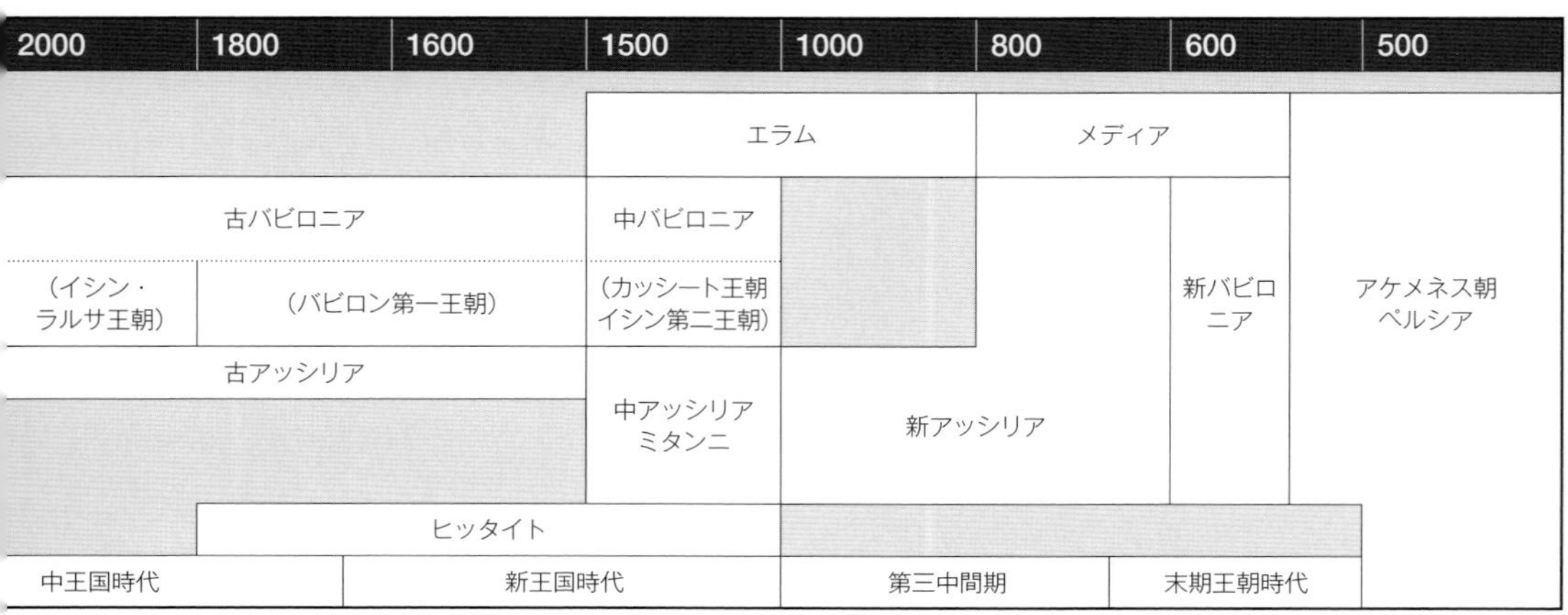

▲**ダン遺跡の高き所**　左から祭壇、階段、基壇が見える。

▼**分裂王国時代の南レヴァント**　北王国のほうが地理的に有利な条件であることが見て取れる。しかし、北王国では約200年の存続期間に19人の王が立ち、その内9人はクーデターによるものであり、不安定な政権だった。

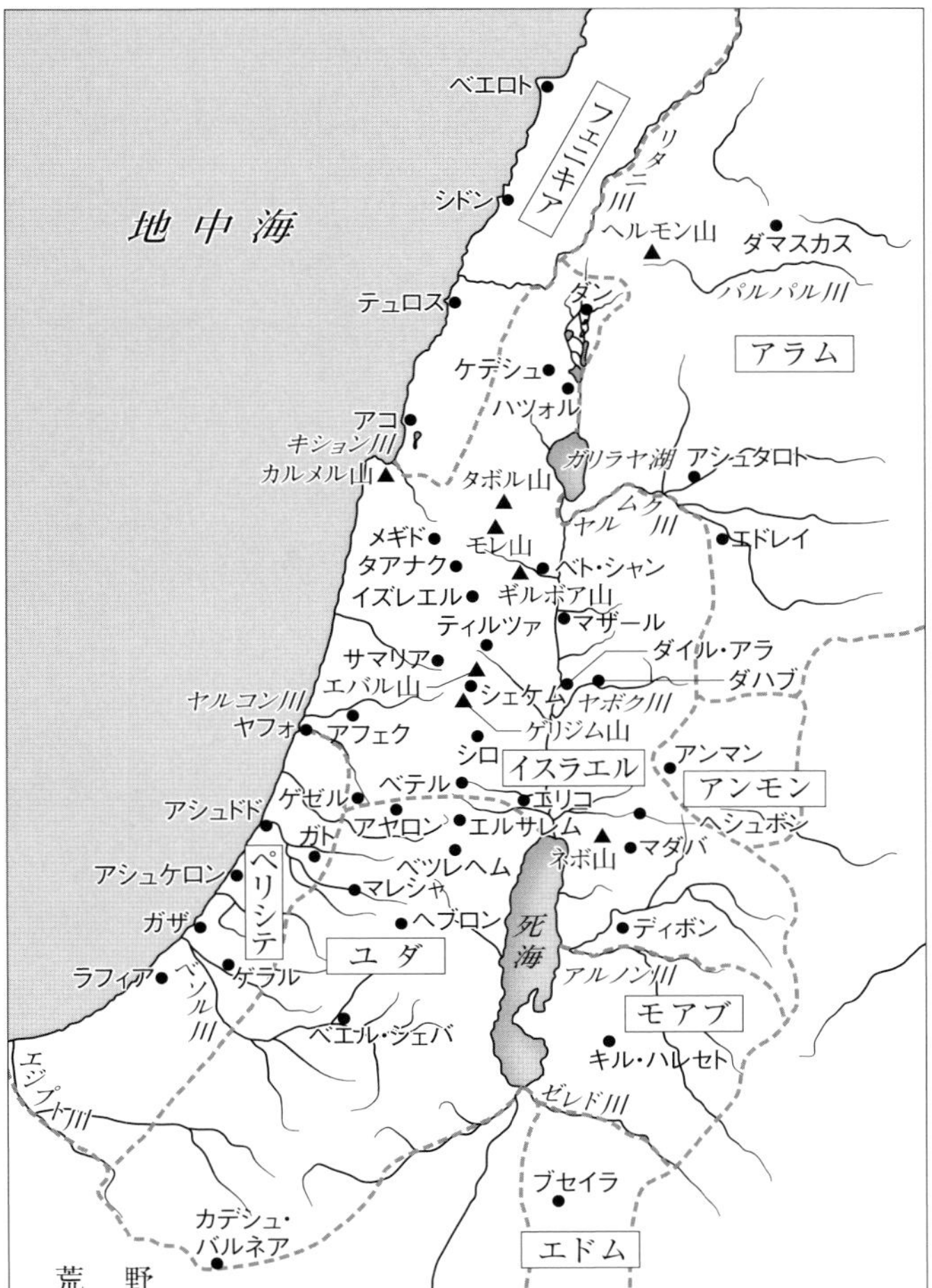

王国の正当性を示そうとしたのである。

　このうちダンの高き所はA・ビランによって発掘されており、その全体像がわかる。中核には約一七メートル四方の大きさの石製の基壇があり、後ろ半分には建物が建っていた可能性もある。基壇の前面には大きな階段がついていたが、この階段が最初期からあったかどうかは不明である。前の空間は一連の部屋で囲まれた中庭となっており、大きな祭壇が置かれていた。周囲の部屋からは、小型の祭壇や水を灌ぐ施設、ぶどう搾り機などが見つかっている。この施設は創建後かなり早い時期にアラム・ダマスカスに奪われ、イスラエルのものでなくなってしまった可能性があるが、最初期のものはヤロブアムによる建設であろう。ベテルではまだ高き所は確認されていないが、現在筆者らが発掘調査を行っている。

　高き所は「背中」を意味する語であり、おそらく元来は「山の背」など丘の上にあった屋外の聖所を意味したと思われる。実際ダンの高き所の構造は、エバル山で知られ

紀元前	2900	2350	2100
エラム			
バビロニア（シュメール）（アッカド）	初期王朝時代	アッカド王朝	ウル第三王朝
アッシリア			
シリア			
アナトリア			
エジプト	古王国時代		

▲**メソポタミアの年表**

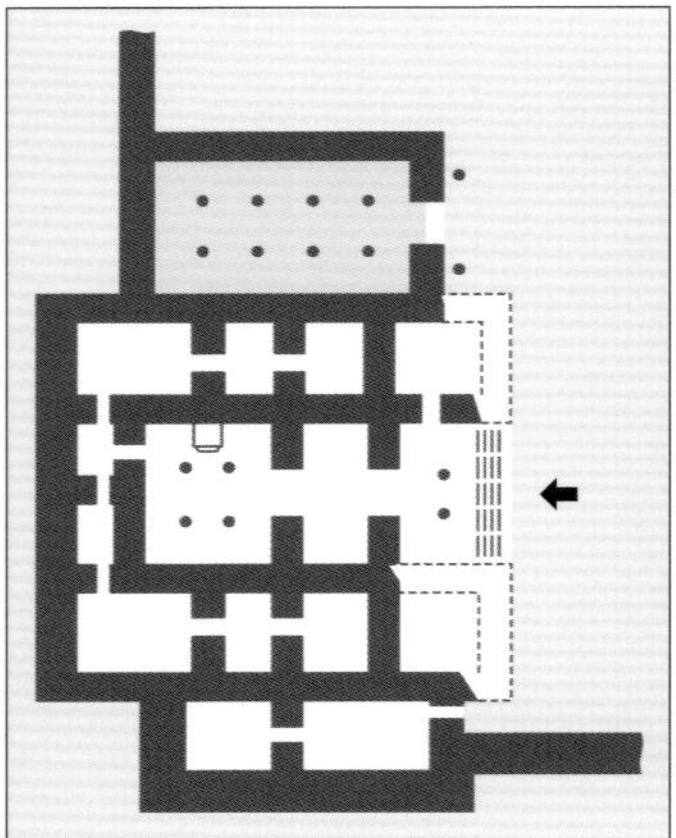

▲▶**サマリア宮殿とそのプラン図**　R. チャップマンによる推完復元図（Chapman, 2017, 29）

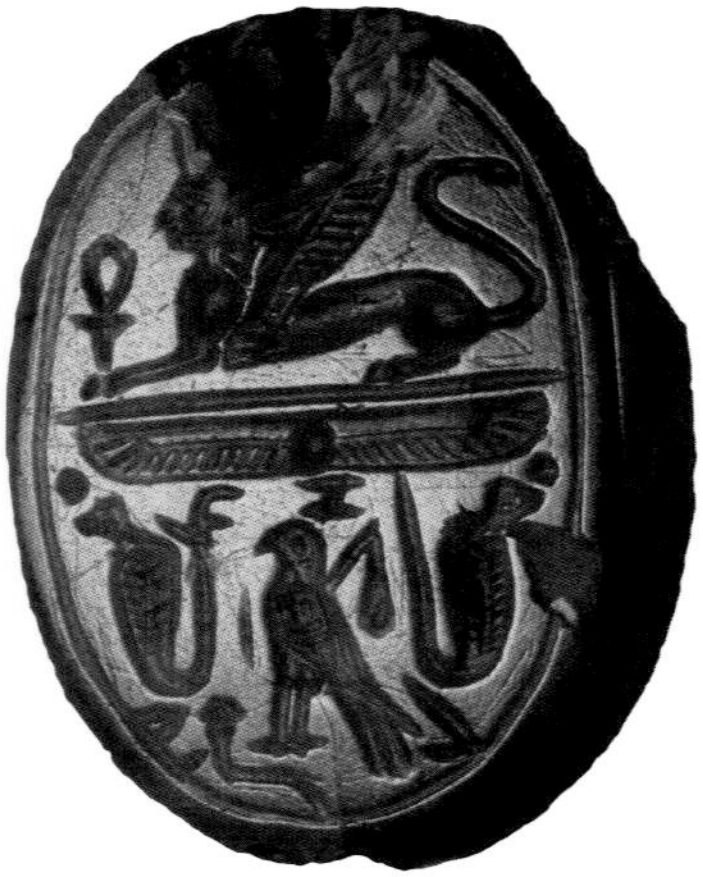

▶**ラマト・ラヘル遺跡出土の欄干**　左頁の窓からのぞく女性の象牙板と比較されたい。

◀**王妃イゼベルの印章**（イスラエル博物館蔵）

るヨシュアの高き所ではないかとされる遺構（5章参照）と非常によく似ている。同じような四角い基壇状の宗教施設はギローやテル・レホヴでも知られており、遊牧を背景としたイスラエル人にとってはこのような聖所こそ伝統的なものだったのであろう。イスラエルではエルサレム神殿以外にほとんど神殿が造られることはなく、こうした聖所が地方の宗教活動の中心であった。ヤロブアムは、高き所のうち特別なものをベテルとダンに造ったものと思われる。

オムリ王朝とフェニキア(1)
——経済的側面

前九世紀になると、オムリとその息子アハブによってオムリ王朝が確立され、フェニキアの都市シドンと同盟した。フェニキア人は積極的に地中海貿易を展開して発展しており、経済的なメリットを考えた上のことだと思われる。北の隣国アラム・ダマスカス、南の隣国ユダの圧力を感じていたことも背景にあったであろう。特にアハブはシドンの王女イゼベルと結婚したため、フェニキアの影響力が強くなり、批判を招くきっかけとなった。

オムリ王朝の繁栄は、その首都サマリアの宮殿に見ることができる。この宮殿はおそらくビト・ヒラニ型式であったと思われるが、その一角から家具などを飾った象牙細工の飾り板が多数発見された。これらはフェニキアの特産品で、アッシリアの王宮等からも出土している。預言者アモス（アモス書三・一五、六・四参照）は、当時の金持ちたちが「象牙の寝台に寝そべって宴会をしている」姿を非難し、一部の人だけが贅沢になり社会的弱者を思いやらなくなったことの象徴としている。

その離宮があったイズレエルのすぐ近くにはナボトという人物のもつぶどう園があったが、アハブとイゼベルはナボトを殺して無理やりこれを取り上げてしまったことも記されている（列王記Ｉ二一章）。イズレエルの遺跡のすぐ東側の麓には非常に豊かな泉があり、現在でも近隣の人たちの憩いの場となっており、大型のぶどう酒の酒船も見つかっている。このような出来事は、

◀フェニキアの象牙　窓からのぞく女性（左、ニムロド出土）とケルビム（右、サマリア出土）。

◀ナボトのぶどう園　ぶどう酒の酒船と思われる巨石が知られている。（写真提供：ＰＰＳ通信社）

◀アンマン遺跡出土の女性頭部像　女性はアスタルテの巫女（あるいは神殿娼婦）と考えられる。上の「窓からのぞく女性」とよく似た頭部像が複数出土している。

▶土器に入れられた銀塊　貨幣の代わりに用いられた。商業活動が活発になったことがわかる。

▲**タアナク遺跡出土の香台**　ヤハウェと生命の木や女性像が併わせ描かれている。多神教的な図像（ヤハウェと配偶女神）と理解する者もいるが、ヤハウェが豊穣を司ることを描いているのかもしれない。

▲**テル・アル・ファルア（北）遺跡の四部屋式住居**　大小の違いが認められるようになっている。

▲**後期青銅器時代と鉄器時代Ⅰ～ⅡA期の土偶**　左側二つが後期青銅器時代、右側2つが鉄器時代Ⅰ～ⅡA期のもの。

経済優先で社会格差を気にしない北王国の性格を反映しているであろう。

　この時代の遺跡からは、天秤ばかりやその錘、貨幣の代わりに用いられたと思われる銀塊が出土しており、商取引を反映するオストラコンや印章なども多数見られるようになる。これらも、この時代に経済活動が発達したことを示しているであろう。

　一方、ほとんどすべての住居は「四部屋式」と呼ばれる構造となっていた（5章参照）。四部屋式住居自体は、家の中央広間からどの部屋にも等距離で行くことができ、各人の権利を平等に尊重する構造だったとされる。この型式は都市化が進んだ後も維持され、墓も同じ構造を取るようになったことから、単なる一様式ではなく、人々のアイデンティティと関わり「神の民」の平等性を象徴するものとして維持されたと思われる。しかし、分裂王国時代になると、特に北王国では特別に大型の四部屋式住居が見られるようになる。このことはおそらく実質的な社会格差が広がってきたことを反映するものであろう。

オムリ王朝とフェニキア(2)
——宗教的側面

フェニキアとの関係は、こうした経済面における社会不正義だけでなく、異教の導入も招くこととなった。イスラエルは元来ヤハウェ信仰をもとに集まった人々であったが、フェニキアではカナン時代からのバアルやアスタルテ信仰が継続されていた。バアルは嵐と王権の神、アスタルテは金星の女神で、戦争や豊穣を司っていた。イゼベルが王妃としてイスラエルにやってくると、こうした異教の礼拝が公然となされ、ヤハウェの預言者が殺害されるようになった。それに反対して立ち上がったのが預言者エリヤとエリシャである。特にエリシャは、ニムシの子（孫）イエフーに油を注いでオムリ王朝を討ち、新しい王朝を立てるように導いたことが聖書に記されている（列王記Ⅰ一九・一六、列王記Ⅱ九章）。

この時代のイスラエルが異教に対してあいまいな姿勢を取っていたことは、鉄器時代ⅡA期の北王国領から多数の土偶や土製神殿模型が出土することからもわかる。後期青銅器時代の女性土偶は神の象徴である冠や角を頭に乗せた裸体の女性像が多く、女神自身を表していたと思われるが、鉄器時代のものはヴェールをかぶった着衣のものとなり、おそらく直接的な女神の描写ではなく、巫女など人間の女性像になる。しかし、これらの土偶はアスタルテを連想させる太鼓を持っており、おそらく戦勝や豊穣祈願に用いられたものだと思われる。これらの存在は、ヤハウェ信仰を捨てたわけではないが、異教の要素も取り入れる折衷的な姿勢を反映している。一方、南王国からは、この時期この種の宗教遺物は一切出土しない。

また、ヨルダン川に近い大きな都市遺跡テル・レホヴ遺跡では二〇一七年まで発掘調査がなされ、祭壇などを伴う大型建物からニムシと刻まれたオストラコン二点とエリシャとインクで記されたオストラコン一点が出土して注目されている。エリシャはヨルダン川東岸のアベル・メホラの出身であるが、ニムシの子イエフーを王として戴冠し、クーデターをしかけるまでしばらくテル・レホヴに滞在していたものと思われる。預言者エリヤやエリシャの記事には多くの奇跡が記されており、その歴史性がしばしば疑われてきたが、少なくともエリシャの実在性とニムシとの関係性は確認されたこととなる。

▲テル・レホヴ遺跡の大型住居「エリシャの家」
ここからエリシャやニムシの名の記されたオストラカが出土しており、祭壇などの宗教施設も存在していた。(Mazar, A. 2016, fig.9)

▲ニムシの名の刻まれた土器片（オストラコン）
(Mazar, A. 2016, fig. 7a)

▲▼インクでエリシャと書かれたオストラコン
(Mazar, A. 2016, fig.10)

▶シャルマネセル三世の黒色オベリスク
◀サルゴン二世像（左右写真二点：PPS通信社）

▶戦車に乗るティグラトピレセル三世

新アッシリアの脅威

オムリ王朝を討ったイェフーは王位についたが、その時にはすでに別の問題が起こっていた。新アッシリアが西アジア世界全域の支配をめざして勢力を伸ばしつつあったのである。

アッシリアは北メソポタミアのバリフ川周辺を中心としたセム系の国家であるが、前一二〇〇年頃の西アジアの大変動でいったん力を失っていた。しかし、前九世紀になると再び勢力を盛り返し、アッシュルナツィルパル二世（在位前八八三年～前八五九年）のもとで西方の失地回復に乗り出し、北シリアやレヴァント地方まで遠征を行うようになった。この時期のアッシリアのことを新アッシリアと呼ぶ。

その後継者シャルマネセル三世（在位前八五八年～前八二四年）も同じ政策を引き

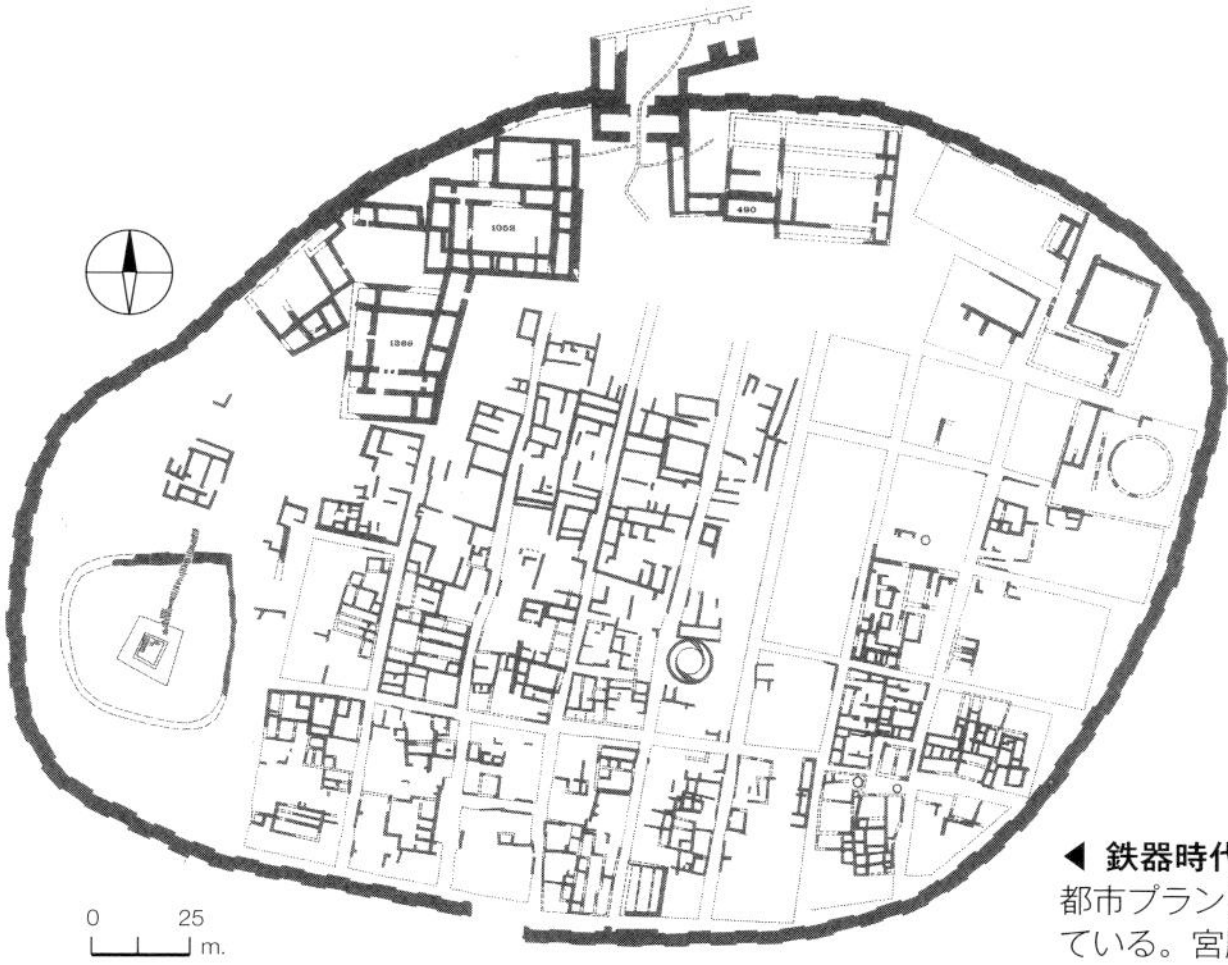

▲メギド遺跡のアッシリア式宮殿

◀ **鉄器時代ⅡC期のメギド遺跡のプラン**　この時代のメギドは、碁盤目状の都市プランと特徴的な宮殿を持つアッシリア様式の町に変えられことが知られている。宮殿遺構は町の北側に見られる。（Herzog, 1992, p. 256, fig. 17）

継ぎ、前八五三年にはカルカルの戦いでアラムやイスラエルなど一二人の王たちの連合軍と戦ったことをクルク碑文に記している。それまでアラム・ダマスカスとイスラエルは互いに南レヴァントの覇権争いをしていたが、この戦いでは同盟を結んで戦わざるを得なくなったことがわかる。また、北イスラエルのアハブ王も多数の戦車をもって参戦しており、かなりの戦力を持っていたことが知られる。同じシャルマネセル三世の碑文「黒色オベリスク」には、王位を奪ったイエフーがアッシリアに朝貢をして臣従を誓う姿が描かれている。オムリ王朝を倒しても、イスラエル自体の危機は去らなかったのである。

　さらにアッシリアのティグラトピレセル三世は、前七三四年にエジプトとの境まで遠征し、前七三三年にハツォル、メギドなどイスラエル北部の諸都市、前七三二年にアラム・ダマスカスを征服した。この時、首都のサマリアだけは滅ぼされなかったが、ティグラトピレセル三世が亡くなると、前七二四年にイスラエル王ホシェアが再び反乱を起こした。新しいアッシリア王シャルマネセル五世はすぐにサマリアを包囲し、前七二一年に陥落させた。ところがアッシリアでも同時に謀反が起こり、サルゴン二世が王位についたので、この勝利はサルゴン二世のものとされ、その「統治第一年に二万七二九〇人を連れ去った」と記録されている。いわゆるアッシリア捕囚である。

北王国イスラエルの滅亡

　これらの戦いの破壊層はシリア、南レヴァントの多くの都市遺跡で確認されている。前八世紀のイスラエルではケースメート式市壁に代えて分厚い一枚壁の市壁が造られるようになった。市壁を壊すアッシリアの武器「破城槌」に対抗するためだったと思われる。例えば、テル・レホヴ遺跡では幅九メートルもある市壁が知られている。しかし、その内側からは惨殺されたまま放置された遺体も見つかっており、抵抗虚しく町が滅んだことがわかる。

　実際北王国の領域では、前七世紀以降（鉄器時代ⅡC期）の居住はほとんど確認できなくなり、都市で復興したのはアッシリア代官の宮殿の置かれたメギドだけである。アッシリアは、バビロン、クテ、セファルワイムなどの人々をサマリア周辺に移住させた。そのため、この地の住民は混血が進み、後に「サマリア人」と呼ばれてユダヤ人から蔑視されることとなる。

　一方、イスラエルの住民の多くも北シリアやメソポタミアに捕囚に連れ去られ、移住させられた。日猶同祖論（日本人ユダヤ人説）では、この時「失われたイスラエルの一〇部族が日本まで来た」とするが、その根拠はほとんどない。ダビデの星など共通した要素が日本とユダヤにあるとするが、それらが日本まで到達した経緯をたどることはできないからである。アッシリアは被征服民のアイデンティティを失わせるために捕囚に連行するのであり、そのことはアッシリア捕囚でも起こったと思われる。

一方、聖書は北イスラエルの一〇部族は失われることなく、南王国ユダに逃げ込み生きのびたという立場を取っている。事実、この地の住民のすべてが捕囚に連れ去られたのではなく、多くの者が南で難民となり、エルサレムの人口が急増したことが知られている。また、その後も南の二部族以外の系図も維持されていた。むしろ王国が分裂していた時代が異常で、イスラエルの一二部族はこの時点で本来の形に再統一されたと見ることもできる（エゼキエル書三七・一五～二二、歴代誌Ⅱ三〇～三一章参照）。

地中海の商人フェニキア人 Column 6

フェニキア人というと、地中海を股にかけた船乗りで、アルファベットをヨーロッパにもたらした人々というイメージが強いであろう。聖書にもソロモンが神殿を建てる際にレバノン杉や職人を提供し、一緒に紅海貿易を行ったことが記されている（列王記Ⅰ五章、九・二六～二八）。北王国のオムリ王朝がフェニキアに接触したのも、その経済力や文化の恩恵にあずかりたかったからであろう。

フェニキア人は現在のレバノンやイスラエル北部の沿岸都市を母国として、カルタゴ（チュニジア）やカデス（スペイン）など地中海各地に植民都市を築き、積極的な交易を行った。しかし、「フェニキア」という語はギリシア人が彼らを呼んだ言葉で、彼ら自身にその意識はなかったと思われる。実際にはシドン、テュロス、ビュブロスなどそれぞれの町は独立しており、イスラエルやユダのような領域国家を形成していたわけではないからである。

そのため、いつフェニキアが始まったかも定義の仕方で変わってしまう。ビュブロスではすでに前期青銅器時代からエジプトにレバノン杉を送ったりしていたが、これをフェニキアと呼ぶべきかどうかは課題である。現実的には、鉄器時代以降の人々をフェニキア人と呼ぶことが一般的であろう。

　フェニキア人はおそらく青銅器時代から沿岸都市に住んでいたカナン人の末裔で、イスラエル王国が確立した時、北西部に押しやられて生き残った者たちだったと思われる。それまで地中海交易を担っていたミケーネ文明が崩壊し、海の民との接触もあったので、地中海貿易がさらに盛んになったのであろう。すでに前九世紀にはキプロス島やカルタゴに植民地を築いていたことが知られている。

　その後、フェニキアの諸都市は新アッシリア、新バビロニア、アケメネス朝ペルシアに征服されたが、支配者が誰であろうと生き残り、その手先となって地中海貿易を担った。また、ヘレニズム時代になるといち早くヘレニズム化した。国家イデオロギーのようなものはなく、よくいえば非常に現実的に生きた人々であった。

　それぞれの町は小さく、海岸線沿いの小島や半島を伴う地形に造られることが一般的であった。物質文化のレベルは高く、都市は碁盤目状に計画され、高層住宅も建てられた。港も整備され、外港、内港に分けられ、船を曳き込む「コトン」と呼ばれるドックも造られていた。

　工芸技術も高く、象牙細工はオムリ王朝の王宮だけでなく、アッシリアの宮殿からも知られている。精巧な打ち出し細工を施した貴金属製の鉢や紫に染めた布なども特産品であった。「フェニキア」という語自体「紫」から来ているとされる。フェニキア土器も美しく地中海

▲フェニキア・ガラスの例　この形状のものはアラバストロンと呼ばれ、元来は雪花石膏や土器で作られていたが、後にガラスで作られることが一般的になった。罪を赦された女がイエスに香油を注いだ記事（ルカ7：37）では、香油は石膏（アラバスター）の壺に入れられていたとされるが、おそらくこうしたものだったであろう。

▶フェニキア人の活動範囲

各地から出土しており、考古学的には重要な年代決定の指標となっている。ガラス細工では、地中海岸の砂が原材料となった。後のローマ・ガラスと呼ばれるものも、実際はこの地方で作られている。

フェニキアの宗教は基本的にカナンの伝統を継承していた。しかし、主神はエルからバアルに、中心的な女神もアシラトからアスタルテに移っており、都市毎に少しずつ違う名前で呼ばれていた。多神教ではあったが、事実上この一対の神々に重要性が集中していた。こうした点は、旧約聖書から知られるイスラエルの偶像崇拝の実態と合致している。

祭儀では犠牲の動物が献げられ、楽団が用いられ、神殿娼婦や男娼もいた。このため、フェニキア人は性的に不道徳な人々の代名詞ともなっていた。また、タニト（アスタルテの別名）に願掛けをするために子供を犠牲に献げる儀式が行われており、その墓はトフェトと呼ばれ、カルタゴやテュロスで発掘されている。聖書はエルサレムにもトフェトがあったとしており（エレミヤ書一九・一～六等）、ユダ末期にはフェニキアの影響が強かったことを示している。魔術も盛んに行われており、京都大学の調査隊は、かなり遅い時代（二世紀末～三世紀）のものであるが長文の呪詛板を発見している。聖書の預言者たちは、こうした宗教のあり方を厳しく批判している。

▲フェニキアの女性土偶

▲カルタゴの遺跡

▲典型的なフェニキア土器

▲カルタゴのトフェト

9章 南王国ユダの歴史とバビロニア捕囚

南王国ユダの拡大

前七二一年に北王国が滅亡すると、その人口のかなりの部分が南に流入し、南王国の勢力が拡大したことが知られている。ユダはアラム・ダマスカスや北王国イスラエルを中心とした対アッシリア反乱に加わっていなかったこともあり、滅ぼされなかったからである。北王国の滅亡から南王国滅亡（前五八六年）までの時期が鉄器時代ⅡC期である。

北王国滅亡時のユダの王はヒゼキヤであったが、聖書は彼がエルサレムで行われる「過ぎ越しの祭り（出エジプトの救いを記念する祭り）」に北王国の人々が参加するように呼びかけ、イスラエル一二部族の再統一をはかったことを記している（歴代誌Ⅱ三〇～三一章）。考古学的にも、北王国の南端の町ベテルやゲゼルで鉄器時代ⅡC期になった後も居住が継続していたことが知られており、南王国の領土となったと考えられる。エルサレムもヒゼキヤ時代に拡大し、住宅地がダビデの町と神殿の西にまで広がり、西の丘に新たな市壁が築かれたことが知られている。この市壁は幅が七メートルもあり、単に人口増に対応するだけでなく、将来起こりうる対アッシリア戦への備えでもあったと考えられている。

◀**アッシリアの角柱碑文**　セナケリブがエルサレムを包囲したことが記録されているが、エルサレムの征服は記されていない。

ラキシュの戦い

ヒゼキヤ王は、アッシリアのサルゴンⅡ世が死ぬと反乱を起こした。しかし、サルゴンの跡を継いだセナケリブはすぐに体制を確立して、ユダに報復攻撃をしかけてきた。この際、エルサレム以外のユダの大半の町は破壊され、危機的な状況に陥った。しかし、エルサレムは滅びず、その後一〇〇年以上も生きのびてアッシリアより長命だった。

このため、この出来事は奇跡的な「神の守り」と理解され、神が歴史を支配しているというイスラエル人の信仰を強めるものとなった。聖書はこの戦いを列王記Ⅱ一八～二〇章、イザヤ書三六～三九章、歴代誌Ⅱ三二章と三回も記録している。この事件はアッシリア側の記録にも、考古学的発掘調査からも知ることができるので、古代オリエント史上もっともよく知られた出来事だと言われている。

セナケリブの攻撃の様子は、彼のニネヴェの王宮の王座の間のレリーフに図像と文書で詳しく記されている。これは現在大英博物館で見ることができ、ユダ第二の町ラキシュにおける戦闘とその陥落の様子が劇的に描かれている。

レリーフには内外二つの市壁と市門、櫓が描かれており、櫓を巡る激しい攻防の様

▲ラキシュの市門と進入路

▲ラキシュ・レリーフ　（大英博物館蔵、写真：PPS通信社）

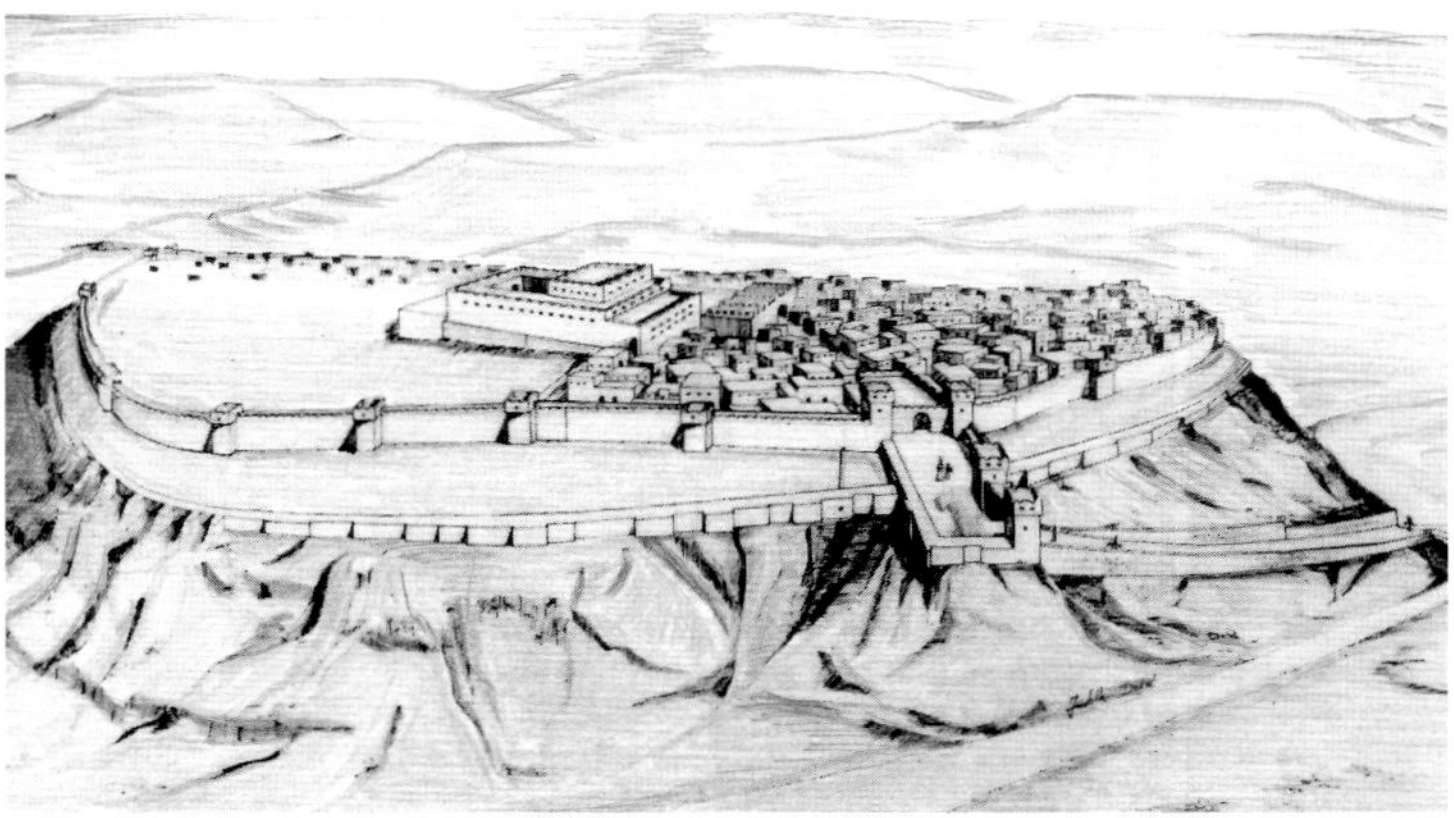

▲ラキシュ遺跡推定復元図　（Mazar, A, 1990, fig, 10. 17）

子が中央に配置されている。アッシリアは傾斜した進入路を市壁に向かって築き、その上を通って長い棒のついた破城槌で櫓を破壊しようとする様子が描かれている。町を守る兵士たちはこの破城槌を壊すためにたいまつや石を投げ、弓を射って反撃している。しかし、この図の右側にはすでに降伏して投降する人々の姿も見られ、くし刺しにしてさらし者にされる様子も描かれている。

新アッシリアのレリーフには、捕虜の舌を抜いたり、生皮をはいだり、手足を切断したりした様子もしばしば描かれている。このような情景を王座の間に描くことで、被征服民の反抗意欲をそぐことを意図していたと思われるが、イスラエル人がアッシリアを恐れた理由がよくわかる。

ラキシュ遺跡では大規模な考古学的調査も行われており、市壁、市門はもちろんのこと、アッシリア軍の築いた傾斜進入路も確認されている。この進入路は、これまで考古学的に知られている唯一の例であり、現在でも見ることができる。この進入路に対面する市壁の内側には、それに対抗するための土盛りの跡も確認されており、市壁が破られた時の備えがなされていたことがわかる。市壁の周囲からは、鏃や投石機の石、鎖、炭化した木片なども出土しており、戦闘の激しさを反映している。町の外側の洞窟からは、数千人分の遺体が見つかっており、この時の戦死者だと考えられている。

エルサレムの戦い

セナケリブはエルサレムをも攻撃し、町を包囲して降伏を迫ったが、成功しなかった。この攻撃に関して、聖書は二つの異な

▲シロアム碑文　ヒゼキヤ・トンネルの完成を記念している。（イスタンブール考古学館蔵）

▲ヒゼキヤ王の封泥　（右）E. Mazar, 2018, p.71
▲預言者イザヤの封泥　（左）E. Mazar, 2018, p.64

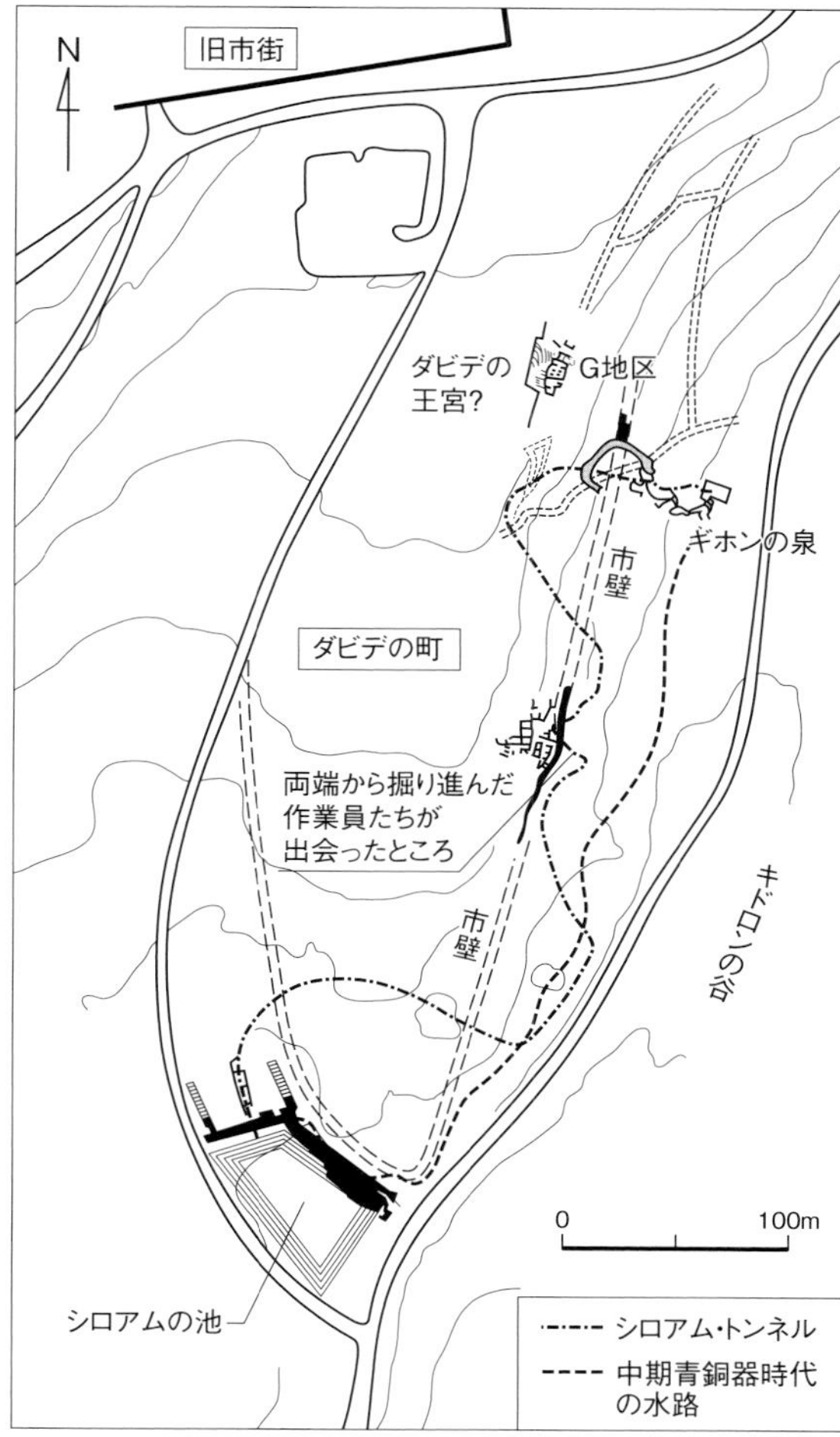

▲ヒゼキヤ・トンネルのルート

る結果を述べている。ヒゼキヤが降伏して貢物を送ったという記事（列王記Ⅱ一八・一三〜一六）と預言者イザヤに祈りを求め、エルサレムは守られたという記事（列王記Ⅱ一九・一〜三五）である。戦闘は実際に二回あったという説や本当は貢納して助かったのだが信仰的な記事を書き足したという説、二段階の対応が行われたという説などがあるが、結論は出ていない。

　ただヒゼキヤがエルサレム決戦にむけて周到な準備をしていたことは、考古学的にも知られている。ヒゼキヤが西の町に新たな市壁を築いたことはすでに述べた。「ダビデの町」には中期青銅器時代から大型の防御、水利施設があったが、ヒゼキヤはこれを全面的に改修して防衛力を高めた。新たな市壁が築かれ、水源のギホンの泉からは市壁内側のシロアムの池まで水をひく水路「ヒゼキヤ・トンネル」が掘削された（列王記Ⅱ二〇・二〇）。このトンネルは現在も残っており、水が流れていて歩くこともできる。その内側では完成を記す「シロアム碑文」が見つかっており、その書体も彼の時代のものであった。

　さらに、ユダの各地からは「ラメレク印影」と呼ばれる王室の印が取っ手に押された壺が一〇〇〇点ほど出土している。この印影には四つの羽を広げたスカラベか有翼日輪が描かれており、その下に「王のもの」という意味であるラメレクという語と地名が記されていた。地名はユダ各地の四か所のうちどれか一つであった。これらが出土

▲ヒゼキヤの築いた西の丘の市壁

するのはヒゼキヤ王の時代に限られており、王室の管理する農園のものであるとか軍隊の糧食用のものであるとか議論されている。いずれにしても、ヒゼキヤが国力増強に向けて努力していたことを表すものであろう。

　結局、セナケリブはユダの大半を征服し、エルサレムに包囲戦を敷いたものの、それを落とすことができず、突然撤退してしまった。この出来事を詳しく記しているアッシリアの角柱碑文にも「私のくびきに従わないユダのヒゼキヤに関しては、彼の四六の市壁のある町を包囲、征服し、……彼自身を籠の鳥のようにエルサレムに閉じ込めた」と記されているが、エルサレムが征服されたとは書かれていない。もしこの時エルサレムが陥落していたら、ニネヴェの王宮レリーフのモチーフは当然エルサレム陥落の情景となっていたはずである。

　撤退の理由は不明であるが、聖書は「主の使い」に討たれたためだと説明している。それが何を意味するとしても、人々はヒゼキヤ王が預言者イザヤに祈りを求め、自分でも真剣に祈った（列王記Ⅱ一九章）ためだと理解した。この出来事は、神による守りの典型例として理解され、聖書の信仰が確立されていく基礎の一つとなった。

▲シェブナの墓石　書体もシロアム碑文と非常によく似ており、ヒゼキヤ時代のものである。（写真：The British Museum Images）

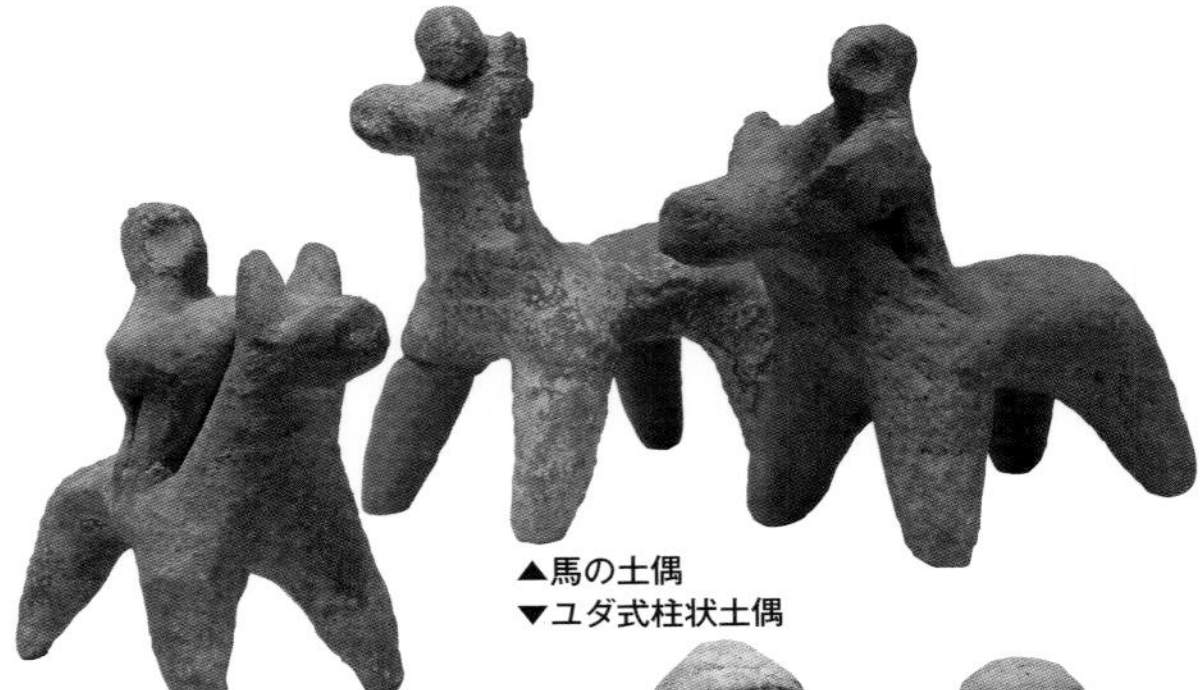

▲馬の土偶

▼ユダ式柱状土偶

▲アラド神殿　イスラエル博物館の移設展示。アラドはユダ南端の砂漠地帯にあり、エルサレム以外で考古学的に知られている唯一の神殿の例である。ただし、構造は城塞神殿とは異なっており、どのような性格の神殿なのか議論がある。

　これと関連して非常に興味深い遺物が、最近の発掘調査であきらかになっている。エルサレムの神殿の丘南端で見つかった王宮建築（7章参照）の一部からヒゼキヤ王と預言者イザヤの印影が押された封泥が出土したのである。ヒゼキヤ王の印のついた封泥はほかにも数点知られているが、預言者イザヤのものは初めての発見である。イザヤのものは残念ながら上部が破損しているが、おそらく三段になっており、最上段には祝福のシンボルであるカモシカが草をはむ様子が描かれていたと思われる。二段目にイザヤの名、最下段に預言者という語が記されていた。これらが同じ場所から見つかったことは、イザヤがヒゼキヤ王の補佐官として非常に近い関係にあったことを表している。聖書学では、イザヤ書の記者は第一イザヤ、第二イザヤ、第三イザヤと文学的内容によって分けて議論される傾向が強いが、第二イザヤ、第三イザヤがどのような存在であったとしても、「史的イザヤ」の実在性が確認されたことはその解釈に一石を投じるものとなるであろう。

物質文化の変化

北からの人々が流入し、アッシリアの攻撃に持ちこたえたことで、ユダ王国は一時的な繁栄を得ることとなった。そうした物質的豊かさは鉄器時代ⅡC期の物質文化に表されているが、北王国の場合同様、社会格差を生むこととともなった。

例えば、この時代には石灰岩の崖を掘り込んだ大がかりの横穴墓が多数造られており、エルサレム「ダビデの町」に対面する墓からは「王家の執事［…］ヤフーの墓、金銀はここにない。…この墓を暴く者は呪われる」と記された庇(ひさし)の碑文が見つかっている。この碑文では肝心の被葬者の名前が欠損しているが、イザヤ書二二章にはヒゼキヤ王の執事であったシェブナが高い所にぜいたくな墓を築いたことが非難され、エルヤキムなる人物に取って代わられると記されている。この墓はシェブナのものだと思われたが、碑文の名前の最後にヤハウェの神名接尾辞ヤフーがついていることが問題であった。しかし、その後「シェブナヤフー／王の執事」という封泥が確認されたことで、彼の名は短縮形でシェブナと呼ばれることも、より完全な形でシェブナヤフーとも呼ばれることもあったことがわかった。実際後のイザヤ書三六～三七章で、彼は書記に降格されてエルヤキムに次ぐ者として登場する。こうした出来事は、上流階級が社会的弱者を顧みず問題となっていた姿を反映している。

また、この時代のユダからは、それまでほとんど見ることがなかった土偶が出現するようになり、異教の影響が強くなったことも看取できる。とりわけユダ式柱状土偶と呼ばれる柱状の下半身に大きな胸をもつ上半身がつけられた女性土偶は、鉄器時代ⅡC期のユダからのみ出土することが知られている。この土偶はアッシリアの女神イシュタルの別名「天の女王」を表す可能性が高く、すでにアッシリアの影響が高まっていたことを反映しているであろう。また、馬など四つ足動物の土偶も多数見られるようになり、太陽崇拝やヤハウェ崇拝との関係が議論されている。

ユダ末期の預言者エレミヤの描く偶像崇拝の姿は、バアルやアスタルテなどカナンやフェニキアの神々が主体だった北王国とはかなり様相が異なっており、そうした変化を反映していると思われる。こうした状況に対して、聖書はヨシヤ王が高き所を破壊するなど、異教の聖所を取り除く宗教改革を行ったことを記している（列王記Ⅱ二三章）。ユダ南部のアラド神殿が、この時期に意図的に破壊されているのも、こうした活動と関連している可能性がある。

旧約聖書（律法）の全体は「全身全霊で神を愛すること」と「隣人を自分のように愛すること」の二点にかかっているとされる（出エジプト記二〇・一～一七：申命記六・四～五・レビ記一九・一八：マルコの福音書一二・二八～三四）。しかし、ユダ王国の末期には、北王国同様これらが二つとも崩れており、神の民としての資格を失って捕囚に行かざるを得ない状況になったと預言者たちは指摘している。

バビロニア捕囚と預言者エレミヤ

この間メソポタミアでは強力だった新アッシリアが一気に新バビロニアに滅ぼされ、西アジア世界の覇権交代が起こった。新バビロニアのネブカドネザル二世は、アッシリア同様西方に拡大政策を行い、ユダに迫

▲**バビロニア年代記**　（写真：PPS通信社）

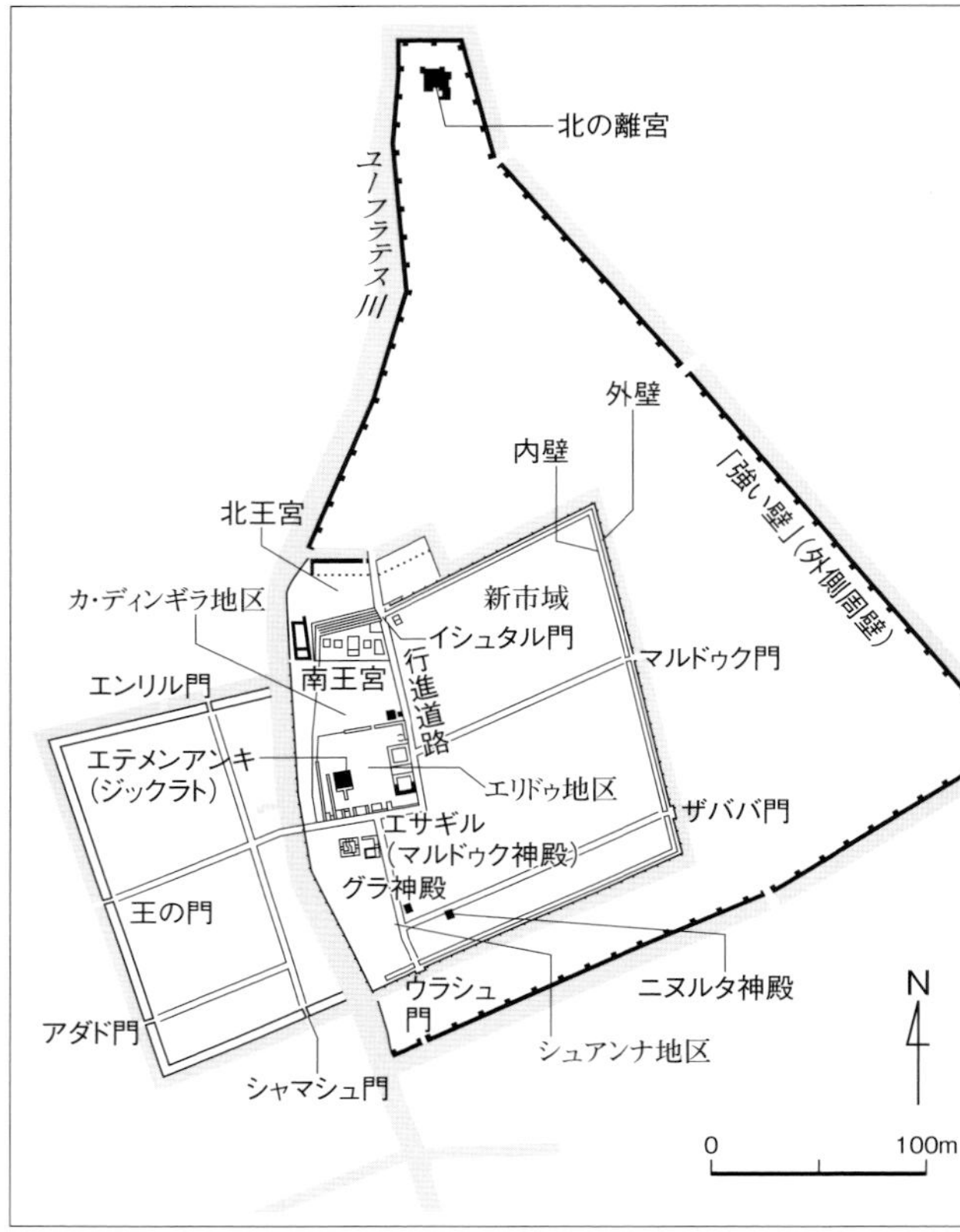

▲**バビロンの都市プラン**

ってきた。聖書は、ヒゼキヤが預言者イザヤに聞き祈ったのとは対照的に、ユダ最後の王たちがエジプトを頼りに独立を主張するかバビロンに従うかで揺れ続け、神に聞こうとしなかったことを非難している（列王記Ⅱ二三・三一〜二五・二六・エレミヤ書三七・五〜一〇）。

　結果として、エホヤキン王は前五九七年にネブカドネザルに捕えられて捕囚に連れて行かれた（第一回バビロニア捕囚）。その叔父ゼデキヤが傀儡政権の王として立てられたが、結局反乱を起こした。ネブカドネザルはすぐにエルサレムを包囲し、前五八六年それを陥落させ、ゼデキヤを捕えた。ゼデキヤは目の前で息子を殺され、自分も目をえぐられて捕囚に連れ去られた。エルサレム神殿は焼き払われ、指導者層も捕囚に連行された。第二回バビロニア捕囚であり、これをもって古代イスラエル王国の歴史は終了する。

　第一回バビロニア捕囚の時の様子は、新

▲**エレミヤと関係する人物の封泥**　左上から時計回りにバルク　セラヤ、エラフメエル、ゲマルヤのもの（出典は順にAvigad 1997, fig. 417, 390, 470, 414）。

▲**イシュタル門と行進道路**　復元展示（ベルリン・ペルガモン博物館）

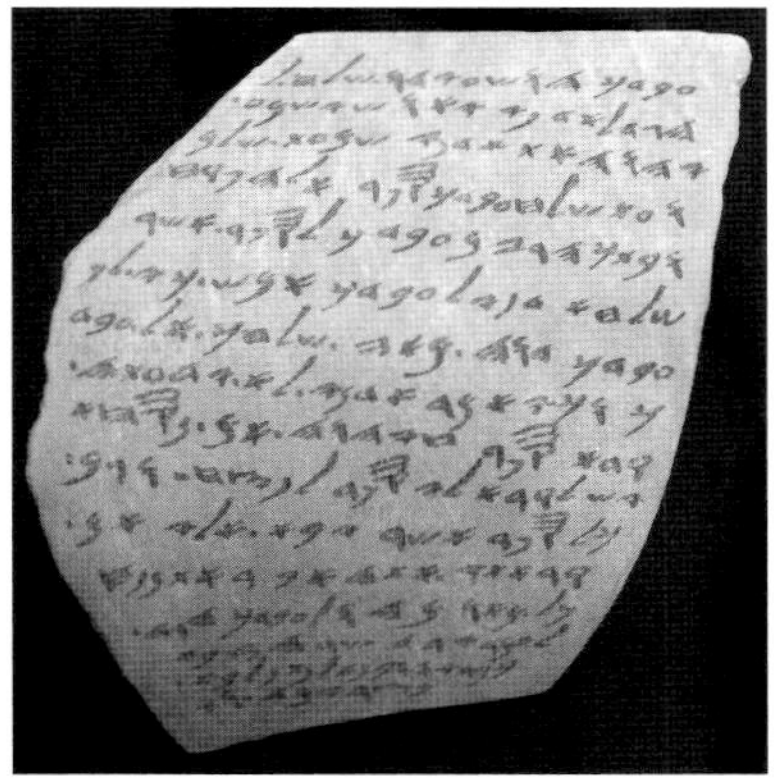

▲**ラキシュ・オストラカ**　最後の戦闘の様子を伝えている。

バビロニア側の記録『バビロニア年代記』にも記されている。第二回捕囚の様子は『バビロニア年代記』には残っていないが、ラキシュやアラドなどユダの町から出土したオストラコンがその切迫した状況を伝えている。ラキシュ・オストラコンは、ユダの地方部隊の隊長がラキシュにいた司令官に宛てた通信文だと理解されており、「バビロニア軍が迫ってきており、もうアゼカの町の狼煙は見えないから、指示を頼む」という内容である。

　こうした動揺の中で、これはユダに対する神の裁きだから、今はそれに謙虚に服すべきだと一貫して主張したのが、預言者エレミヤである。外国の力や人間的な方策を頼りにするのではなく、神を信頼し、定められた時が来るのを待つなら、神は七〇年たつと必ず彼らを再生して「新しい契約」を結んでくださると預言したのである（エレミヤ書二九・一〇、三一・三一～三四）。しかし、彼の預言は受け入れられず、捕えられて投獄、監禁されることとなった。

　エルサレムの「ダビデの町」周辺からは、この時期の封泥が多数見つかっている。その中にはエレミヤの周囲の人々のものもあり、こうした激動の時代の対立抗争を反映している。例えば、「ネリヤの子バルク、書記」と記されたものは、預言者エレミヤの書記でエレミヤ書をまとめた人物のものだと考えられる（エレミヤ書三二、三六章参照）。「ネリヤの子セラヤ」は、その兄でゼデキヤ王の宿営長のもの（エレミヤ書五一・五九以下）、「シャファンの子ゲマルヤ」はエレミヤに好意的だった政府の高官のもの（列王記Ⅱ二二・三）と同定できる。一方、「王子エラフメエル」は王の命令でエレミヤを捕えに来た警備隊の隊長のものだと考えられる（エレミヤ書三六・二六）。

　これらの封泥は、ユダ最後の時代に行政文書や預言を保存していたものだと考えられる。文書そのものは失われてしまったが、粘土製の封泥は残っており、これらの人物が大きな歴史の中で一国の方向性を決める重要な役割を担っていたことがうかがい知れる。しかし、エレミヤの預言は聞かれず、前五八六年、エルサレム神殿は炎上し、指導者層はバビロニアに連行され、南王国ユダ、つまりイスラエル王国はすべて滅亡した。

壊滅的なバビロニア捕囚

　その後しばらくの間、古代イスラエルのほとんどすべての領地で何の遺物も出土しない時期が存在する。考古学的にはこれを「バビロニア・ギャップ」と呼んでおり、いかに壊滅的な状態にあったかを示している。エルサレムの北部（ミツパなど）に一部居住の残った場所があったようである（列王記Ⅱ二五・二二～二四参照）が、その規模については議論が続いており、いずれにしても非常に限定的であった。

虚栄の町バビロン

ユダヤ人たちを捕囚に連れ去った新バビロニアの首都バビロンは、驚くべき栄華と傲慢で退廃した文化を併せ持つ町のシンボルとして記憶されるようになった。新約聖書の黙示録は、強大な力でキリスト教徒を抹殺しようとするローマのことをバビロンという隠語で呼んでいる。『ハリウッド・バビロン』という表現も、元来映画スターのスキャンダルを暴露した小説（ケネス・アンガー著）のタイトルであるが、華やかさの背後に人間の欲望と陰謀が渦巻く町を揶揄する表現としてよく用いられる。

こうしたイメージは、ネブカドネザルの築いたバビロンの町が実に壮麗だったにもかかわらず、ユダヤ人にとっては無慈悲な征服者であり、帝国自体もわずか八七年で滅亡したことによるものであろう。ネブカドネザル没後の王たちは非力で、最後のナボニドスもおそらく彼の月神シン崇拝を快く思わないマルドゥクの神官団に裏切られ、アケメネス朝ペルシアに陥落したと思われる（次章のキュロスの円筒碑文参照）。

元来バビロンは、前二千年紀の初め頃アモリ人が築いたバビロン第一王朝の中核として発展した。第六代王ハンムラビは法典で有名である。バビロンの名はバーブ・イリ「神々の門」と解釈され、主神マルドゥクもメソポタミアの重要な神とみなされるようになった。この王朝は前一六世紀に滅亡するが、バビロンの町自体は継続し、前二千年紀の後半にはメソポタミア世界を北のアッシリアと南のバビロニアで二分するようになった。その後しばらくアッシリアに支配されたが、新アッシリアのアッシュルバニパルが没すると、バビロンのナボポラサルは新バビロニアを興した（前六二六年）。ネブカドネザルはナボポラサルの息子であり、その治世は前六〇五年から前五六二年まで四三年に及んだ。

ネブカドネザルはバビロンの町を美しく再建したが、その姿はドイツ人考古学者コルデヴァイの発掘調査によってあきらかになった。主要部分は現在ベルリンのペルガモン博物館に復元展示されているので、当時の様子を具体的に見ることができる。また、バビロンの都市プランを記した文書「ティンティル＝バビロン」

◀**映画『イントレランス』のバビロン門**　現在、ハリウッドの町の中心のショッピングセンターには、映画『イントレランス』（D・W・グリフィス監督、一九一六年）のセットをもとにしたバビロン門が立っている。歴史的名作へのオマージュであると同時に「ハリウッド・バビロン」という言葉も想起させる。

やさまざまな建造物の基礎として埋められた銘文つきのレンガや円筒碑文からも情報を得ることができる。

▲ニネヴェの吊り庭？（King and Stager 2001, ill. 104）

ネブカドネザルのバビロンは、ユーフラテス川の両岸にまたがり約一〇〇〇ヘクタールもの大きさを誇った。中心部分は二重の内壁で囲まれ、一〇の街区に分かれていた。内壁には八つの門が設置され、その一つのイシュタル門からは町の中心を南北に貫通する幅約二〇メートルの行進道路が走っていた。行進道路は石灰岩で舗装されており、壁は牛や竜の描かれた群青色の彩釉レンガで装飾されていた。イシュタル門の西側には王宮があり、その南にはジックラトやマルドゥク神の神殿エサギルが存在した。

バビロンの町では古代世界の七不思議の一つである「吊り庭（空中庭園）」が有名であるが、その存在は確認されていない。コルデヴァイの発掘では南王宮の一角から井戸や水路とともに細長いヴォールト天井の部屋が並ぶ建物が見つかり、これが吊り庭かと思われたこともあったが、現在では倉庫だと考えられている。

ネブカドネザル時代の文書で吊り庭に言及しているものはなく、前五世紀の歴史家ヘロドトス（前四八四年？～前四三〇／四二〇年頃）も記していない。バビロンの吊り庭はアレクサンドロスの東征（四世紀後半）以降の文書に現れ始め、ディオドロス・スィクルスやストラボン（前一世紀）、ヨセフス（後一世紀）など後代の著者たちだけが言及しているので、あるいはもともと存在しなかったのかもしれない。研究者の中には、セナケリブが大規模な水路を伴う庭園をニネヴェに造ったという記録が粘土板文書にもレリーフにも存在することから、これと混同されたとする者もいる（Dalley）。

バビロンの町にはこのように大きな存在感があったが、捕囚に連行された人々の居住区はバビロンだけにあったのではなかった。たとえば預言者エゼキエルはケバル川沿いにあったテル・アビブという町で預言しており（エゼキエル書一・一～三、三：一五参照）、この町はおそらくニップル近郊に位置していたと思われる。現在のイスラエル最大の都市の名はこれに基づいている。二〇世紀になってイスラエル国が建国された時にこの町は築かれたが、長い離散後新しい国を再建しようとする自分たちと捕囚から帰還を果たした先祖たちを同一視しようとする気持ちが反映されているであろう。

10章 バビロニア捕囚からの帰還

　西アジア世界の覇者となり、イスラエル王国（南王国ユダ）を滅ぼして捕囚に連れ去った新バビロニア帝国も長くは続かなかった。新バビロニアはエルサレムを前五八六年に陥落させたが、前五三九年にはアケメネス朝ペルシアによって滅ぼされ、西アジアの覇権もペルシアに移ったからである。この政変を通してユダヤ人は聖地南レヴァントに帰還できるようになり、イスラエルは再出発する。

　ソロモン神殿が炎上したのが前五八六年、捕囚から戻ってきた民がエルサレムに第二神殿を建て直したのが前五一六年でちょうど七〇年後であった。一度完全に国が消滅してしまったのに帰ってくることができた不思議、エレミヤの預言通りに七〇年で戻ってくることができた不思議にイスラエルの人々は驚き、神の歴史支配と預言者たちの言葉を改めて信じるようになった。ここから聖書を編纂し、信仰共同体を築こうという機運が生まれ、ユダヤ教、キリスト教の成立へとつながったのである。

アケメネス朝ペルシアの歴史

(1) 解放者キュロス二世とユダヤ人の帰還

　アケメネス朝ペルシアは、元来イラン高原西部スサ平原で小国家を興したアケメネスに端を発し、アンシャンを首都にメディア王国に仕える家系であった（次頁の系図参照）。しかし、前五五〇年にキュロス二世は反乱を起こして宗主国のメディアを滅ぼし、メソポタミアの新バビロニアも滅ぼした。息子カンビュセス二世の時代にはエジプトも支配下に収め、西アジア全域を支配する大帝国となった。ダレイオス一世の時代に版図は最大となり、中央集権的な体制が整えられたが、ペルシア戦争（前四九九年〜前四四九年）の失敗で綻びが現れ始め、最終的にダレイオス三世がアレクサンドロスに敗れて滅亡した（前三三〇年）。

　キュロス二世がバビロンを征服した時、自分自身を新バビロニア最後の王ナボニドスの悪政から解放する寛容な支配者として示したことは、キュロスの円筒碑文と呼ばれる有名な楔形文字文書によって知られている。その中には、外国の神殿や神像を復興し捕囚民を元来の土地に戻すことが記されており、ユダヤ人が不思議にバビロニア捕囚から帰還できたことの背景を表すものとして注目されてきた。

　この碑文は、ナボニドスを月神シンよりバビロンの主神マルドゥクを軽視し、強制労働を課す抑圧者として描いており、そのバビロンに平和と秩序を回復するためにキュロスはマルドゥク神によって召されたと主張している。ナボニドスがバビロンの支配を息子ベルシャツァル（ダニエル書五章参照）に任せ、自分はアラビア砂漠のタイマに長期間移住してしまったことも批判しており、キュロスはバビロンの住民に歓迎され、無血開城でその支配者になったとする。捕囚民を帰還させたり神殿や神像を再建したりする許可も、自分自身をナボニドスと異なる慈悲深い支配者として描く一環として記されている。

　ただこのような記述は、征服した王に対

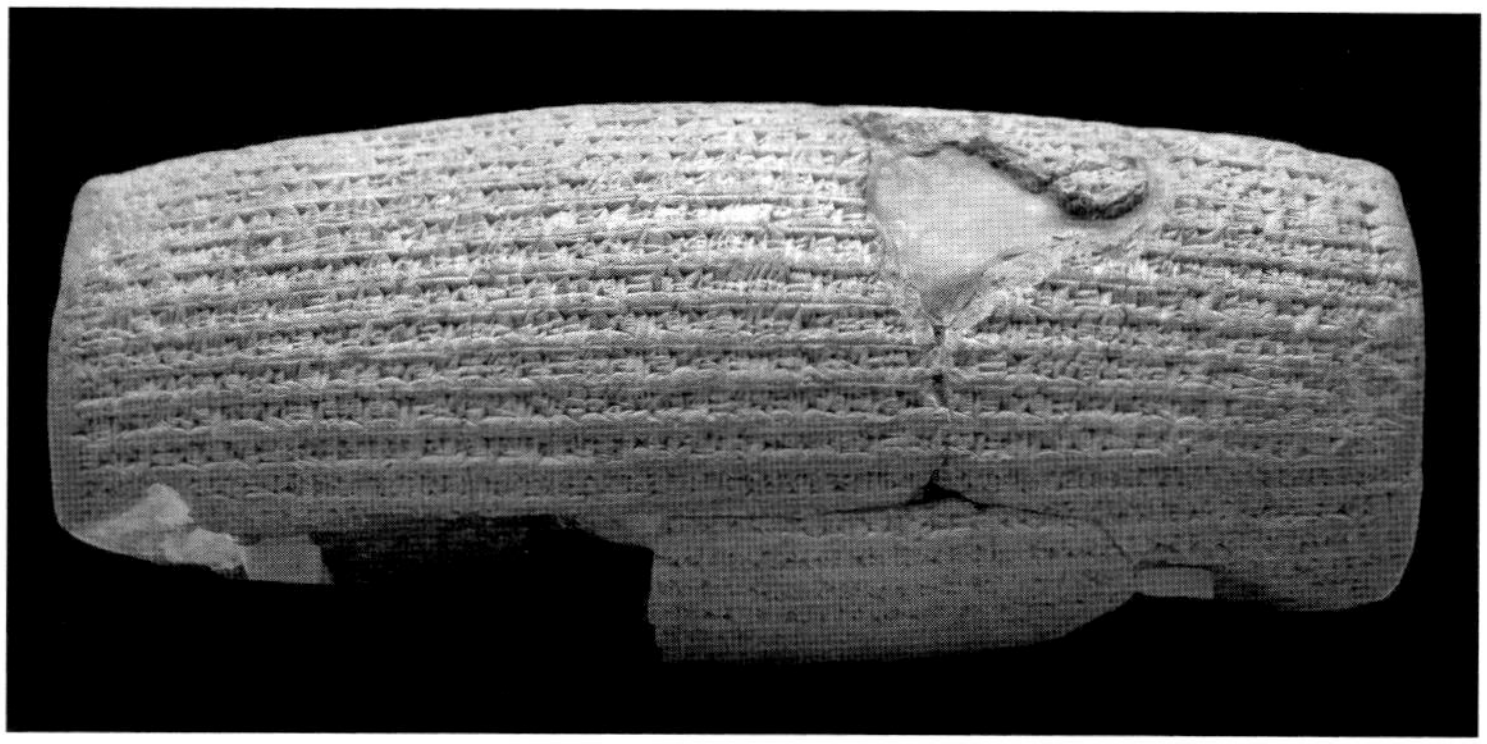

▲**キュロスの円筒碑文**　1879年バビロンのエサギル神殿の基礎からホルムズ・ラッサムによって発見された。現在は大英博物館蔵。帰還の出来事は、不思議に奴隷状態から神の力で解放されたという意識から、旧約聖書中しばしば「第二の出エジプト」として描かれている。このように、同じような出来事が繰り返され、より完全な成就に近づく聖書の文学構造を予型論という。聖書の歴史は直線的に把えられることが多いが、こうした循環的な側面も併せ持つ。

する当時の典型的なプロパガンダであり、字句通り理解するには慎重であるべきであろう。実際、ナボニドスはシンだけでなくマルドゥクにも多くの献げ物をしており、その治世も積極的な建築活動を行うなど比較的安定していたことが知られているからである。たしかにキュロスはアッシリアの王たちのように被征服民を虐殺するようなことはしていないが、バビロンを征服する前に戦闘があったことは知られており、本当に無血開城だったかどうかも確かでない。寛容な理念を持っていたというよりも、外国人の侵略者であるキュロスがバビロンの王として大きな帝国を引き継ぐための現実的な政策だったとも指摘されている。

旧約聖書のエズラ記一・二～四と六・三～五にはユダヤ人を帰還させるようにというキュロスの勅令がヘブル語とアラム語で二通り記されているが、それもこの碑文によって支持されるとされてきた。しかし、この碑文自体はバビロンとその周囲の都市についてしか言及しておらず、この政策がユダヤ人や他の地域に適用されたかどうかは不明である。少なくとも、エズラ記の勅令が実際のキュロスの勅令に基づいている証拠にはならない。それでもユダヤ人の帰還が許されたことは事実であり、エルサレ

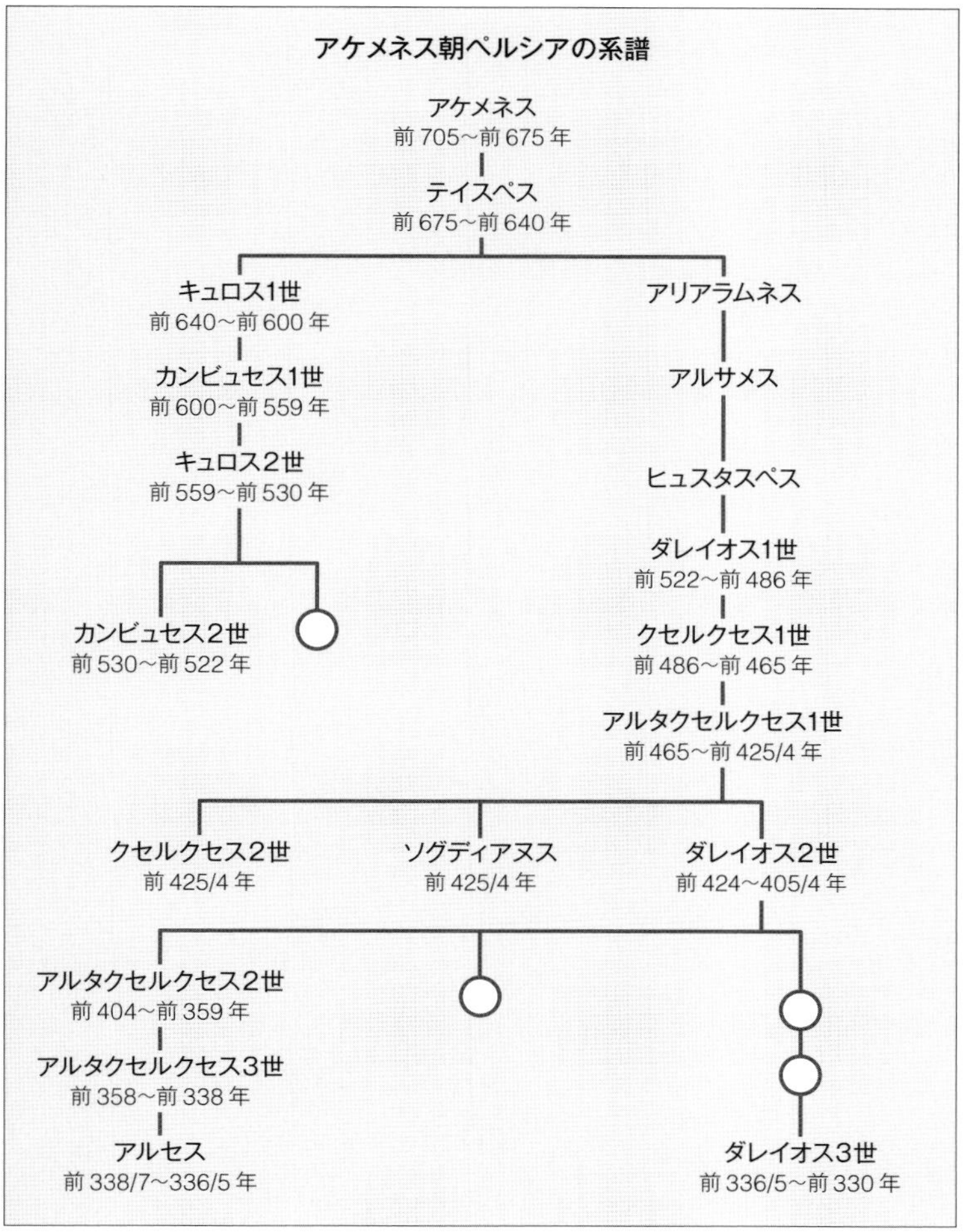

▲ペルセポリス

ム神殿も再建された。そこには何らかのペルシア帝国の意向があったはずであり、エルサレムの戦略的な位置が考慮されたのかもしれない。

(2) アケメネス朝ペルシアの栄光

以上のように、アケメネス朝ペルシアの庇護のもとユダヤ人たちは奇跡的な帰還を果たし、独自の共同体を再建することができた。

アケメネス朝では、カンビュセス二世の後ダレイオス一世が権力闘争を制し、エジプトの南クシュからインドのガンダーラ地方に及ぶ広大な帝国を築いたことがよく知られている。その国の豊かさはさまざまに見ることができるが、例えば、ビーソトゥーン（ベヒストゥン）にある磨崖碑文には、地上六六メートルの高さの所にダレイオス一世の勝利が記されている。この碑文は古代ペルシア語、エラム語、バビロニア語の三か国語で記されており、楔形文字解読のもとになったものとしても有名である。ダレイオスはその領土を二〇の州（サトラピー）に分け、それぞれに王直属の太守（サトラップ）を置いた（州の数はその後変化した）。また、「王の目、王の耳」と呼ばれる巡察官を派遣して、太守たちを監視した。道路網が整備され、迅速な通信のため駅伝制も敷かれた。

　王宮は政治の中心だったスサを始め、メディアの首都であったエクバタナ、バビロニアの首都であったバビロン、キュロス二世の墓のあるパサルガダエに存在し、さらにダレイオス一世は祭儀のために広大な都ペルセポリスを築いた。ペルセポリスは豪華な装飾で飾られた大基壇の階段や謁見殿（アパダーナ）が有名であり、後にアレクサンドロスがこれを滅ぼした時には、その宝物を運び出すのに五千頭のらくだと二万頭のラバが必要だったとプルタルコス（四六年頃～一二〇年頃、『英雄伝』アレクサンドロスの生涯三七・二）は記している。

また、王墓はナクシェ・ロスタムの磨崖墓に同定されており、明確な存在感を示している。

　こうした宝物の片鱗は、オクサス川（現在のアム・ダリヤ川）沿いで発見され、大英博物館とヴィクトリア・アンド・アルバート博物館に所蔵されているオクサス遺宝に見ることができる。これらの多くは金製

▲アケメネス朝の王墓（ナクシェ・ロスタム）
▼パサルガダエにあるキュロス王の墓

▶ナボニドス碑文（写真：PPS通信社）
◀エホヤキン王の糧食粘土板　バビロニア捕囚の先でエホヤキン王に適切な食事が与えられていたことが記録されている（列王記Ⅱ二五・三〇参照）。このことは、捕囚先でのユダヤ人の生活がある程度保証されていたことを示している。（ベルリン、ペルガモン博物館蔵）

▶ダニエル廟　イスラム教の聖廟としてスサの町に存在する。

の打ち出し細工で装飾された器や装身具で、スキタイ地方で有名な「動物意匠」を用いたものが典型的である。

(3) アケメネス朝ペルシアの弱体化

　このような繁栄を誇ったアケメネス朝ペルシアも、ペルシア戦争の敗北とともに翳りが見え始め、政権が不安定化していった。すでに全盛期のダレイオス一世の時代にイオニア（トルコ地中海岸）諸都市の反乱をきっかけにギリシアとの戦争（第一次ペルシア戦争、前四九九年～前四九〇年）が起こり、マラトンの戦いで敗北した。この戦いではミレトスの町や神殿を徹底的に破壊したことも知られている。

　その後エジプトも反乱を起こし、息子クセルクセス一世（聖書のアハシュエロス）の時代にはバビロンも反乱を起こした。クセルクセスはそれらを平定するが、ギリシアとの間に第二次ペルシア戦争（前四八〇年～前四七九年）が起こり、サラミスの海戦、プラタイアイの戦いで敗北する。国内では権力闘争が勃発し、王自身が臣下に暗殺されてしまう。クセルクセスもこれらの戦いでバビロンの神殿を破壊したり、アテネのアクロポリスを炎上させたりしており、あまり寛容とはいえない。

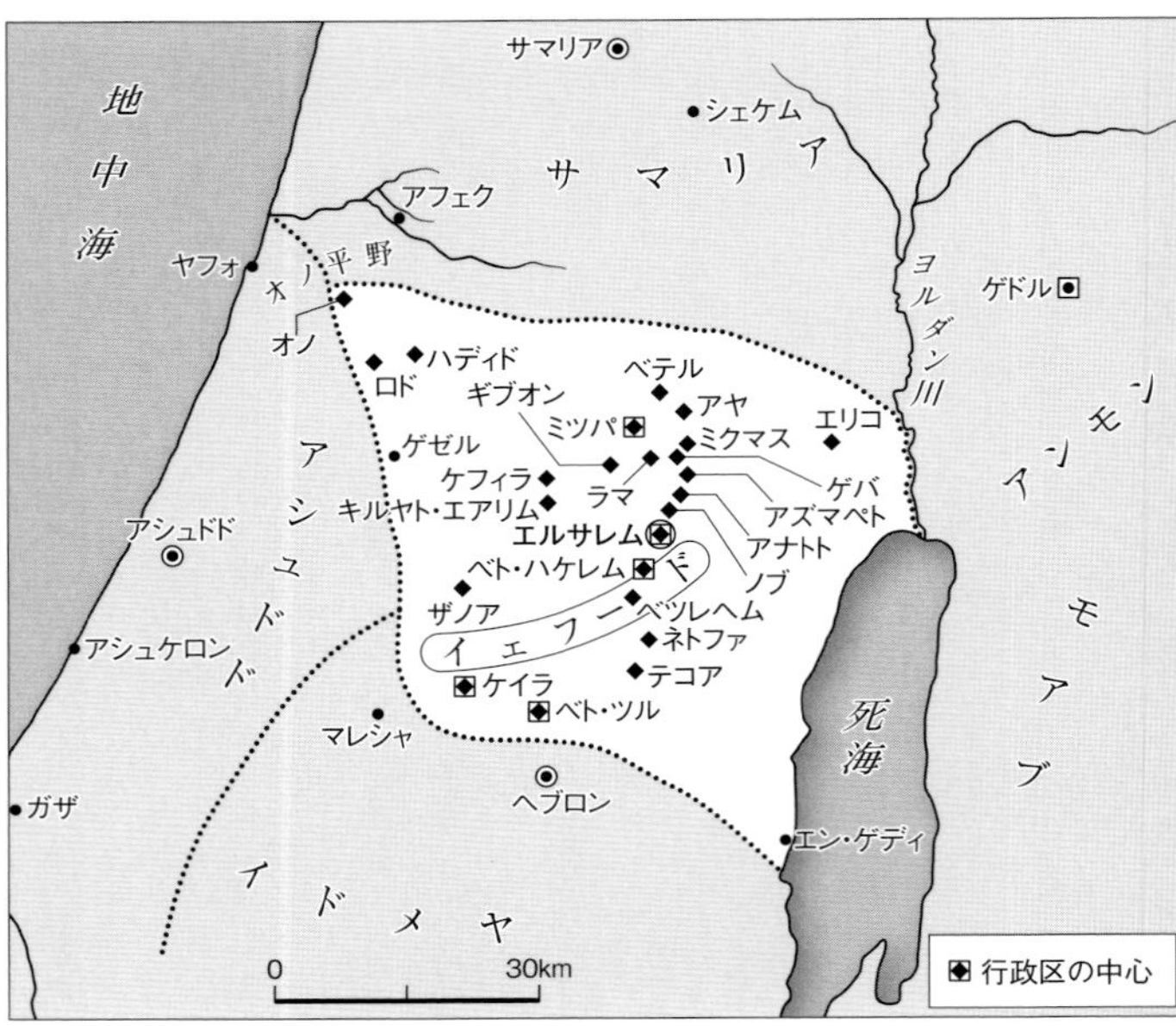

▶イェフード（帰還の共同体）の範囲　捕囚以前から南王国ユダは、自分たちが「イスラエル」であると認識していたようである（例えば、歴代誌参照）。

　その息子アルタクセルクセス一世の時代は比較的平穏であったが、次のクセルクセス二世は宮廷陰謀で暗殺されてしまう。ダレイオス二世をはさみ、アルタクセルクセス二世の時代にはエジプトが独立を果たし、王の弟や帝国西部のサトラップたちがクーデターを起こした。その後、アルタクセルクセス三世が権力闘争に勝利して王となるが、臣下の宦官に暗殺され、短命のアルセスを経てダレイオス三世が王となる。このダレイオス三世がアレクサンドロスに敗れ、アケメネス朝ペルシアの支配は終わるのである。

　このようにアケメネス朝ペルシアも後半

になってくると、戦争や陰謀に巻き込まれることが多くなり、宗教的寛容を保つ余裕もなくなってきた。聖書のエステル記は王妃や高官たちの権力争いを背景にユダヤ人の壊滅が図られるという物語だが、クセルクセスの王宮が舞台となっており、宮殿内で陰謀が頻発する状況が反映されているのかもしれない。

捕囚と帰還のユダヤ人

キュロス王の時代に帰還を果たしたイスラエル人は、新たな共同体を築き、神殿を再建することになった。聖書によると、第一陣は前五三八年にシェシュバツァルによって率いられた帰還であり、その後前五一六年にゼルバベル、ヨシュアの指揮のもとでエルサレム神殿が再建された。ソロモンの神殿に続くものとして、これを第二神殿と呼ぶ。

このように一度国を失い滅亡の淵に沈んだ者が回復されたことはユダヤ人たちに驚きを与え、神が歴史に働いていることを意識させ、信仰を見直す機会となった。頓挫しかかった神の計画が不思議に再開された出来事だと理解したのである。このため、バビロニア捕囚からの帰還は、聖書の中で第二の出エジプトとしてしばしば描かれている。特に預言者エレミヤは捕囚の前から七〇年したら神はイスラエルを回復すると預言していたが、その通り七〇年後（前五八六年～前五一六年）にエルサレム神殿が回復されたことは衝撃的であった（エズラ記一・一、二二・八～一三。歴代誌Ⅱ三六・二一～二三。エズラ一・一～四、二一・八～一三参照）。

捕囚に連行されたユダヤ人たちは、神の民であったはずの自分たちがどうして滅んでしまったのかを考えざるを得ない信仰の危機にあった。過去を振り返り反省をするためにモーセの律法の編纂が始まり、自分たちの歴史を記述するようになった。エルサレム神殿が失われた状況で信仰を守るため、シナゴグという会堂もこの時期に始まったとされる。その中で自分たちが神を信じ隣人を愛することをやめ、神の民として失格してしまったことを認識するようになり、より信仰的で聖い共同体を築き直す機運ができていたのである。

バビロニア捕囚期のユダヤ人たちは特定の居住区が与えられ、長老たちによる宗教的な自治もある程度認められていた。捕囚民の生活は安定し、なかには政府の高官に出世する者もいた（例えば、聖書のエズラ、ネヘミヤ、ダニエル）。彼らの課題は現実生活よりも、自分たちのアイデンティティの問題であった。そのような不完全ながらも安定した生活を捨て、荒廃した南レヴァント地方に帰って新たな共同体を築く背景には、こうした反省と神が新しいことをなそうとしているという信仰があったのである。

▲イェフード印の押された壺の取っ手
▼イェフード・コイン

▶**サマリア五書**　サマリア人は、捕囚の間に残されたイスラエル人と移住させられた外国人の混血の人々。信仰的にも捕囚から帰還したユダヤ人と異なっており、正統的でないとされた。サマリア五書は旧約聖書の最初の五書（モーセ五書）の巻物だが、ユダヤ人が伝承するものとは若干の違いが存在する。

帰還の共同体イェフード

帰還のユダヤ人たちが築いた共同体は、イェフード（ユダ）と呼ばれた。聖書でも、バビロニア捕囚以前は「イスラエル」と呼ぶことが一般的で「ユダヤ」という名称は用いられないが、エズラ記、ネヘミヤ記ではその名が用いられるようになる。帰還した人々にユダ（南王国）とベニヤミン（北王国）両方の人々がいたことはこれらの書にも繰り返し記されているが、やはり中心になったのはユダの人々であり、帰還した場所もエルサレムを中心としたかつてのユダ領だったからであろう。

ペルシア時代のこの地域からは、イェフードと刻印された小さな硬貨が多数出土する。また、その名が刻印された壺も出土する。これらの存在は、イェフードが独自の貨幣を鋳造したり農産物の管理をしたりできる半自治的な存在として認められていたことを反映しているであろう。ただし、これらが確認されるのは帰還後しばらくたった前五世紀後半以降に限られており、それ以前は、後述するように、この地域のさまざまな支配者たちの権力のバランスのもとにあったようである。

これらの硬貨や刻印つきの壺が出土する範囲はかなり限定的で、北はベテル、南はベト・ツル、西はゲゼル、東はヨルダン川の範囲である。これは、かつての南王国ユダと比べてもかなり小さい。新たな建造物はわずかで、日常的な土器を中心とした遺物の存在だけからその居住が確認されることが多い。周辺地域、特に地中海岸ではすでにギリシアの高級土器やワインを運ぶアンフォラなどが出土するが、そのような贅沢品はイェフードからは一切確認できない。また、この地域の遺跡からは異教の土偶や神像もまったく見られない。すなわち、ペルシア時代のイェフードでは、荒廃した地をなんとか復興させる使命に燃え、信仰によって極貧生活に耐える人々の姿が見えてくるのである。

エズラとネヘミヤの活動

第二神殿が建設された後、帰還の共同体の確立を指導したのは、「天の神の律法の学者」で祭司のエズラと王の献酌官ネヘミヤであった。エズラは律法を公に朗読することを始め、聖書に基づく信仰共同体を築くことをめざした。これをもって初期ユダヤ教の成立とするのが一般的である。初期ユダヤ教は、後に第二神殿が破壊されて離散の民となったラビ・ユダヤ教と同じではないが、すでに聖書の結集が始まっていたことを意味する。こうした聖書結集の始まりは、キリスト教や現在のユダヤ教の成立に対しても大きな意味を持つ。

ネヘミヤはより現実的な環境整備を担い、住民の負債を免除したり、エルサレムの城壁（市壁）を再建して周囲からの妨害に備えることをした。ユダヤ人共同体の周囲には、彼らの帰還を喜ばないサマリア人のサンバラト、アンモン人トビヤ、アラブ人ゲシェム（アラビア語でガシュム）がおり、さまざまな妨害工作をしてきたことが聖書に記されているからである。

妨害者たち

帰還の共同体の確立を妨害した者たちの存在は、考古学的にも確認されている。

サンバラトは、北王国イスラエルがアッシリアに滅ぼされた時に移住させられてき

▲ゲリジム山の神殿に上る大階段　サンバラトはゲリジム山麓のホロンの出身だったが、ここに本格的な神殿が造られたのはヘレニズム時代に入ってからだったようである。大階段の上にある四角い周壁の中央に神殿はあったと推定されるが、その後そこにビザンツ期の教会堂が建設されたため、確認はできない。（Magen 2000 裏表紙）

◀トビヤ家の宮殿（あるいは神殿）

▶トビヤ家の墓　入り口の右側に「トビヤ」と記されている。

た外国人と現地に残った人々の混血によって生まれたサマリア人のリーダーで、既得権益が損なわれることを嫌がったものと思われる。サンバラトと二人の息子の名は、エジプトのナイル川上流のエレファンティン島にあったユダヤ人の居住地から出土したパピルス文書から確認されており、その地のヤフ（ヤハウエ）神殿の再建を援助するよう依頼されている。このことは、彼らが何らかの形でヤハウエ信仰を持っていたことを表しているが、帰還の共同体の人々がそれを正統と認めなかったことも対立の背景にあったであろう。

　アンモン人のトビヤ家はヨルダン川東岸地域を支配していた一族で、ネヘミヤと同時期の首長はヘルカヌスという名だったと思われる。その宮殿（あるいは神殿）はアンマンの中心部から西に三〇キロほど行った地点でカスル・アル・アベドの名で知られており、一族の墓はさらにその二キロほど西のイラク・アル・アミルにある磨崖墓として知られている。宮殿は長さ三八メートル、幅一八・五メートル、高さ一〇メートルの堂々とした建築で、二階建ての上部構造もよく残っている。壁にはライオンやユリの装飾も多数確認できる。磨崖墓はアケメネス朝の王墓よりはるかに小型であるが、よく似た正面をしており、入口脇にトビヤという名が刻まれた墓も確認することができる。

アラブ人ゲシェムの名も、エジプトのテル・アル・マスフータ遺跡（聖書のピトム）出土の銀製の鉢に刻まれた銘文から確認され、「ケダルの王ガシュムの子カウヌ」という表現から北西アラビアを支配する部族の王であったことがわかる。ゲシェムの名の銘文は、アラビア半島北西部のアル・ウラー遺跡（聖書のデダン）でも確認されている。

ネヘミヤの城壁

結局こうした妨害にもかかわらず、ネヘミヤの城壁は再建された。ネヘミヤが再建したエルサレムの城壁は、近年旧市街の南に位置する「ダビデの町」の上部で確認された。

▶ネヘミヤの城壁

ダビデの王宮とされる建物の石垣の上には以前から二つの塔とそれらを結ぶ壁が知られていたが、ハスモン王朝時代（前二世紀頃、『図説 新約聖書の考古学』二〇二一年九月刊行予定参照）のものと考えられていた。しかし、北側の塔の補修工事のためその基礎部を確認したところ、この塔は新バビロニアによるエルサレムの破壊層とバビロニア時代の層の直上に据えられており、共伴する土器もペルシア時代のもの（前四五〇年頃）であることがわかったのである。これらの塔や壁の位置はネヘミヤ記の記述と合致しており、粗雑に造られていることもネヘミヤが五二日間の突貫工事で造ったという記録（ネヘミヤ記六・一五）と整合する。

新しい時代の希望

旧約聖書は、神が人類を救うためにアブラハムという人を選び、出エジプトやイスラエル王国の建設を通して神の民を形成したことを記しているが、結局イスラエルは北王国も南王国も律法を破って神の民として失格し、外国勢力に滅ぼされてしまった。つまり、神の救いの計画は頓挫したかのように見えた。しかし、アケメネス朝ペルシアの時代に彼らは不思議に南レヴァントに帰還を果たし、新しい共同体が復活した。

帰還した人々は預言者たちの言葉を改めて見直し、自分たちと世界の歴史の背後に神の力が働いていることを強く意識するようになった。神は救いの歴史をどこに導こうとしているのか、本来「神の国」はどういうものなのかという模索が始まり、キリスト教やユダヤ教へと結実していくこととなる。ただ、その時代については『図説 新約聖書の考古学』で扱うことにしたい。

聖書考古学年代表

絶対年代	考古学的時代区分	備考
～前10000	旧石器時代	
1000～7500	中石器時代	ナトゥーフ文化
8500～6000	無土器新石器時代	
6000～4500	土器新石器時代	
4500～3300	銅石器時代	ガッシュール文化
3300～3050	前期青銅器時代　第Ⅰ期	
3050～2700	前期青銅器時代　第Ⅱ期	
2700～2300	前期青銅器時代　第Ⅲ期	
2300～2000	移行期青銅器時代	
2000～1800	中期青銅器時代　第Ⅰ期	アモリ人（族長？）の侵入
1800～1650	中期青銅器時代　第Ⅱ期	カナンの都市国家
1650～1550	中期青銅器時代　第Ⅲ期	ヒクソス時代
1550～1400	後期青銅器時代　第Ⅰ期	出エジプト（？）
1400～1300	後期青銅器時代　第ⅡＡ期	アマルナ時代
1300～1200	後期青銅器時代　第ⅡＢ期	出エジプト（？）
1200～1000	鉄器時代　第Ⅰ期	ペリシテ人侵入
1000～830	鉄器時代　第ⅡＡ期	イスラエル統一王国（前半）
830～721	鉄器時代　第ⅡＢ期	分裂王国
721～586	鉄器時代　第ⅡＣ期	
586～539	バビロニア時代	捕囚
539～332	ペルシア時代	帰還
332～142	ヘレニズム時代　第Ⅰ期	
142～63	ヘレニズム時代　第Ⅱ期	ハスモン（マカベア）時代
前63～紀元70	ローマ時代　第Ⅰ期	ヘロデ時代
70～180	ローマ時代　第Ⅱ期	
180～324	ローマ時代　第Ⅲ期	
324～636	ビザンツ時代	キリスト教公認
636～1099	初期アラブ時代	
1099～1291	十字軍時代	

nsion and Resistance, Equinox, 2006
Finkelstein and Silverman, *The Bible Unearthed*, Free Press, 2002.
Fritz, V. and Davies, P. R. eds. *The Origins of the Ancient Israelite States*, Sheffield Academic Press,1998
Freedman, D. N. and Graf, D. F. *Palestine in Transition: The Emergence of Ancient Israel*, Almond Press, 1983
Gottwald, N. K., *The Tribes of Yahweh: A Sociology of the Religion of Liberated Israel, 1250 1050 B.C.E.*, Maryknoll, NY: Orbis, 1979.
Herzog, Z. "The Beer-sheba Valley: From Nomadism to Monarchy," Pp.122 – 149 in Finkelstein, I. and Na' aman, N. eds. *From Nomadism to Monarchy*, Jerusalem: Israel Exploration Society, 1994
L. Nigro, "Tell es-Sultan 2015: A Pilot Project for Archaeology in Palestine," *Near Eastern Archaeology* 79/1（2016）, 4 – 17.
Noth, M. *Geshichite Israels*, Vandenhoeck & Ruprecht, 1950（ノート［樋口 進訳］『イスラエル史』日本キリスト教団出版局、1983年）
J. van Oorschot and M. Witte, eds, *The Origins of Yahwism*, De Gruyter, 2017
Rainey, A. "Shasu or Habiru: Who Were the Early Israelites?" *Biblical Archaeology Review* 34/6（2008）, 51 – 55
Redford, D. B. *Egypt, Canaan, and Israel in Ancient Times*, Princeton University Press, 1993
Thompson, T. *The Origin Tradition of Ancient Israel, I. The Literary Formation of Genesis and Exodus 1 – 23*, Sheffield: JSOT Press, 1987
Van Seters, J. *In Search of History*, New Haven: Yale University Press, 1983
Zertal, A. *The Manasseh Hill Country Survey*, 4 vols., University of Haifa/Ministry of Defence, 1992, 1996, 2000, 2005（ヘブル語）

column❹

Naveh, J. *Early History of the Alphabet*, Jerusalem: Magness and Leiden: Brill, 1982（ナヴェー　［津村俊夫、竹内茂夫、稲垣緋沙子訳］『初期のアルファベットの歴史』法政大学出版局、2000年
ギヴェオン、R.［酒井 伝六、秋山 正敦訳］『シナイの石は語る』学生社、1974年

●6章

Mazar, E. *The Palace of King David: Excavations at the Summit of the City of David, Preliminary Report of Seasons 2005-2007*, Jerusalem and New York: Shoham Academic Research and Publication, 2009
Garfinkel, Y. "Khirbet Qeiyafa in the Shephelah: Data and Interpretations" 5 – 59. in Schroer, S. and Münger, S. eds. *Khirbet Qeiyafa in the Shefelah*, Academic Press Fribourg and Vandenhoeck & Ruprecht Göttingen, 2017
Hertzberg, H. W. *I and II Samuel: A Commentary*, Westminster, 1964
Reich. R. *Excavating the City of David*, Jerusalem: Israel Exploration Society and Biblical Archaeology Society, 2011

column❺

Dothan, T. *The Philistines and their Material Culture*, Jerusalem: Israel Exploration Society, 1982
Ben-Shlomo, D. *Philistine Iconography: A Wealth of Style and Symbolism*, Academic Press Fribourg and Vandenhoeck & Ruprecht Göttingen, 2010
Stager, L. E., "The Impact of the Sea Peoples（1185 – 1050 BCE）". Pp. 332 – 348 in Levy, T. E. ed. *The Archaeology of Society in the Holy Land*, Leicester University Press, 1993
Keel, O. *The Symbolism of the Biblical World*, New York: Seabury, 1978

●7章

Maisler, B. "Two Hebrew Ostraca from Tell Qasîle," *Journal of the Near Eastern Studies* 10/4（1951）, 265 – 267
Mazar, A. "Archaeology and the Biblical Reflections on Historical Memory in the Deuteronomistic History". Pp. 347 – 369 in Maier, C. M. ed. *Congress Volume Munich 2013*（Vetus Testamentum Supplement 163）, Brill, 2014
Sugimoto, D. T. ed. *Tel 'En Gev: Report of the Keio Archaeological Mission, 2009-2011*, Mohr Siebeck, forthcoming
Sugimoto, D. T. "History and Nature of Iron Age Cities in the Northeastern Sea of Galilee Region," *Orient* 50（2015）, 91 – 108

●8章

Chapman, R. "Samaria - Capital of Israel," *Biblical Archaeology Review* 43/5 (2017) 25-30, 63
Mazar, A. "Culture, Identity and Politics Relating to Tel Rehov in the 10th – 9th Centuries BCE". Pp. 89 – 119 in Sergi, et al eds. *In Search for Aram and Israel*, 2016.
Sergi, O., Oeming, M., and de Hulster, I. J. eds. *In Search for Aram and Israel: Politics, Culture, and Identity*, Tübingen: Mohr Siebeck, 2016
Sugimoto, D. T. "Stratigraphy of Tel 'En Gev, Israel: Correlation among Three Archaeological Missions," *Palestine Exploration Quarterly* 197/3（2015）, 195 – 219
Yamada, S. *The Construction of the Assyrian Empire: A Historical Studies of the Inscriptions of Shalmanesser III (859-824B.C.) Relating to His Campaigns to the West*, Leiden: Brill, 2000

column❻

前野弘志「2010年ティール出土呪詛板」、泉拓良『フェニキア・カルタゴから見た古代の東地中海』（平成20 ～ 23年度科学研究費補助金研究成果報告書）京都大学大学院文学研究科、197 – 228頁所収。
栗田伸子、佐藤育子　『通商国家カルタゴ』（興亡の世界史３）、講談社、2009年
Markoe, G. *Phoenicians*（*Peoples of the Past*）, University of California Press, 2001
Moscati, S. ed. *The Phoenicians*, New York and London: Rizzoli, 2001

●9章

Avigad, N. *Hebrew Bullae from the Time of Jeremiah: Remnants of a Burnt Archive*, Israel Exploration Society, 1985
Avigad, N. *Corpus of West Semitic Stamp Seals*, Institute of Archaeology, Hebrew University, 1997
Mazar, E. "Is This the Prophet Isaiah's Signature?" *Biblical Archaeology Review* 44/2（2018）, 64 – 73, 92
Sugimoto, D. T. "The Judean Pillar Figurines and the "Queen of Heaven," in Sugimoto, D. T. ed. *Transformation of a Goddess: Ishtar-Astarte-Aphrodite*, Academic Press Fribourg and Vandenhoeck & Ruprecht Göttingen, 2014, 141 – 165
Ussishkin, D. *The Conquest of Lachish by Sennacherib*, Institute of Archaeology, Tel Aviv University, 1982
Ussishkin, D. "Sennacherib's Campaign in Judah: The Conquest of Lachish," *Journal for Semitics* 24/2（2015）, 719 – 58.

column❼

山田重郎『ネブカドネザル2世―バビロンの再建者』山川出版社、2017年
Dalley, S. *The Mystery of the Hanging Garden of Babylon: An Elusive World Wonder Traced*, Oxford University Press, 2015

●10章

Beaulieu, P.-A. *The Reign of Nabonidus: King of Babylon 556 – 539 B.C.*, New Haven: Yale University Press, 1989
Briant, P. *From Cyrus to Alexander: A History of the Persian Empire*, Eisenbrauns, 2002
Curtis, J. E., and Tallis, N. eds. *Forgotten Empire: The World of Ancient Persia*, University of California Press, 2005
Grayson, A. K. *Assyrian and Babylonian Chronicles*, Winona Lake, IN: Eisenbrauns, 2000
Magen, Y. "Mt. Gerizim: A Temple City," *Qadmoniot* 33/2（2000）, 74 – 118（ヘブル語）

参考文献

●全般

杉本智俊『図説　聖書考古学　旧約編』河出書房新社、2008年

山我哲雄『聖書時代史—旧約篇』岩波書店、2003年

Albright, W. F. *Archaeology and the Religion of Israel*, 1968（オルブライト［小野寺幸也訳］『考古学とイスラエルの宗教』日本基督教団出版局、1973年）

Finkelstein, I. and Silverman, N. *The Bible Unearthed: Archaeology's New Vision of Ancient Israel and the Origin of Its Sacred Texts*, Free Press, 2002.（フィンケルシュタイン、シルバーマン［越後屋朗訳］『発掘された聖書—最新の考古学が明かす聖書の真実』教文館、2009年）

King, P. J. and Stager, L. E. *Life in Biblical Israel*, Louisville KY: Westminster John Knox, 2001

Mazar, A. *Archaeology of the Land of the Bible, 10,000-586 B. C. E.*, New York: Doubleday, 1990（マザール［杉本智俊、牧野久実訳］『聖書の世界の考古学』リトン、2003年）

Hallo, W. W. and Younger, K. L. *The Context of Scripture*, 3 vols., Leiden: Brill, 2003

●1章

月本昭男『ギルガメシュ叙事詩』岩波書店、1996年

Bailey, L. R. "Wood from 'Mount Ararat': Noah's Ark?" *The Biblical Archaeologist* 40/4（1977）, 137－146

Woolley, C. L. *Ur Excavations*, vol.4., London: Trustees of the British Museum and of the Museum of the University of Pennsylvania, 1955.

Wenham, G., *Genesis 1-15*（Word Biblical Commentary 1）, Thomas Nelson, 1987

column❶

Renfrew, C. and Bahn, P. *Archaeology: Theories, Methods, and Practice*, London: Thamas & Hudson, 1991（レンフルー、バーン［池田裕、常木晃、三宅裕監訳］『考古学—理論・方法・実践』東洋書林、2007年）

山我哲雄『海の奇蹟—モーセ五書論集』聖公会出版、2012年

White, H. *Metahistory: the Historical Imagination in Nineteenth-century Europe*, Johns Hopkins University Press, 1973（ホワイト［岩崎稔監訳］『メタヒストリー 十九世紀ヨーロッパにおける歴史的想像力』作品社、2017年

Assmann, J. "Communicative and Cultural Memory". Pp. 109－118 in Erll, A. and Nünning, A. eds., *Cultural Memory Studies: An International and Interdisciplinary Handbook*. Berlin, New York, 2008

Assmann, J. *Cultural Memory and Early Civilization*, Cambridge University Press, 2012

Kikawada, I. M. and Quinn, A. *Before Abraham Was: The Unity of Genesis 1-11*, Nashville: Abington, 1985

Knoppers, G. N. *I Chronicles 1-9*（The Anchor Yale Bible Commentaries）, Yale University Press, 2004

Pannenberg, W. ed., *Revelation as History*, New York: The Macmillan Company. 1968（パネンベルク編著、［大木英夫、近藤勝彦ほか訳］『歴史としての啓示』聖学院大学出版会、1994年

Younger, K. L. *Ancient Conquest Accounts: A Study in Ancient Near Eastern and Biblical History Writing*, Sheffield: Sheffield Academic Press, 2009

Dayagi-Mendels, M. and Rozenberg, S. *Chronicles of the Land: Archaeology in the Israel Museum, Jerusalem*, Jerusalem: Israel Museum, 2010

●2章

森達也『私たちはどこから来て、どこへ行くのか』筑摩書房、2020年

Heidel, A. *The Babylonian Genesis*, 2nd ed., University of Chicago Press, 1951

Keel, O. *Goddesses and Trees, New Moon and Yahweh*, Sheffield: Sheffield Academic Press, 1998

Mackenzie, D. A. *Myths of Babylonia and Assyria*, London : Gresham Publishing Company, 1915

Parrot, A. *Mission archéologique de Mari* vol, II **, le palais, Paris: Geuthner, 1958

Sugimoto, D. T. "An Analysis of Stamp Seal with Complex Religious Motifs Excavated at 'Tel 'En Gev," *Israel Exploration Journal* 64（2014）, 9－21

Walton, J. H. *The Lost World of Genesis One: Ancient Cosmology and the Origins Debate*, Downers Grove, IL: IVP Academic, 2009（ウォルトン、J. H.［関野祐二、中村佐知監訳］『創世記1章の再発見—古代の世界観で聖書を読む』いのちのことば社、2018年）

Whitcomb, J. C. and Morris, H. M. *The Genesis Flood*, Philadelphia: Presbyterian and Reformed, 1961.

●3章

前川和也編著『図説　メソポタミア文明』河出書房新社、2011年

小泉龍人　『都市誕生の考古学』同成社、2001年

松宮秀治『文明と文化の思想』白水社、2014年

Herzog, Z. *The Architecture of Ancient Israel*, Jerusalem: Israel Exploration Society 1992

Scott, J. C. *Against the Grain: A Deep History of the Earliest States*, New Heven: Yale University Press, 2017（スコット［立木 勝訳］『反穀物の人類史—国家誕生のディープヒストリー』みすず書房、2019年）

column❷

Kenyon, K. M. *Digging Up Jericho*, London: Ernest Benn, 1957

Kenyon, K. M. and Holland, T. A. *Excavations at Jericho*, vol. 3（Text）, Oxford University Press, 1981

Bar-Yosef, O. "The Walls of Jericho: An Alternative Interpretation," *Current Anthropology* 27/2（1986）, 157－162

●4章

Albright, W. F., *Yahweh and the Gods of Canaan*, Garden City, NY: Doubleday, 1968（オルブライト［小野寺幸也訳］『古代パレスチナの宗教—ヤハウェとカナンの神々』日本キリスト教団出版局、2006年）

Bietak, M. "Two Ancient Near Eastern Temples with Bent Axis in the Eastern Nile Delta," *Egypt and the Levant* 13（2003）, 13－38

Bright, J. *A History of Israel*, 3rd ed., Philadelphia: Westminster, 1981（オルブライト［新屋徳治訳］『イスラエル史』2巻、聖文舎、1968年）

Buck, M. E. *The Amorite Dynasty of Ugarit*, Brill, 2020

Burke, A. A. "Entanglement, the Amorite Koiné, and Amorite Cultures in the Levant," in *Zoroastrianism in the Levant and the Amorites*, ARAM26/1－2（2014）, 357－73

Fleming, D. E. "Genesis in History and Tradition: The Syrian Background of Israel's Ancestor's Reprise". Pp. 193－232 in Hoffmeir, J. K. and Millard, A. eds. *The Future of Biblical Archaeology*, Grand Rapids, MI : Eerdmans, 2004

Hendel, R. S. *Remembering Abraham: Culture, Memory, and History in the Hebrew Bible*, Oxford: Oxford University Press, 2005

Kenyon, K. M. *Amorites and Canaanites*, Oxford University Press, 1966（ケニヨン［小川英雄訳］『カナン人とアモリ人』山本書店、1984年）

Thompson, T. L. *The Historicity of the Patriarchal Narratives: The Quest for the Biblical Abraham*, de Gruyter, 1974

Van Seters, J. *Abraham in History and Tradition*, Yale University Press, 1975

Wygnańska, Z. "Burial in the Time of the Amorites: The Middle Bronze Age Burial Customs from a Mesopotamian Perspective," *Egypt and the Levant* 29（2020）, 381－422

column❸

Heide, M. "The Domestication of the Camel," *Ugarit Forschungen* 42（2010）, 331－384

●5章

Drews, R. *The End of the Bronze Age: Changes in Warfare and the Catastrophe Ca. 1200 B.C.*, Princeton, NJ: Princeton University Press, 1993

Faust, A. *Israel's Ethnogenesis: Settlement, Interaction, Expa-*

●著者略歴

杉本智俊（すぎもと・ともとし）

一九五八年生まれ。神戸市出身。慶應義塾大学文学部教授。慶應義塾大学卒業後、トリニティ国際大学（米国）、シェフィールド大学（英国）で学ぶ（Ph. D.）。二〇〇六年—〇七年、ヘブル大学（イスラエル）客員研究員。主な著編書に『図説　聖書考古学　旧約篇』（河出書房新社）、『イスラエル国エン・ゲヴ遺跡—二〇〇九年度～二〇一一年度調査報告』（共編、慶應義塾大学西アジア考古学調査団）、*Female Figurines with a Disk from the Southern Levant and the Formation of Monotheism*（Keio University Press）、*Transformation of a Goddess : Ishtar - Astarte - Aphrodite*（editor, Academic Press Fribourg and Vandenhoeck & Ruprecht）などがある。また、一九八七年以来、イスラエル国及びパレスチナ自治区で発掘調査をおこなっている。

ふくろうの本

図説　旧約聖書の考古学

二〇二一年　七　月二〇日初版印刷
二〇二一年　七　月三〇日初版発行

著者……………………杉本智俊
装幀・デザイン…………日高達雄＋伊藤香代
発行者…………………小野寺優
発行……………………株式会社河出書房新社
〒一五一—〇〇五一
東京都渋谷区千駄ヶ谷二—三二—二
電話　〇三—三四〇四—一二〇一（営業）
〇三—三四〇四—八六一一（編集）
https://www.kawade.co.jp/
印刷・製本………………大日本印刷株式会社

Printed in Japan
ISBN978-4-309-76306-4